알수록 덜 내는
절세 노하우
100문 100답

알수록 덜 내는
절세 노하우
100문 100답

사업자 & 일반인이 알아야 할 세금의 모든 것

장보원 세무사 지음

평단

대한민국 국민의 재산권을 지키는
중요한 세무정보를 알려드립니다

대한민국 국민의 재산권을 지키는 데 일조하는 세법 책을 써서 유튜브로 알려보겠다는 의지로 이 책을 출간한 지 벌써 4년째입니다. 솔직히 고백하건대, 그동안 유튜브 동영상을 많이 제작하지는 못했습니다. 5분짜리 세법 동영상은 많이 제공하지 못한 대신, 1~3시간 정도의 대중 강연으로 세법을 알리는 일을 4년간 100차례 넘게 전국을 다니며 소화했습니다.

그중 대표적인 것은 모든 국민이 알아야 할 양도, 상속, 증여세 특강으로, 이 책 《알수록 덜 내는 절세 노하우 100문 100답》의 전반부에 해당하는 내용입니다. 이 책 후반부에 해당하는 가지급금 죽이기, 법인 전환, 가업승계 등의 내용으로도 많은 강연을 소화했습니다. 이는 특히 중소기업의 절세 비법에 해당합니다.

또 매년 개정되는 세법을 발빠르게 전 국민에게 알리고자, 중요 순위별, 법별로 정리해서 SNS와 홈페이지에 올리고 있고, 연초에는 1천여 명에 이르는 동료, 선후배 세무사님들과 소통하는 노력을 병행하고 있습니다.

그사이 세무사업력도 늘어서 이제 저는 꽉 찬 20년차 세무사가 되었습니다. 5년 전까지만 해도 실전에서 배운 가치 있는 세무지식은 나만의 것, 나만의 무기라고 생각했습니다. 그 세무지식으로 돈 벌면서 잘 살 수 있을 것이라 생각했습니다. 그런데 세상에서 잘 먹고 살기는 했지만 잘 살지는 못했던 것 같습니다.

나라의 살림살이가 크게 나아지지 않고 주변에 많은 중소상공인들이 폐업하고 도산하는 것을 지켜보면서 내 세무지식이 주변에, 세상에 아무 기여도 하지 못한 채 내 머릿속에만 웅크리고 있다는 것을 깨달았습니다. 내가 가진 지식이 조금이나마 세상의 발전에 기여한다면 좋을 텐데라는 아쉬움이 컸습니다.

이에 언제라도 주변 사람들의 발전과 대한민국 국민의 재산권을 지키는 데 필요한 중요한 세무정보를 나눠야겠다고 생각해서 이 책을 썼습니다. 연중 20여 차례 전국 어디든 세법을 알고 싶은 국민을 만나러 다니는 일 또한 매번 즐겁고 뿌듯합니다.

4년째 개정판을 내면서 전면 개정한다는 마음으로 다듬었습니다. 그간 개정 세법만 업데이트한 것이 못내 마음에 걸려 이번에는 누구라도 금세 이해할 수 있도록 가급적 쉽게 풀어썼습니다. 부디 온 국민이 이 책을 통해 쉽게 세법을 이해하기를 바랄 뿐입니다. 얼굴 보면서 이야기하면 쉽게 전달할 수 있는 것도 글로 표현하면 어려워지더군요. 모든 경우의 수를 담아야 하기에 그렇겠지요.

　어려운 세법을 쉽게 알리는 일은 결코 쉽지 않은 작업입니다. 그러나 세무사로서 평생을 통해 이루고자 하는 일인 만큼 독자 여러분의 더 많은 채찍질과 조언 부탁드리겠습니다.

　　　　　　　　　　　　　　　　2020년 2월 장보원 세무사

1 부

모든 국민을 위한
양도·상속·증여·기타
절세의 기술

2부

**대한민국
400만 사업자를 위한
절세의 기술**

1

부

국민이 세법을 제대로 이해할 때 합법적이고 합리적인 절세에 기반을 둔 건전한 납세의식이 형성될 것이다. 그렇지 못할 경우 당장 세금을 적게 낼 수만 있다면 무슨 일이든 하겠다는 올바르지 않은 인식만 쌓여갈 것이다.

모든 국민을 위한

양도·상속 증여·기타 절세의 기술

상속이 나을까, 증여가 나을까?

상속과 증여

상속은 개인이 사망하면(사망자를 피상속인이라 한다) 그의 상속인 또는 수유자가(상속인은 민법으로 정하며, 수유자는 유언에 의하여 재산을 받을 자를 말한다) 피상속인의 모든 재산상의 권리와 의무를 포괄적으로 승계하는 것을 말한다. 그리고 상속세는 상속으로 인해 상속인 등이 받은 상속재산에 대해 과세하는 세금이다.

반면 증여는 명칭·형식·목적 등에 관계없이 경제적 가치를 계산할 수 있는 재산을 타인에게 무상으로 이전(현저한 저가 포함)하는 것 또는 기여에 의해 타인의 재산 가치를 증가시키는 것을 말한다. 그리고 증여세는 타인의 증여로 인해 증여받은 자가 증여받은 재산에 대해 과세하는 세금이다.

따라서 상속세는 개인이 사망(실종선고 포함)해야 비로소 납세의무가 발생하는 세금이고 증여세는 살아서 증여해야만 납세의무가 발생한다. 사망 전에 유언장을 썼다고 해도 사망하기 전에는 상속세 납세의무가 발생하는 것이 아니고, 유언장을 쓰면서 "내가 죽으면 내 재산을 ○○○에게 증여한다"고 해도 살아있을 때 재산을 주는 것이 아니기 때문에 증여세 과세대상이 아니라 사망 후 상속세 과세대상이 된다.

그런데 많은 사람들이 부모님의 재산을 상속 또는 증여받고자 할 때 '절세를 하려면 상속이 나은지, 증여가 나은지' 묻곤 한다. 연로하신 부모님을 둔 경우에는 특히 더 그렇다.

상속세는 상속재산에서 기본적으로 5억 원을 공제한 후 계산한다. 이를 '일괄공제'라고 한다. 그리고 상속인 가운데 배우자가 있으면 최소 5억 원을 추가로 공제한다. 이를 '배우자 상속공제'라고 한다. 따라서 상속인 가운데 배우자가 없으면 상속재산 5억 원 이하, 배우자가 있으면 상속재산 10억 원 이하는 아예 상속세 자체를 내지 않는다.

2016년 국세청 통계자료를 보면 연간 사망자 수는 28만 명 정도이고 상속세 과세 미달자를 제외한 상속세 신고 대상 사망자 수는 7,393명이었다. 이 수치로 보면 상속세는 연간 사망자 수를 기준으로 2.6%만 내는 세금이라는 계산이 나온다.

반면 증여세는 성인 자녀가 재산을 증여받을 경우 자녀별로 10년마다 각 5천만 원씩 공제하고 계산한다. 따라서 물려줄 재산이 5억 원인데 자녀가 다섯 명이고 생전에 각각 1억 원씩 증여한다면, 자녀 다섯 명이 각각 증여세를 500만 원[(1억 원-5천만 원)×10%]씩 총 2,500만 원을 물어야 한다.

그런데 만약 이 5억 원을 상속으로 받는다면 어떨까? 상속세 계산 시 일괄공제 5억 원을 받아 상속세를 한 푼도 안 내도 될 것이다.

이렇게 비교해보면 절세를 위해 상속이 나은가, 증여가 나은가? 연로하신 부모님을 둔 경우에는 아주 특별한 경우를 제외하고는 당연히 상속이 낫다.

그러나 남길 재산이 많은 경우 젊을 때부터 미리 증여하게 되면 상속세 절세에 큰 도움이 된다. 왜냐하면 상속재산을 계산할 때 사망 전 10년 내 상속인에게 증여한 재산과 사망 전 5년 내 상속인 외에게 증여한 재산을 가산하는 제도를 두고 있기 때문이다. 반대로 말하면 죽기 전에 10년 내지 5년 전 상속인 등에게 미리 증여해두면 증여세만 낼 뿐 상속세를 절세할 수 있다.

어떤 어르신이 찾아와 이런 얘기를 하신 적이 있다.

"내가 현재 87세인데 재산이 100억 원이야. 그런데 자네 강의를 듣고 보니 내가 죽으면 상속세가 50%라 세금이 50억 원 정도 된다면서? 어떻게 세금을 줄이지?"

"어르신, 좀 더 일찍 저를 찾아오셨다면 좋았을 텐데요. 만일 어르신께 자녀와 배우자, 그리고 손자녀와 배우자가 있다면, 심지어 증손자녀까지 있다면…. 그래서 가족이 20명이라고 가정해볼게요. 그리고 그 자녀들에게 10년 내지 5년 전에 각각 5억 원씩 증여했다고 생각해보세요. 그러면 세액 계산에 다소 차이는 있지만 1인당 약 9천만 원 정도의 증여세를 내게 됩니다. 가족이 20명이니 약 18억 원의 증여세를 내겠죠."

"증여세 계산이 그렇다면 그렇겠지. 그런데?"

"그리고 10년 내지 5년이 지난 후에 어르신이 돌아가시면 100억 원의 재산에 대해 18억 원의 증여세를 내고 끝낼 것을, 여태 아무에게도 증여하지 않고 몇 년 뒤 돌아가셔서 100억 원의 유산을 남기면 50억 원이 상속세잖아요."

"그럼 미리 미리 증여했어야 한다는 얘기네. 그럼 지금이라도 증여하면 안 될까?"

"그런데 상속재산을 계산할 때는 사망 전 10년 내 상속인에게 증여한 재산과 사망 전 5년 내 상속인 외에게 증여한 재산을 가산하는 제도를 두고 있어요. 그래서 어르신이 이제야 증여를 하고서 최소 5년을 못 사시면 증여한 100억 원이 상속재산에 가산되어, 상속세가 50억 원 나오고 기납부한 증여세 18억 원을 뺀 32억 원이 추징됩니다."

"어 그래? 나 10년 이상 살 수 있어. 그러니 지금이라도 증여를 해야겠구만…."

"ㅠㅠㅠ…."

사람의 수명은 알 길이 없지만 연로하신 부모님의 재산을 놓고 상속세와 증여세를 시뮬레이션해서 세무상담을 하면 대부분은 증여를 잘 하지 않는다. 왜냐하면 증여하고 나면 상속세 절세를 누릴 수 없다고 판단하기 때문이다. 곧 돌아가실 때쯤 이런 세무상담을 하게 되는 것이 원망스러울 뿐이다.

피상속인이 사망이 가까울 때가 아니라 젊었을 때 이런 시뮬레이션을 하면 증여가 유용하다. 왜냐하면 증여재산공제는 10년마다 한 번씩 받을 수 있으므로 물려줄 재산을 10년 주기로 증여하면 증여세를 절세하는 한편, 추후 상속재산을 감소시켜 상속세도 절세할 수 있기 때문이다.

002

가족 간에 부동산을 양도할 것이냐?
증여할 것이냐?

실질과세

부동산 세무 실무의 중심에는 늘 가족 간 부동산 이전 문제가 있다. 부동산을 이전할 때는 통상 다음의 5가지 경로로 하는데 각 경로마다 검토되는 세법이 다르다.

1. 부동산을 무상 증여하는 경우

먼저 부모 명의의 부동산을 자식에게 무상으로 증여하는 경우이다. 이 경우 자녀에게 증여세가 부과된다. 그런데 증여세라는 것이 성인 자녀에게 5천만 원까지 증여재산공제를 해주고 그 초과 부분에 대해 10~50%까지 과세하다 보니, 예를 들어 3억 원짜리 주택을 성인 자녀에게 증여해주면 증여세가 4천만 원(=3억 원- 5천만 원→2.5억 원×20%-1천만 원)이 나오게 되니 일반적으로 순수 증여를 선호하는 경우는 드물다.

2. 자녀 명의로 부동산을 매입해주는 경우

부동산의 무상 증여는 등기부등본으로 조회된다. 이처럼 과세 자료가 노출됨에 따라, 많은 사람들이 증여세를 피하기 위해 자녀 명의로 부동산을 매입하게 하고 그 매입 대금은 현금으로 주거나 통장에 입금해준다. 이는 현금증여에 해당하는데 세무당국에 적출 되면 증여세가 나오지만, 낮은 적출 확률에 기대어 많은 사람들이 그런 식으로 자녀에게 재산을 물려주고 있다.

세법은 "재산취득자금의 증여추정"이라는 규정을 두어 재산을 자력으로 취득하기 어려운 자가 재산을 취득한 경우, 그 취득자금 을 누군가로부터 증여받았다고 추정하지만, 그런 재산취득자금의 입증 책임을 일일이 납세자에게 묻기가 쉽지 않고 세무조사할 확 률도 낮은 것이 현실이다.

3. 부동산을 양도하는 경우

부모가 자녀에게 부동산을 양도하는 경우도 있다. 양도란 본래 대가를 지급하는 것을 전제로 하기 때문에 세법은 부모가 자식에 게 부동산을 양도했다고 신고하면 그 대금 수수 여부를 입증하라 고 한다. 이를 "배우자 및 직계존비속 간 양도한 재산의 증여추정" 이라고 하는데 통상 가족 간에 돈을 주고 부동산을 거래하는 일이 흔치 않으니 실질은 증여인데, 형식만 양도의 형식을 빌린 것이 아닌지 의심해보는 것이다.

4. 부담부 증여하는 경우

부담부 증여란 재산을 증여함과 아울러 그 재산에 담보된 채무도 같이 증여하는 것을 말한다. 증여받는 사람의 입장에서는 증여재산에 증여채무를 공제한 순증여재산에 대해서 증여세 부담을 지는 것이고, 증여한 사람은 채무를 떠넘긴 만큼 증여와 양도가 동시에 발생했다고 보아 양도소득세를 물게 된다. 다만 그 재산이 1세대 1주택이라면 증여자의 양도소득세는 비과세된다.

5. 상속하는 경우

부모가 살아생전 재산을 가지고 있다가 부모 사망 이후 자녀에게 상속되는 경우이다. 이때 상속인에게는 상속세가 발생하지만 상속공제가 최소 5억 원, 배우자가 생존한 경우에는 추가 5억 원을 상속재산에서 공제하기 때문에 10억 원 미만의 주택만을 상속하게 되는 경우에는 상속세가 없다.

그런데 세무상담을 하다 보면 가족이나 친인척 간에 부동산 소유권을 이전하려고 할 때 양도가 나은지, 증여가 나은지에 대한 질문을 많이 받는다. 사실 증여는 거래대금이 없기 때문에 본인들끼리 의사결정만 하면 그뿐이다. 다만, 양도와 증여는 거래대금의 수수 여부로 판단되기 때문에 실제 양도가 증여로 바뀌거나 실제 증여가 양도로 바뀌는 일은 없다.

그런데 왜 상담인들은 이런 질문을 할까? 이것은 현행 부동산 등기 실무에서 계약서를 어떻게 썼느냐에 따라 증여로 등기해주거나 매매(양도)로 등기해주기도 하기 때문이다. 실질적인 거래가 어떻든 계약서 형식만 갖춰 원하는 대로 등기를 하면 과세관청에서 양도인지, 증여인지 잘 모를 것이라고 믿는 것 같다. 따라서 양도와 증여 가운데 어느 쪽이 나으냐는 질문은 사실상 이런 뜻이다.

"증여를 하고 싶은데 증여세가 부담되니 양도로 신고를 하면 안 될까요?"

만일 증여가 맞는다면 증여세의 절세 포인트는 1차적으로 증여 재산공제이다. 배우자는 6억 원, 직계존비속은 5천만 원, 친인척은 1천만 원을, 증여받은 재산에서 공제하고 과세한다. 따라서 성인 자녀인 경우, 5천만 원(미성년 자녀는 2천만 원)이 넘는 재산을 증여받을 때, 친인척인 경우 1천만 원이 넘는 재산을 증여받을 때 증여세가 나온다.

그러므로 이때 이전할 재산의 평가액이 작으면 증여로 하겠지만, 재산의 평가액이 증여재산공제보다 커서 증여세가 부담되면 매매(양도)로 등기해 양도소득세를 내는 게 어떨까 궁리하게 된다. 왜냐하면 증여세는 재산의 평가액을 기준으로 과세하는 반면, 양도소득세는 양도차익에 대해 과세하기 때문이다. 설령 이전할 재산의 평가액이 크다 해도 취득가액과 현재 시세의 차이가 크지 않으면 양도소득세가 적게 나오고, 특히 주택이라면 1세대 1주택 비과세 규정을 적용받을 수도 있다.

　하지만 아무리 매매로 등기를 했어도 거래대금의 수수가 없으면 세법상 증여이고, 증여로 등기를 했어도 거래대금이 수수되면 세법상 양도이다. 특히 요즘은 배우자 간, 직계존비속 간에 부동산 거래를 했다고 하고 매매(양도)로 등기하려면 등기서류를 받는 해당 구청에서 등기권리자에게 반드시 매매대금 증빙을 가져오게 한다. 이는 배우자 간, 직계존비속 간에 양도한 재산은 증여로 추정한다는 세법의 규정에 따른 것이다. 이처럼 배우자 간 또는 직계존비속 간에 증여를 하면서 양도로 등기하는 것이 쉽지 않아졌다.

　필자는 이런 세무상담을 받을 때 '부담부 증여'를 추천한다.
　부담부 증여란 증여하려는 재산에 담보된 채무가 있을 때 재산과 채무를 함께 증여하는 것을 말한다. 증여세는 증여한 재산에서 담보된 채무를 차감해 과세하는 세금이므로 부담부 증여를 하면 증여세를 줄일 수 있다. 다만 재산과 함께 넘겨준 채무는 증여자가 받은 양도 대가로 보기 때문에 증여자에게는 양도소득세가 부과된다. 따라서 부담부 증여에 따른 증여세와 양도소득세의 합계가 일반적 증여에 따른 증여세보다 적으면 절세를 할 수 있다. 아울러 양도대금을 별도로 마련하지 않아도 되므로 직접적인 대금 수수가 없는 점을 고민할 필요가 없어서 좋다.

003

증여세가 크면
부담부 증여를 하는 것이 좋다?

부담부 증여

부담부 증여란 증여받는 사람이 증여를 받는 동시에 채무를 부담하는 조건의 증여계약을 말한다. 부담부 증여를 받게 되면 증여받는 사람은 재산과 동시에 채무도 증여받게 되므로 증여세를 계산할 때 증여받은 순재산(=재산-부채)을 기준으로 증여세를 부담하게 된다.

예를 들어, 시가 5억 원의 아파트를 부모에게서 증여받는데 전세보증금 3억 원을 부담하라는 조건이 있으면 결과적으로 자녀가 증여받은 순재산은 2억 원이 된다. 따라서 2억 원을 기준으로 증여세를 계산하게 된다. 이 경우 증여세는 2천만 원(=2억 원- 5천만 원→1.5억 원×20%-1천만 원)으로 산출된다.

반면 증여자의 입장에서는 무상으로 증여한 것이 아니라 채무를 넘긴 것이므로 유상의 대가를 받은 것이 된다. 따라서 재산의 유상 이전에 따른 양도소득세 납세의무도 발생한다.

만일 이전할 재산에 대해 시가 상당액의 양도대금을 받고 유상 이전하면 양도하는 사람에게 양도소득세 납세의무만 발생한다. 그리고 완전히 무상으로 증여하면 증여받는 사람에게 증여세 납세의무만 발생한다.

그런데 그 중간인 부담부 증여를 하게 되면 증여한 사람에게는 양도소득세가, 증여받은 사람에게는 증여세 납세의무가 발생하는 것이다.

실제로 부담부 증여 시 세금 부담 총액(증여세와 양도소득세)을 계산해보면 세금 부담의 정도가 순수 증여의 중간 정도가 되는 것이 보통이다. 따라서 특수관계인 간에 대금 수수가 없는 경우로, 증여세 부담이 크다면 부담부 증여를 고려하는 것이 좋다.

부담부 증여의 경우 증여세는 당연히 절세되지만 양도소득세가 추가로 나오기 때문에 일반적인 증여세보다 적은지 세금을 비교해야 한다. 이때 부담부 증여에 따른 증여자의 양도차익은 다음 쪽과 같이 세 가지로 구분해 상황에 맞게 판단하면 된다.

1. 부담부 증여 시 증여재산의 시가가 있고 당초 취득 시 실제 취득
   가액이 확인되는 경우

$$\text{양도차익} = (\text{자산의 시가} - \text{실제 취득가액} - \text{기타 필요경비}) \times \frac{\text{채무인수액}}{\text{자산의 시가}}$$

일반적인 양도차익을 계산한 뒤, 채무부담비율을 곱한다고 생각하면 쉽다. 시가를 파악할 수 있는 아파트나 입주권 등 재산에 대해 적용한다.

2. 부담부 증여 시 증여재산의 시가가 있으나 당초 취득 시 실제 취
   득가액이 확인되지 않는 경우

$$\text{양도차익} = (\text{자산의 시가} - \text{환산 취득가액} - \text{필요경비개산공제}) \times \frac{\text{채무인수액}}{\text{자산의 시가}}$$

당초 취득 시 실제 취득가액을 확인할 수 없는 경우에 양도소득세 계산 시 환산 취득가액을 적용하는 원리와 같다.

3. 부담부 증여 시 증여재산의 시가가 불분명해서 기준시가만 확인
   되는 경우

$$\text{양도차익} = (\text{자산의 기준시가} - \text{취득 시 기준시가} - \text{필요경비개산공제}) \times \frac{\text{채무인수액}}{\text{자산의 기준시가}}$$

증여재산의 시가가 불분명해서 기준시가만 확인되는 경우에는 취득가액도 기준시가로 계산해야 한다.

부담부 증여의 절세 효과는 사례별로 다르기는 하지만, 다음의 예로 절세액을 예상해보자. 시가 5억 원의 아파트를 성인 자녀에게 증여할 때 일반적인 증여와 부담부 증여의 세금 부담액 총액을 비교해 계산하는 방식으로 살펴본다. 이 아파트의 실제 취득가액은 3억 원이고 채무액(전세보증금)이 3억 원(시가 대비 채무부담비율 60%)이 있다고 가정한다.

구분	일반 증여 시 증여세	부담부 증여 시 증여세
증여재산가액	500,000,000	500,000,000
채무액	–	300,000,000
증여세과세가액	500,000,000	200,000,000
증여재산공제	50,000,000	50,000,000
증여세과세표준	450,000,000	150,000,000
세율	20%	20%
증여세산출세액	80,000,000	20,000,000
신고세액공제(3%)	2,400,000	600,000
증여세결정세액	**77,600,000**	**19,400,000**
구분	양도소득세	양도소득세
양도가액	0	500,000,000
취득가액	0	300,000,000
양도차익	0	200,000,000
채무부담비율	0	60%
부담부 증여 시 양도차익		120,000,000
세율		35%
산출세액		27,100,000
지방소득세		2,710,000
세 부담 총계	**77,600,000**	**49,210,000**

이전하는 재산의 양도차익이 아주 큰 경우만 아니라면 대체로 부담부 증여가 일반 증여보다 세금이 낮게 산출된다. 앞 사례의 경우, 양도차익이 꽤 높은데도 일반 증여보다 부담부 증여에서 예상 세금 총액이 35%가량 낮아졌다. 게다가 만일 증여자가 1세대 1주택자라면 부담부 증여에 따른 양도소득세가 비과세되므로 거의 완벽한 절세가 이뤄진다.

다만 조정대상지역의 다주택자가 부담부 증여하는 경우에는 주택의 양도소득세가 중과세되는 경우가 발생해 부담부 증여가 증세되는 현상도 나오니 사전에 반드시 세무사와 상담하길 바란다.

004

부모가 자식에게 몰래 부동산(자금)을 주면 어떻게 될까?

증여추정

우리나라는 가족을 기준으로 하는 재산 보유의 개념이 강하다. 즉, 부모·자식은 재산을 공유하고 재산 증식도 함께하는 하나의 공동체로 생각하는 것이 일반적이다. 그러다 보니 경제적으로 여유 있는 부모는 자녀 명의로 부동산을 매입하기도 하고, 자녀에게 본인 소유의 부동산을 무상으로 이전해주기를 바라기도 한다.

1. 재산취득자금 등의 증여추정

만일 부모가 자녀 명의로 부동산을 매입해주고 별도의 증여세 신고를 하지 않는다면 세무상 어떤 문제가 발생할까?

세법에는 '재산취득자금 등의 증여추정'이라는 규정이 있다. 이는 직업이나 연령 등에 비추어 재산을 자력으로 취득했다고 인정하기 어려운 데도 재산을 취득했다면 해당 재산의 취득자금을 그 재산의 취득자가 증여받은 것으로 추정한다는 것이다. 이때 증여로 추정된 재산에 대해서는 증여세 문제가 발생한다.

물론 재산 취득자가 본인의 재력으로 재산을 취득했다는 것을 과세관청에 입증하면 재산취득자금 등의 증여추정 규정은 적용되지 않는다. 예를 들어, 본인의 소득금액 신고 자료가 있거나, 신고한 상속·증여재산이 있거나, 보유 재산을 처분한 대금이 있거나, 대출을 받은 금전이 있는 경우 그것으로 소명하면 된다. 또한 그 취득자금의 입증은 통상적으로 취득재산가액의 80%까지만 하면 된다.

그런데 실제로는 재산취득자금 소명 의뢰를 받으면 대부분은 제대로 소명하지 못하고 부모가 자녀에게 재산취득자금을 증여해준 것을 시인하고 증여세를 부담한다. 따라서 부모가 자녀에게 부동산을 매입해주고 싶다면 자녀 부담의 대출을 이용하는 것이 바람직하다. 그런 다음 재산취득가액에서 대출금을 뺀 나머지 금액에 대해 증여세를 신고, 납부하면 된다. 이때 그 대출금을 부모가 갚아주면 이 또한 증여에 해당하므로 대출금은 해당 재산을 매각할 때 갚는 것이 현명하다.

2. 배우자와 직계존비속에게 양도한 재산의 증여추정

만일 자녀에게 본인 소유의 부동산을 무상으로 이전하면 세무상 어떤 문제가 발생할까? 증여로 등기를 한다면 증여세를 부담할수 있다. 그런데 증여세의 부담이 클 때는 매매(양도)로 등기를 하고 싶어 하는데, 이는 이전하려는 재산이 1세대 1주택 양도소득세 비과세 규정을 적용받거나, 해당 자산의 양도차익이 작아 양도소득세 부담이 적은 경우에 해당할 때이다. 그래서 일부 사람들은 증여가 아닌 매매로 자녀에게 부동산을 무상 이전해준다.

그런데 세법에는 '배우자 등에게 양도한 재산의 증여추정'이라는 규정이 있다. 이는 배우자 또는 직계존비속에게 양도한 재산은 양도자가 해당 재산을 양도한 때에 그 재산의 가액을 배우자 또는 직계존비속이 증여받은 것으로 추정한다는 의미이다. 따라서 양도소득세로 신고하려면 배우자 또는 직계존비속에게 대가를 지급받고 양도한 사실을 명백히 입증할수 있어야만 한다.

실제 등기할 때도 매매대금 증빙이 필요하지만, 가장매매 시 매매대금을 융통해서 매매거래 증빙을 만들기도 한다. 하지만 실제 매매대금이 오간 것이 아니고 가족 간 금전을 자전거래自轉去來한 것이라면 그런 증빙은 아무 의미가 없다. 자금 출처 조사를 받으면 매매대금의 출처를 입증해야 하고, 추후에 매매대금이 어디로 귀속되었는지도 조사 대상이 되기 때문이다.

그러다 보면 중간에 친인척을 개입시키는 경우가 종종 발생한다. 예를 들어, 홍길동이 본인 자녀에게 고가의 부동산을 무상으로 이전해주려 하는데 증여세 부담이 크면, 홍길동이 친인척에게 그 부동산을 양도하는 형식을 취하고, 그 친인척이 다시 홍길동의 자녀에게 양도해주는 형식을 취한다. 이렇게 하면 매매(양도)등기는 수월하게 할 수 있을지 모르지만 추후에 각 거래에서의 매매대금을 입증하지 못하면 홍길동이 자녀에게 직접 증여한 것으로 추정되기 때문에 주의해야 한다.

005

부모가 자식에게 부동산을 싸게 팔면 어떻게 될까?

양도소득 부당행위계산부인과 저가양수 증여

부모·자식 간 매매 시 시가의 70%로 하면 절세된다는 말이 종종 들려온다. 도대체 무슨 말일까?

부모·자식 간, 배우자 간, 가까운 친인척 간에 부동산을 거래할 때도 특수관계가 없는 사람과 거래하듯 정상적으로 거래하면 세무상 아무런 제재 규정이 없다. 그러나 세금을 피하려고 특수관계인 간에 저가 거래를 하거나 우회 거래를 할 경우 일반인이 예상치 못하는 세금 문제가 추가로 발생한다.

가령, 자녀에게 돈을 받고 부동산을 이전하려고 하는데 양도소득세를 줄이려고 시세보다 낮은 금액으로 양도하면 어떻게 될까?

세법은 특수관계인 간에 부당한 행위나 부당한 계산을 통해 세금 부담을 낮추면 더 큰 제재를 가한다. 시세보다 낮은 금액(시세의 5% 이상 차이)으로 양도하면 양도차익이 줄어들기 때문에 언뜻 보면 양도자의 양도소득세가 적게 산출될 수 있다. 하지만 양도소득세 부당행위계산부인 규정이 적용되어 양도자의 양도차익은 실제 거래가액(저가)이 아니라 '시가'를 양도가액으로 보아 계산해 양도소득세를 추징한다.

그런데 이것으로 끝이 아니다. 자녀와 시세보다 30% 이상 차이가 나는 가격으로 저가 거래를 했다면 과세관청은 그 자녀에게 '저가양수 증여규정'을 적용해 그 시세차액을 증여받았다고 보고 증여세를 추징한다.

예를 들어, 부모가 3억 원을 주고 취득한 주택의 시세가 6억 원이 되었다고 하자. 이 상가를 6억 원에 양도하면 양도차익 3억 원에 대한 양도소득세가 나올까 봐 부모는 자녀에게 4억 원에 매각하는 방식으로 거래했다면 어떻게 될까? 거래가액 4억 원은 시가 6억 원보다 낮기 때문에 과세관청은 우선 양도소득세 부당행위계산부인 규정을 적용해 양도가액을 시가 6억 원으로 보아 부모에게 양도소득세를 추징한다. 또한 저가로 주택을 매입한 자녀에게는 시가 6억 원의 70%인 4억 2천만 원과 거래가액 4억 원의 차액인 2천만 원을 증여받은 것으로 보아 증여세를 추징한다.

더욱 황당한 것은 그 자녀가 시가 6억 원에 주택을 매입했다면 매입가액이 6억 원이기 때문에 추후 7억 원에 주택을 양도할 때 양도차익 1억 원에 대해서만 양도소득세를 부담하면 되지만, 당초 저가인 4억 원에 거래했기 때문에 추후 7억 원에 양도할 시 약 3억 원의 양도차익에 대해 양도소득세를 부담하게 된다는 것이다. 이처럼 특수관계인 간에 저가 거래를 하면 3중으로 피해를 입게 되므로 주의해야 한다.

그런데 왜 부모, 자식 간에는 시세의 70%로 매매하면 절세한다는 이야기가 나왔을까? 이는 부모가 세대분리된 자녀에게 주택을 증여하면 증여세가 많이 나오므로 실제 매매거래를 하되, 저가양수에 따른 증여세가 나오지 않는 시가의 70%(시세보다 30% 이상 차이가 나지 않는 가격)로 거래하는 사례가 와전된 것이 아닌가 싶다. 이 경우 부모는 시가로 계산한 양도소득세를 낸다. 또한 자녀는 30% 할인된 가격으로 주택을 구입한 것이니 사실상 시세의 30% 정도는 증여받은 꼴이 된다.

다만, 여기에는 고도의 전제가 깔려있다. 세대분리된 자녀가 그 주택을 사서 1세대 1주택자가 되는 경우여야만, 비로소 증여세 절세(?)가 완성된다는 전제가 그것이다. 왜냐하면 1세대 1주택자라면 추후 해당 주택 양도 시 양도소득세가 비과세되지만, 만약 다주택자라면 시세(10억 원)보다 싸게 사서(7억 원) 나중에 시세(10억 원)로 팔아도 그 자녀에게 발생하는 양도차익(3억 원)에 대해 양도소득세를 물게 되기 때문이다.

006

상속과 증여를 통해
양도세를 절세하는 방법

상속, 증여 시 취득가액과 배우자 등 이월과세

양도소득세는 부동산 또는 주식의 양도차익에 과세하는 세금이다. 그렇기 때문에 양도차익이 적으면 그만큼 세금도 적은 것은 자명한 이치이다. 양도차익은 양도가액에서 취득가액과 기타 필요경비를 차감해 계산한다. 양도가액이 적거나 취득가액 또는 기타 필요경비가 크면 양도소득세가 줄어든다.

양도소득세의 고수는 취득가액을 높이는 방식으로 양도소득세를 절세한다. 물론 당초 본인이 부동산을 취득할 때 지불한 금액을 수정할 길은 없다. 다만, 상속을 통해 취득가액을 올릴 수는 있다.

예를 들어, 수십 년 전 1천만 원 주고 산 땅이 지금은 5억 원 가까이 된다고 가정해보자. 일단 양도차익은 4.9억 원으로 산출된다. 이 토지가 비사업용이든 사업용이든 15년 이상 보유 시 장기보유 특별공제가 30%까지 적용된다. 그러면 과세되는 양도차익은 4.9억 원의 70%인 3.4억 원이 된다. 이때 비사업용 토지라면 기본 세율(6~42%)에 추가 10% p 가산한 세율을 적용하게 되고 과세표준이 3억 원 초과 5억 원 이하일 때 양도소득세율이 40%이므로, 총 50%의 세율이 적용된다. 비사업용 토지인 경우 3.4억 원의 절반이 세금으로 빠져나가는 셈이다.

그러나 이를 바로 파는 것이 아니라 상속한 뒤 양도한다. 우리나라는 상속으로 인해 얻은 자산의 취득가액은 상속개시일 현재의 평가액이기 때문에 피상속인의 취득가액이 비록 1천만 원일지라도 그가 죽고 아들이 그 토지를 상속받으면 그 아들의 토지 취득가액은 상속개시일 현재의 평가액이고, 이를 5억 원으로 감정평가해서 신고하면 그 아들의 토지 취득가액은 5억 원이 된다. 따라서 상속 후 매각하면 양도차익은 0이 되어 양도소득세가 없다.

다만 애석한 것은 우리나라 국민의 97%가 상속세 신고를 하지 않는다는 사실이다. 앞 사례에서도 상속받은 토지의 취득가액을 시가 5억 원으로 세무서에 신고하지 않았다면 상속받은 그 토지의 취득가액은 상속개시일 현재 기준시가(지방의 경우 시가의 절반 이하가 대부분이다)로 결정되어 아들이 5억 원에 매각할 때 또 양도소득세가 나오게 되는 것이다.

이때 시가 5억 원으로 토지를 신고하면 상속세가 있지 않냐고 묻는 분들이 종종 계신다. 그러나 우리나라는 피상속인(사망자)이 남긴 순재산의 가액이 최소 5억 원 이상, 배우자가 살아있다면 최소 10억 원 이상의 상속재산이 아니면 상속세가 없다.

이외에도 양도소득세를 아끼는 방법이 하나 더 있는데, 배우자에게 증여한 후 매각하는 것이다. 우리나라는 배우자에게 6억 원까지 증여하는 경우에는 증여세가 없다. 따라서 양도차익이 큰 재산으로서 시가가 6억 원 전후라면 배우자에게 증여한 후 양도해 양도소득세를 절세할 수 있다. 그러나 배우자에게 증여해 양도하는 경우에는 증여받은 날로부터 5년이 지나야 증여 당시 평가액을 취득가액으로 인정받을 수 있다. 만일 5년 이내에 매각하면 증여자의 종전 취득가액을 배우자의 취득가액으로 의제한다. 이를 속칭 배우자 등 이월과세라고 한다.

배우자 등 이월과세란 증여자가 배우자 또는 직계존비속에게 부동산, 부동산에 관한 권리, 회원권을 증여하고, 그 수증자가 5년 내에 이를 양도하는 경우에 그 배우자 또는 직계존비속의 부동산, 부동산에 관한 권리, 회원권의 양도소득세 계산 시 당초 증여자의 취득가액과 취득시기를 적용하는 규정이다. 다만 조세 회피가 발생하지 않는 경우에는 적용하지 아니한다.

그러나 증여받고 5년 이후에 양도한다면 배우자 또는 직계존비속의 취

득가액(증여 당시 평가액)과 취득시기를 적용하기 때문에 5년을 기다릴 수

있다면 배우자 등에게 증여함으로써 양도소득세를 절세할 수 있다.

007

주식 양도 시 양도세를 절세하는 방법

배우자 등 이월과세와 우회양도 부당행위계산부인

배우자 등 이월과세란 증여자가 배우자 또는 직계존비속에게 부동산, 부동산에 관한 권리, 회원권을 증여하고, 그 수증자가 5년 내에 이를 양도하는 경우에 그 배우자 또는 직계존비속의 부동산, 부동산에 관한 권리, 회원권의 양도소득세 계산 시 당초 증여자의 취득가액과 취득시기를 적용하는 규정이다. 다만 조세 회피가 발생하지 않는 경우에는 적용하지 아니한다.

그러나 증여받고 5년 이후에 양도한다면 배우자 또는 직계존비속의 취득가액(증여 당시 평가액)과 취득시기를 적용하기 때문에 5년을 기다릴 수 있다면 배우자 등에게 증여를 통해 양도소득세를 절세할 수 있다.

현행 상속세및증여세법상 배우자에게 증여하는 경우 6억 원까지는 증여세가 없다. 따라서 당초 증여자의 취득가액이 낮은 경우로서 양도 시 양도차익이 크다고 판단될 경우, 배우자에게 시가 6억 원까지 증여하고 그 증여 당시 시가를 감정평가해서 세무서에 신고한다면 증여세가 없고 배우자가 5년 뒤 양도할 때 양도차익을 낮춰 양도소득세를 절세할 수도 있다.

그런데 배우자 등 이월과세와 유사한 제도로 우회양도 부당행위계산부인이라는 제도가 있다. 우회양도 부당행위계산부인이란 증여자가 특수관계인에게 양도소득세 과세대상 자산을 증여하고 그 특수관계인이 5년 내 이를 양도하는 경우에는 당초 증여자가 직접 양도한 것으로 보아 양도소득세를 계산한다는 규정이다. 다만 이 규정에는 양도소득이 해당 수증자에게 실질적으로 귀속된 경우에는 적용하지 아니한다는 단서 조항이 있다.

배우자 등 이월과세와의 차이를 살펴보자. 첫째, 배우자 등 이월과세는 그 적용 대상 자산에 주식이나 파생상품이 없는 반면, 우회양도 부당행위계산부인은 모든 양도소득세 과세대상 자산에 적용한다.

둘째, 배우자 등 이월과세란 부동산 등을 증여받은 배우자를 납세의무자로 보아 양도소득세를 과세하는 것이나, 우회양도 부당행위계산부인이란 당초 증여자를 납세의무자로 보아 양도소득세를 과세하는 것이다.

셋째, 우회양도 부당행위계산부인은 양도소득의 실질적 귀속 여부에 따라 적용될 수도 있고 적용되지 않을 수도 있다.

그렇다면, 양도소득세 절세 차원에서 어떻게 하는 것이 좋은가? 먼저 배우자 등 이월과세든 우회양도 부당행위계산부인이든 배우자가 증여받고 5년 뒤에 팔면 다 괜찮다. 이는 진리이다.

그런데 배우자에게 증여하고 당장 양도해서 절세되는 사례도 있다. 예를 들어, 2억 원에 취득한 상장주식이 2021년 이후 5억 원이 되었다고 가정하자. 2021년 이후에는 보유주식가액이 3억 원이 넘으면 대주주에 해당하므로, 주식 양도차익에 대한 양도소득세를 내야 한다. 이때 양도소득세는 양도차익 3억 원까지는 20%, 3억 원 초과분은 25%이다. 이 경우 주식을 양도하면 양도차익 3억 원에 대해 6천만 원의 주식 양도소득세 부담이 있을 것이다.

이때 배우자에게 주식을 시가(5억 원)로 증여하고, 그다음 날 증여받은 배우자가 5억 원에 매각한다. 이 경우 주식은 배우자 등 이월과세대상이 아니어서 배우자의 주식 양도차익은 0원으로 계산되어 주식 양도소득세를 과세할 수 없다. 그런데 만일 5억 원을 얻게 된 배우자로부터 현금 5억 원을 회수했다고 가정해보자.

그러면 우회양도 부당행위계산부인 규정이 적용된다. 즉 주식을 형식상 양도한 배우자가 납세의무자가 아니라, 실제 양도소득을 얻은 당초 증여자가 양도소득세 납세의무자이며 이 경우 주식 취득가액은 2억 원이어서 양도차익 3억 원에 대해 주식 양도소득세 6천만 원을 추징할 수 있다.

그래서 세금을 줄이고자 한다면, 배우자에게 주식을 증여한 증여자는 증여받은 배우자가 주식을 팔아 얻은 돈에 일절 손을 대서는 안 된다.

008

양도소득세는 어떤 경우에 과세되나?

양도와 양도소득세 과세대상

우리나라 사람들이 가장 많은 관심을 보이는 세금은 아마도 양도소득세가 아닐까 싶다. 부동산을 매각할 때 양도소득세 예상액을 파악해야 하고 1세대 1주택 비과세 및 특례 규정을 이용해 사전에 절세를 기대해볼 수도 있다. 그래서인지 필자 개인적으로도 양도소득세와 관련한 세무상담이 가장 많은 것 같다.

양도소득세란 개인이 부동산이나 부동산에 관한 권리, 주식 등의 자산을 유상으로 양도함으로써 발생하는 소득에 과세하는 세금을 말한다. 이와 달리, 대가 없는 무상 거래인 경우에는 증여세를 과세한다.

대부분의 양도소득세는 부동산의 양도에서 발생하지만 부동산 외에 부동산에 관한 권리를 매각할 때도 양도소득세가 과세된다. 부동산에 관한 권리란 지상권·전세권·등기된 부동산임차권·부동산을 취득할 수 있는 권리를 말한다. 현실적으로 지상권·전세권·등기된 부동산임차권의 양도는 찾아보기 힘들지만, 부동산을 취득할 수 있는 권리의 양도는 매우 흔하다.

부동산을 취득할 수 있는 권리란 아파트 분양권과 조합원 입주권이 대표적이다. 사람들은 건설회사가 아파트를 분양할 때 입찰해서 분양권을 사고 프리미엄이 붙으면 팔기도 하며, 자신이 보유한 노후주택 단지가 재건축·재개발될 때 조합원 입주권을 받고 아파트 완공 전에 프리미엄을 붙여 팔기도 한다. 이 경우 양도차익이 있으면 양도소득세 과세대상이 된다. 다만 조합원 입주권은 이전에 소유한 노후주택이 일시적으로 부동산을 취득할 수 있는 권리로 바뀐 상태이기 때문에 원소유자(승계 소유자 제외)로서 1세대 1주택 비과세대상자가 조합원 입주권 보유자로 전환된 경우라면 1세대 1주택 비과세 및 특례 규정을 준용해 입주권 양도차익에 대해 양도소득세를 비과세받을 수도 있다.

한편, 부동산을 팔았는데 양도소득이 아니라 사업소득으로 과세되는 경우가 있다. 이때 소득의 구분 기준은 일시적·우발적인 매매인지, 계속적·반복적인 매매인지의 여부이다. 부동산 및 부동산에 관한 권리를 양도함에 있어서 계속적·반복적인 매매를 한다면 이는 양도소득이 아니라 사업소득으로 분류한다.

부동산 및 부동산에 관한 권리를 매매하기 위해 사업자등록을 내거나, 사업자등록이 없어도 반기별로 '1회 이상 부동산 등을 취득하고 2회 이상 판매하는 경우'에는 세법상 부동산매매업자로 분류돼 사업소득으로 과세한다. 그런데 양도소득세가 중과세되는 자산을 사업적으로 양도했다면, 사업소득세의 계산은 양도소득세로 계산한 금액과 사업소득세로 계산한 금액 중 큰 금액으로 한다.

그리고 사업적으로 양도한 경우, 부가가치세를 내야 하는 경우도 있다. 속칭 '떴다방' 같이 아파트 분양권과 조합원 입주권을 반복적으로 매매해서 가격을 올려 파는 투기 행위가 일어날 때가 있다. 이 경우 '떴다방'은 부동산매매업자로 의제된다. 즉 떴다방을 세법상 사업자로 본다는 뜻인데, 사업자는 부가가치세 과세대상 재화·용역을 거래할 때 판매금액의 10%를 부가가치세로 납부해야 하기 때문에 '떴다방'에도 부가가치세가 과세되는 것이다.

"주택을 사고파는 데 무슨 부가가치세가 있냐?"고 따지는 사람도 있다. 하지만 부가가치세 면세대상 재화로 규정된 '토지'와 '국민주택(전용면적 85 ㎡ 이하, 읍면 지역은 100 ㎡ 이하) 규모의 주택' 외에는 모두 부가가치세 과세대상이다. 그렇기 때문에 부동산에 관한 권리를 계속적·반복적으로 매매한 자는 부가가치세를 부담해야 하며, 이때 사업자등록 여부는 가리지 않는다.

단지 일반적인 경우에 개인이 부동산 등을 사고팔 때 부가가치세가 없는 것은, 그 부동산이 면세대상이기 때문이 아니라 해당 개인이 부동산의 매매를 주업으로 하는 사업자가 아니기 때문이다. 한편, 아파트를 분양받을 때 국민주택 규모를 초과하는 아파트 가격에는 부가가치세가 별도로 붙는다. 이것은 아파트를 최초 분양하는 자가 건설회사라는 사업자이기 때문이다.

이와 같이 부동산과 부동산에 관한 권리의 매매가 양도소득세 과세대상의 대부분을 이루지만, 주식을 양도하는 경우에도 양도소득세 납세의무가 발생한다. 다만, 일반인 주식 거래의 대부분을 차지하는 상장주식의 양도에 따른 소득은 대주주 양도분 외에는 양도소득세 과세대상에서 제외된다.

양도소득세 과세대상 가운데 주식은 주식 또는 출자지분, 기타자산 중 부동산 과다보유 법인의 주식, 특정 파생상품으로 구분되는데 그 이유는 주식 종류별로 과세 여부와 세율의 차이를 두어 조세정책적 목적으로 활용하기 위해서다.

그 밖에 양도소득세가 과세되는 기타자산으로는 각종 회원권, 사업용자산과 함께 양도하는 영업권(영업권만 사고팔면 기타소득 과세대상임)이 있다. 골프회원권 등을 사고팔면서 차익을 얻었거나, 자신이 보유한 부동산과 함께 사업까지 매각하면서 부동산 외에 영업권 양도대금을 받고 차익을 얻었다면 양도소득세를 내야 한다.

양도소득세 과세대상

구분	비고
① 토지 또는 건물(건물에 부속된 시설물과 구축물 포함) ② 부동산에 관한 권리 · 지상권 · 전세권과 등기된 부동산임차권 · 부동산을 취득할 수 있는 권리(분양권과 조합원 입주권)	부동산
③ 주식 또는 출자지분 · 상장주식으로서 대주주 양도분과 장외 거래분 · 비상장주식 ④ 기타자산 · 부동산 과다 보유법인 주식(부동산으로 간주해 과세함) · 사업용 고정자산과 함께 양도하는 영업권 · 회원권 ⑤ 파생상품	주식

009

이혼할 때도 세금을 낼까?

이혼 시 재산분할과 위자료

이혼으로 발생할 세금 문제로 세무상담을 요청받는 경우가 종종 있다. 이혼할 때 받는 재산에 대해 증여세를 내야 하는지, 이혼할 때 주는 재산에 대해 양도소득세를 내야 하는지 등이 주된 상담 내용이다.

이런 상담을 받을 때면 필자는 먼저 이렇게 묻는다.
"재산분할인가요, 위자료인가요?"

이혼하면서 재산을 취하는 방식에는 재산분할과 위자료가 있다. 재산분할은 부부 공동의 노력으로 이룩한 공동재산에 대해 이혼자 일방이 당초부터 자기 지분인 재산을 환원받는다는 논리가 적용된다. 이런 경우, 환원받는 재산에 대해 양도 또는 증여로 보지 않는다. 환원받은 재산은 원래 자기 것으로 보기 때문에 재산의 이전등기(등기 원인을 재산분할청구에 따른 소유권 이전으로 함)를 할 때도 취득세율을 낮게 적용한다. 또한 재산분할로 취득한 재산은 재산분할청구로 인한 소유권 이전등기 접수일에 새로 취득한 것으로 보지 않고 이혼한 상대방이 부동산을 취득한 시기에 취득한 것으로 간주한다. 그래서 1세대 1주택 비과세 등 보유기간(2년 보유)을 따지는 규정에서 유리하게 작용한다.

반면 이혼 위자료는 유책 배우자가 정신적 손해를 배상하는 금전이라는 논리가 적용된다. 따라서 위자료를 받는 사람의 입장에서는 증여도 아니고 과세대상 소득에도 해당되지 않는다. 왜냐하면, 무상으로 받는 금전이 아닐뿐더러, 세법상 기타소득으로 과세되는 손해배상금은 계약의 위약이나 해약으로 인해 받는 경우에만 과세되기 때문이다.

다만 이혼 위자료를 금전으로 지급하지 않고 현물로 지급하는 경우에는 유책 배우자에게 양도소득세 납세의무가 발생한다. 예를 들어, 1억 원을 주고 취득한 아파트의 현재 시가가 3억 원이라고 할 때, 위자료가 3억 원이어서 이 아파트로 배상한다면, 이 아파트를 팔아서 돈으로 주는 것과 다를 바가 없다. 따라서 양도차익 2억 원(=3억 원-1억 원)에 대한 양도소득세가 발생한다. 그리고 이때 이혼 위자료로 취득한 재산의 취득시기는 소유권 이전등기 접수일로 한다. 따라서 1세대 1주택 비과세 등 보유기간(2년 보유)을 따지는 규정에서 불리하게 작용한다.

　이 같은 재산분할과 위자료는 법률상 혼인뿐만 아니라 사실혼에도 적용된다. 그런데 배우자가 사망해서 상속이 발생하면 이야기가 달라진다. 왜냐하면 법률상 배우자와는 달리 사실혼 배우자에게는 상속권이 없기 때문이다. 사전死前에 재산을 나눈 적이 없다면 피상속인이 남긴 상속재산에 대해 사실혼 배우자는 아무런 법적 권리를 주장할 수 없다. 그러다 보면 상속인이 피상속인의 사실혼 배우자에게 보상하는 재산에 대해 증여세가 부과되는 일이 생길 수도 있다.

010

주식을 사고팔 때 세금이 있을까?

양도소득세와 증권거래세

시장금리가 낮은 탓인지 주식시장의 열기가 점차로 뜨거워지고 있다. 속칭 '개미'라고 하는 개인의 주식거래도 활발히 일어나고 있다. 대다수 개인 주식투자자는 코스피 주식, 코스닥 주식을 거래하지만, 간혹 코넥스 주식이나 비상장주식을 거래하는 개인투자자도 있다.

그런데 이렇듯 주식을 사고팔 때도 세금이 있을까?

결론부터 말하면, 주식을 살 때는 세금이 없지만, 주식을 팔 때는 세금이 있다. 일단 주식 매각금액에 다음의 세율을 적용해 증권거래세와 농어촌특별세를 과세한다.

구 분	상장주식			비상장주식
	코스피 주식	코스닥 주식	코넥스 주식	
증권거래세	0.15%	0.3%	0.3%	0.45%
농어촌특별세	0.15%	-	-	-

거래소에 상장된 주식인 코스피, 코스닥, 코넥스 주식을 장내에서 거래할 때는 증권회사가 증권거래세와 농어촌특별세를 원천징수신고·납부해준다. 따라서 대다수의 개인투자자들은 주식과 관련된 세금에 별로 신경을 쓰지 않는 것 같다.

그렇다면 개인이 상장주식을 거래할 때 얻는 주식 양도차익에 대해서는 양도소득세 납세의무가 있을까? 그것은 대주주 여부와 거래 장소에 따라 다음과 같이 달리 적용된다.

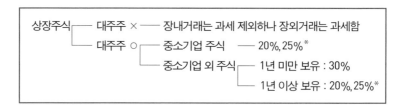

즉, 상장주식의 대주주가 아닐 경우에는 장내에서 거래하면 양도소득세 납세의무가 없다. 사실상 개미들은 장외거래로 상장주식

---

* 대주주 세율은 과세표준 3억 원까지는 20%, 3억 원 초과분은 25%로 2단계 초과 누진세율로 과세됨.

을 거래할 특별한 이유가 없기 때문에 대부분 양도소득세 납세의 무가 없는 것이다.

그러나 비상장주식을 거래할 때는 대주주 여부와 관계없이 주식 양도 자가 반기(6개월) 단위로 주식 매각대금의 0.45%에 상당하는 증권거래세 와 더불어, 주식 양도차익에 대해 다음의 세율을 적용한 양도소득세를 반 기 종료일부터 2월 안(상반기는 8월 말, 하반기는 2월 말)에 신고 · 납부해야 한다.

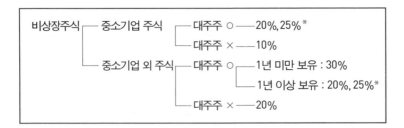

이렇듯 비상장주식은 대주주 여부와 중소기업 여부에 따라 양 도소득세율의 차이가 있을 뿐, 주식 양도자는 반드시 양도소득세 를 신고 · 납부해야 한다.

그러면 상장주식과 비상장주식의 대주주란 누구를 말할까?
현재 상장주식의 대주주란 코스피 주식의 경우, 종목별 지분율 1% 또

---

* 대주주 세율은 과세표준 3억 원까지는 20%, 3억 원 초과분은 25%로 2단계 초과 누진세율로 과세됨.

는 시가총액 10억 원, 코스닥 주식은 지분율 2% 또는 시가총액 10억 원, 코넥스 주식은 지분율 4% 또는 시가총액 10억 원 이상 보유자를 말한다. 그런데 2021년부터는 시가총액 3억 원 이상 보유한 자를 대주주로 보아 주식 양도소득세를 부과할 전망이다. 이때 시가총액이란 양도일 직전년도 말 주식의 시가평가액을 말한다.

- 2018년 3월 31일까지 양도하는 경우: 코스피 25억 원, 코스닥 20억 원, 코넥스 10억 원
- 2018년 4월 1일부터 2020년 3월 31일까지 양도하는 경우: 상장 불문 15억 원
- 2020년 4월 1일부터 2021년 3월 31일까지 양도하는 경우: 상장 불문 10억 원
- 2021년 4월 1일 이후 양도하는 경우: 상장 불문 3억 원

011

1세대 1주택 양도소득세
비과세는 어렵다 (1)

1세대 1주택 비과세 요건

양도소득세 세무상담에서 가장 많은 비중을 차지하는 것은 뭐니뭐니 해도 '1세대 1주택 양도소득세 비과세'이다. 비과세이기 때문에 양도소득세를 신고할 필요도 없어 신고 수수료조차 없다.

현행 세법은 1세대 1주택 양도 시 양도소득세를 비과세함으로써 거주 목적 주택의 자본이익 과세에 따른 세금 부담을 없애 1세대 1주택자의 주택 마련에 어려움이 없게 하고 있다.

1세대 1주택 양도소득세 비과세는 1세대 요건, 2년 보유 요건, 조정대상지역의 경우 2년 거주 요건, 양도 당시 1주택 요건이 모두 충족되면 적용된다.

1. 1세대 요건

거주자 및 그 배우자(법률상 이혼했으나 생계를 같이하는 등 사실상 이혼한 것으로 보기 어려운 관계에 있는 사람을 포함한다)가 그들과 동일한 주소에서 생계를 같이하는 가족과 함께 구성하는 1세대가 양도하는 주택이어야 한다. 따라서 비거주자는 1세대 1주택 비과세를 적용받을 수 없고, 배우자가 없으면 1세대를 구성할 수 없다.

다만, 다음에 해당하는 경우에는 배우자가 없어도 세대분리 시 이를 1세대로 본다.

① 당해 거주자의 연령이 30세 이상인 경우

② 배우자가 사망하거나 이혼한 경우

③ 소득이 중위소득의 40% 이상으로서 소유 부동산을 관리·유지하면서 독립된 생계를 유지할 수 있는 경우(원칙적으로 미성년자는 제외)

2. 2년 보유 요건

양도일 현재 주택의 보유기간이 2년(비거주자가 거주자로 전환된 경우에는 3년) 이상이어야 한다. 보유기간 계산의 원칙은 주택의 취득일부터 양도일까지만, 2021년 이후 양도분부터 1세대가 2주택 이상을 보유(1세대 1주택으로 보는 특례주택은 제외)하다가 다른 주택들을 모두 양도하고 최종적으로 1주택을 보유하게 된 경우에는 최종적으로 1주택을 보유하게 된 날로부터 보유기간을 기산한다. 다만 다음에 해당하는 경우에는 보유기간 및 거주기간의 제한을 받지 않는다.

① 공공건설 임대주택을 취득해 양도하는 경우로, 해당 건설 임대주택의 임차일부터 양도일까지의 거주기간이 5년 이상인 경우

② 주택이 법률에 따라 협의매수 또는 수용되는 경우

③ 해외 이주로 세대 전원이 출국하는 경우. 다만 1주택자로서 출국일부터 2년 이내 양도하는 경우에 한한다.

④ 취학 또는 근무상의 형편으로 1년 이상 계속해서 국외 거주가 필요해 세대 전원이 출국하는 경우. 다만 1주택자로서 출국일부터 2년 이내 양도하는 경우에 한한다.

⑤ 1년 이상 거주한 주택을 취학, 근무상의 형편, 질병의 요양 등 부득이한 사유로 양도하는 경우

3. 2년 거주 요건

2017년 8월 3일 이후 조정대상지역 내 취득하는 주택의 경우에는 기존의 1세대 1주택 비과세 요건에 2년 이상 거주 요건이 추가되었다. 다만 거주자가 조정대상지역의 공고가 있은 날 이전에 매매계약을 체결하고 계약금을 지급한 사실이 증빙서류에 의해 확인되는 경우로, 해당 거주자가 속한 1세대가 계약금 지급일 현재 주택을 보유하지 않은 경우에는 거주기간 요건의 제한을 받지 않는다.

4. 양도 당시 1주택 요건

양도일 현재 국내에 1주택을 보유하고 있어야 한다. 따라서 1세대가 양도 당시 양도주택 외에 다른 주택이 있으면 원칙적으로 비

과세를 적용받을 수 없다. 그런데 특별한 사정으로 인해 불가피하게 2주택이 되는 경우가 있다. 다음의 경우에는 양도 당시 1주택으로 보아 1세대 1주택 양도소득세 비과세를 적용한다.

① 국내에 1주택을 소유한 1세대가 (구)주택을 양도하기 전 (신)주택을 취득함으로써 일시적으로 2주택이 된 경우 (신)주택을 취득한 날부터 3년 (종전 주택이 조정대상지역에 있는 상태에서 조정대상지역에 있는 신규주택을 취득하는 경우에는 1년)이내에 (구)주택을 양도하는 경우. 다만 연속적인 일시적 2주택 비과세를 규제하기 위해 (구)주택과 (신)주택의 취득시기는 1년 이상 차이가 나야 한다.

② 상속받은 주택과 상속 개시 당시 일반주택을 국내에 각각 1채씩 소유한 1세대가 일반주택을 양도하는 경우

③ 1세대 1주택자가 60세 이상 또는 중대한 질병 등이 발생한 60세 미만의 직계존속을 동거 봉양하기 위해 세대를 합침으로써 1세대가 2주택을 보유하게 되어 합친 날부터 10년 이내에 먼저 양도하는 주택의 경우

④ 1세대 1주택자가 1세대 1주택자와 혼인함으로써 1세대가 2주택을 보유하게 되어 혼인한 날부터 5년 이내에 먼저 양도하는 주택의 경우

⑤ 문화재주택과 일반주택을 국내에 각각 1채씩 소유한 1세대가 일반주택을 양도하는 경우

⑥ 농어촌주택(상속주택·이농주택·귀농주택)과 일반주택을 국내에 각각 1채씩 소유한 1세대가 일반주택을 양도하는 경우

⑦ 취학, 근무상의 형편, 질병의 요양, 그 밖에 부득이한 사유로 취득한 수도권 밖에 소재하는 주택과 일반주택을 국내에 각각 1채씩 소유하고 있는 1세대가 부득이한 사유가 해소된 날부터 3년 이내에 일반주택을 양도하는 경우

⑧ 법정 요건을 갖춘 장기임대주택 또는 장기 가정 어린이집과 일반주택을 국내에 소유하고 있는 1세대가 법정 요건을 충족한 거주주택(장기임대주택을 보유한 경우는 1회에 한해 거주주택을 최초로 양도하는 경우만 포함)을 양도하는 경우

⑨ 조세특례제한법상 소유 주택으로 보지 않는 특례주택을 보유한 경우

012

1세대 1주택 양도소득세
비과세는 어렵다 (2)

1세대 1주택 유의사항

1세대 1주택 양도소득세 비과세는 1세대 요건, 2년 보유 요건, 조정대상지역의 경우 2년 거주 요건, 양도 당시 1주택 요건이 모두 충족되면 적용된다. 그런데 이 요건 판단이 점점 더 복잡해져서 양도소득세를 포기하는, 속칭 '양포세무사'가 등장하기 시작했다. 기본적으로 유의할 사항에 대해 살펴보자.

1. 1세대 요건 판단 시 유의사항

부모가 성인 자녀와 생계를 같이하면서 부모 명의로 주택 1채, 자녀 명의로 주택 1채가 있는 경우에는 1세대 2주택자가 된다. 이때 1주택을 양도하면 1세대 1주택 양도소득세 비과세를 적용받을 수 없는데, 양도일 이전에 일정 규모의 소득이 있거나 30세 이상

인 성인 자녀가 1세대로 세대분리하면 절세를 할 수 있다. 부모와 자녀가 각각 1세대 1주택자가 되기 때문이다.

세대분리는 형식적인 주소 이전으로 되는 것이 아니다. 과세관청은 별도 세대를 판정할 때 부모와 자녀가 실제로 생계를 같이하는지 여부를 파악할 뿐, 부모와 자녀의 주소가 다르다고 해서 둘을 별도 세대로 보지 않는다. 과세관청은 이러한 생활관계를 파악하기 위해 가족의 신용카드 및 교통카드 사용지, 공과금 청구지까지 자세히 확인한다.

따라서 실제적으로 세대분리를 하지 않고 형식적으로만 주소 이전을 했다가는 큰 낭패를 보게 된다. 왜냐하면 그 경우, 1세대 1주택자의 주택 양도가 아니라 1세대 2주택자의 주택 양도로 보기 때문이다.

2. 2년 보유 요건 판단 시 유의사항

주택 취득 당시 거주자인 1주택자가 이민이나 장기 출국 전에 2년 이상 보유한 주택을 양도했다면, 일반적인 1세대 1주택 비과세가 적용된다. 그러나 2년 이상 보유하지 못했어도 출국일부터 2년 이내에만 양도하면 1세대 1주택 비과세를 적용해준다. 그런데 만약 출국일부터 2년 이내에 양도하지 못하면 어떻게 될까? 비거주자이기 때문에 1세대 1주택 비과세가 적용되지 않는다. 하지만 국내에 다시 들어와서 거주자가 되고(세대원 전원이 입국해 1과세기간에 183일 이상 체류해야 함), 비거주자 및 거주자로 보유한 기간이 총 3년 이상이면 비과세를 적용받을 수 있다.

    또한 2년 보유 요건을 채우지 못했는데 이민이나 장기 출국이 아닌 경우에는 1년 이상 거주한 주택을 전제로 세대원 전원이 취학, 근무상의 형편, 질병 요양 등 부득이한 사유로 다른 시·군으로 이사하면서 양도하면 1세대 1주택 비과세를 적용해준다. 예를 들어, 군인이 부대 재배치로 세대원 전원이 이사를 가면서 1년 이상 거주한 주택을 양도한 경우에는 2년 보유 요건을 채우지 못해도 1세대 1주택 양도소득세 비과세를 적용한다. 그러나 1년 이상 거주한 사실이 없다면 아무리 부득이한 사유가 있어도 비과세를 적용받을 수 없다.

3. 2년 거주 요건 판단 시 유의사항

    2017년 8월 3일 이후 조정대상지역 내 취득하는 주택의 경우에는 기존의 1세대 1주택 비과세 요건에 2년 이상 거주 요건이 추가되었다. 다만 거주자가 조정대상지역의 공고가 있은 날 이전에 매매계약을 체결하고 계약금을 지급한 사실이 증빙서류에 의해 확인되는 경우로서 해당 거주자가 속한 1세대가 계약금 지급일 현재, 주택을 보유하지 않는 경우에는 거주기간 요건의 제한을 받지 않는다. 그런데 만약 계약금 지급일 현재, 주택을 보유하고 있는 경우라면 거주기간 요건의 제약을 받는다는 점에 유의해야 한다.

4. 양도 당시 1주택 요건 판단 시 유의사항

양도 당시 1주택 요건을 판단함에 있어 가장 많은 사례가 일시적 2주택인 경우이다. (신)주택을 취득하고 3년(조정대상지역 관련한 경우 1년) 이내에 2년 보유 요건을 충족한 (구)주택을 양도하면 1세대 1주택 비과세가 적용된다. 그런데 (구)주택과 (신)주택의 취득시기가 1년 이상 차이가 나지 않으면 이 규정을 적용하지 않는다.

예를 들어, 2018년 3월에 (구)주택을 취득하고 2019년 4월에 (신)주택을 취득한 뒤 2020년 3월에 (구)주택을 양도하면 2년 보유 요건과 일시적 2주택 요건을 모두 충족하므로 비과세된다. 하지만 (신)주택을 2019년 2월에 취득한 경우라면 (구)주택과 (신)주택의 취득시기가 1년 이상 차이가 나지 않기 때문에 일시적 2주택으로 보지 않는다.

또한 일시적 2주택과 그 밖의 다주택 특례가 혼합된 경우에 대해서도 상담을 많이 한다. (구)주택과 상속주택, (신)주택이 있는 경우에 (신)주택 취득일부터 3년(조정대상지역 관련한 경우 1년) 내에 양도하는 (구)주택은 비과세가 된다. 왜냐하면 상속주택은 소유 주택으로 보지 않기 때문이다.

그리고 (구)주택과 (신)주택이 있는 일시적 2주택 상태에서 혼인 합가나 동거 봉양 합가의 경우에도 (신)주택 취득일부터 3년(조정대상지역 관련한 경우 1년) 내 양도하는 (구)주택은 일시적 2주택 비과세를 적용받을 수 있고, 이후 5년 (동거 봉양은 10년) 이내에 먼저 양도하는 합가주택도 비과세를 적용받을 수 있다.

반대로 혼인 합가 또는 동거 봉양 합가 상태에서 (신)주택을 취득하는 경우도 있는데, (신)주택 취득일부터 3년(조정대상지역 관련한 경우 1년) 내에 양도하는 (구)주택은 일시적 2주택 비과세를 적용받을 수 있다. 또한 5년(동거 봉양은 10년) 이내에 남은 합가주택을 양도하는 경우에도 비과세를 적용받을 수 있다.

여기서 가장 많이 실수하는 것이 있다. 일시적 2주택, 상속주택 등을 포함해 1세대 3주택자 이상이 된 경우, 양도소득세가 비과세되는 것은 매매가액 9억 원까지의 양도차익이고, 매매가액 9억 원을 초과하는 양도차익에 대해서는 양도소득세가 과세되는데 이때 1세대 3주택 이상은 중과 제외 주택에 해당하지 않아 중과세되고 장기보유 특별공제도 적용되지 않는다는 점이다.

○ 사전-2019-법령해석재산-0368, 2019.11.01

장기임대주택 특례와 일시적 2주택* 특례를 중첩 적용하는 경우에도 1세대 1주택으로 보되, 고가주택의 경우 양도가액 9억원 초과분에 대한 양도소득은 과세되며, 양도일 현재(조정대상지역 소재 주택을 양도한 경우로) 3주택 이상인 경우 중과세율이 적용되고, 장기보유 특별공제는 적용되지 않음.

---

* 3주택 중과 제외 주택에는 일시적 2주택, 상속 후 5년이 경과한 상속주택, 2018년 4월 1일 이후 장기임대 등록(8년 미만)한 주택은 포함되지 않음.

013

다주택자가 장기임대주택 등록하면
절세할 수 있을까?

장기임대주택과 거주주택에 관한 특례

다주택을 보유한 사람이 주택을 양도하게 되면 일반적으로 양도소득세를 부담하게 된다. 1세대 1주택 비과세 특례를 적용받는 주택의 보유자가 아닐 때 주택 매각을 주저하는 이유가 바로 이 양도소득세 부담 때문이다. 그런데 2014년부터 임대소득의 양성화를 위해 다주택을 보유한 사람이 본인이 거주하는 주택을 제외한 나머지 주택(임대 개시일 현재 수도권 기준시가 6억 원, 수도권 외 기준시가 3억 원 이하인 주택에 한한다)을 주택임대사업자로 등록하고 사전 또는 사후에 임대 기간 5년을 채우면 이 임대주택은 1세대 1주택 비과세 판단 시 보유 주택 수 계산에서 제외하고 있다.

즉, 주택이 아무리 많아도 거주주택 외에 다른 주택을 주택임대사업자로 등록하면 거주주택을 양도할 때 이를 1세대 1주택으로 보아 비과세를 적용하는 것이다.

이렇게 장기임대한 주택을 추후 양도할 때에는 양도소득세가 과세되지만 임대 기간을 늘린다면 6년째부터 해당 장기임대주택을 양도하는 경우 연도별 장기보유 특별공제 혜택을 2%p 추가해 주거나, 8년 이상 계속 임대 후 양도하는 경우 50%, 10년 이상 계속 임대 후 양도하는 경우에는 70%까지 장기보유 특별공제 혜택을 준다. 다만 장기보유 특별공제 혜택을 받을 수 있는 임대주택은 2018년 말까지는 국민주택 규모 이하이면 되었고, 2019년 이후 취득분부터는 국민주택 규모 이하이면서 임대 개시일 현재 수도권 기준시가 6억원, 수도권 외 기준시가 3억 원 이하인 주택이 되어야만 한다.

어쨌든 거주주택에 대해서 비과세받고, 또 장기임대주택에 대해서 세금 혜택을 받으니 다주택자에게 장기임대주택 등록이란 절세를 위해 반드시 검토해야 할 사항인 셈이다. 이 특례를 적용받으려면 '거주주택'과 '임대주택'의 조건을 충족해야 한다.

거주주택은 2년 이상 보유하면서 2년 이상 실제 거주한 사실이 있어야 한다. 과거 2년 이상 거주한 사실이 있을 경우 양도 당시 거주할 필요는 없다. 또한 주택 수에서 제외되는 임대주택(임대 개시일 현재 수도권 기준시가 6억 원, 수도권 외 기준시가 3억 원 이하인 주택에 한한다)은 주택 임대로 관할세무서에 사업자등록을 하고, 지방자치단체에 임대사업자로 등록해야 한다. 이때 임대 기간은 과거 실제 임대하고 있었더라도 세무서 및 지방자치단체에 사업자등록을 한 뒤로부터 임대를 개시한 것으로 본다.

이러한 특례 규정은 일시적 2주택 비과세와도 연동될 수 있다. 예를 들어 이미 수년간 보유하고 있는 거주주택과 임대주택이 있다면, 1세대 2주택자이므로 거주주택을 매각할 때 일반적으로 양도소득세를 부담해야 한다. 임대주택에 대해 주택임대사업자로 등록하고 지방자치단체에 임대사업자로 등록하면 거주주택을 양도할 때 1세대 1주택 비과세 혜택을 받을 수 있다.

게다가 거주주택과 임대주택을 보유하고 있으면서 신규 주택을 매입한 경우에도 임대주택을 주택임대사업자로 등록하면 임대주택은 특례주택으로 바뀌어 보유 주택 계산에서 제외되기 때문에 신규 주택을 구입하고 3년(조정대상지역 관련한 경우 1년) 안에 거주주택을 매각할 때 일시적 2주택에 따른 비과세 혜택을 적용받을 수 있다.

다만 이 경우 주의할 것은 양도소득세 비과세 혜택은 매매가액 9억 원까지이므로 매매가액 9억 원을 초과하는 경우에는 그 초과분에 대한 양도소득세는 내야 한다는 점이다. 이때 양도주택이 조정대상지역 내에 있다면 중과세대상이 되고, 장기보유 특별공제 혜택도 배제된다(사전-2019-법령해석재산-0368, 2019.11.01).

그런데 거주주택 비과세의 남용을 막고자 2019년 이후 취득하는 주택에 대해서는 평생 1회만 비과세받을 수 있도록 제한 규정이 마련되었다. 따라서 거주 목적으로 새롭게 취득하는 주택에 대해 2회 이상의 비과세는 적용되지 않는다. 이 경우 임대주택이 있는 한 모든 주택 양도차익이 과세대상이 된다. 다만 최후 남은 주택에 대해 1세대 1주택 비과세를 받을 수 있으며 그 임대주택을 거주 목적으로 전환해 1세대 1주택이 된 경우에 한해 직전 거주주택 양도 이후 양도차익분에 대해 비과세할 수 있다. 가장 마지막 주택은 일반적인 1세대 1주택 비과세에 해당하기에 그렇다.

아무튼 이러한 장기임대주택은 구청에 4년, 8년 의무 등록한 것과 무관하게 5년 이상 의무적으로 임대를 해야 한다. 이를 위반할 경우 사전에 비과세된 거주주택에 관한 양도소득세를, 추징 사유 발생일부터 2월 내에 신고,납부해야 한다.

014

상속받은 주택을 팔면
양도소득세를 내야 할까?

상속주택 특례

1세대 1주택 양도소득세 비과세 가운데 가장 어려운 부분이 상속주택 특례 규정이다. 이에 관해 질문하는 사람도 많다. 상속세는 전체 상속인 가운데 약 2%만 내고 있지만, 상속주택은 흔히 발생하기 때문에 상속주택이 자신의 1세대 1주택 양도소득세 비과세에 미치는 영향을 알고 싶어 하는 것이다.

상속받은 주택과 상속 개시 당시 일반주택을 국내에 각각 1채씩 소유한 1세대가 일반주택을 양도하는 경우에는 1세대 1주택으로 보아 양도소득세를 비과세한다. 이러한 상속주택 특례 규정의 취지는 상속 이전부터 별도로 세대분리된 1주택자가 상속이라는 불가피한 상황에서 물려받은 상속주택 때문에 2주택자가 되어 일반주택을 양도할 때 1세대 1주택 비과세 혜택을 적용받지 못하는 것을 해소해주기 위한 것이다.

따라서 이 경우, 당초 일반주택을 보유한 1주택자가 상속받은 주택을 먼저 양도하면 상속주택 특례 규정에 따른 비과세 혜택을 받을 수 없다. 즉, 일반주택을 먼저 양도해야 1세대 1주택 비과세를 적용한다.

그리고 상속받을 당시에는 일반주택이 없었는데 주택을 상속받고 난 뒤 일반주택을 취득한 경우에는 일반주택 양도 시 상속주택 특례 규정에 따른 비과세 혜택을 받을 수 없다. 또한 주택을 상속받을 당시 피상속인과 같은 세대를 이루고 있었고, 세대원인 본인도 1주택을 소유하고 있어서 상속 이전부터 1세대 2주택자였다면 상속주택 특례 규정에 따른 비과세 혜택을 받을 수 없다.

그런데 만약 상속할 1주택을 1인에게 상속하지 않고 지분별로 쪼개서 여러 명에게 상속하면 어떻게 될까?

이를 공동상속주택이라 하며, 공동상속주택의 소수 지분권자는 당해 공동상속주택을 소유한 것으로 보지 않는다. 따라서 상속주택 특례 규정을 따질 필요도 없이 자신이 보유한 1주택을 양도할 때 양도소득세 비과세 혜택을 받을 수 있다.

단, 소수 지분권자라도 주의할 것은 공동상속주택이 1채가 아니고 2채

이상이거나 일반주택을 지분으로 가지고 있는 경우에는 지분을 1주택으로 간주한다는 점이다. 따라서 지분을 가진 주택 외에 다른 1주택이 있는 경우 2주택자가 되어 양도소득세 비과세 혜택을 적용받을 수 없다.

한편, 공동상속주택의 최대 지분권자는 당해 공동상속주택을 소유한 것으로 보는데, 이 경우에도 당초 보유한 일반주택을 양도하면 상속주택 특례 규정을 적용받을 수 있다.

그런데 상속할 주택이 2개 이상일 때는 어떻게 해야 할까? 상속주택 특례 규정을 적용받을 수 있는 상속주택 1개를 세법으로 정하고 있다. 나머지는 일반주택일 뿐이다. 그렇다면 상속할 2개 이상의 주택 가운데 어느 것이 상속주택 특례 규정을 적용받을까?

일단, 피상속인이 가장 오래 소유한 주택이다. 만약 소유 기간이 같다면 피상속인이 가장 오래 거주한 주택이다. 실무적으로는 여기까지만 알면 된다.

예를 들어보자. 피상속인이 10년 보유한 A주택과 5년 보유한 B주택을 남기고 사망했는데, 공동상속인으로 그의 배우자와 1세대 1주택자인 아들이 있다. 1세대 1주택자인 아들이 A주택을 상속받았다면 아들은 상속주택 특례 규정을 적용받을 수 있다. 피상속인이 가장 오래 보유한 A주택을 상속받았기에 그렇다. 그러나 B주택을 상속받았다면 상속주택 특례 규정을 적용받을 수 없다.

끝으로, 상속주택 특례 규정을 활용해 1세대 1주택 비과세 혜택을 적용받는 방법을 알아보자. 예를 들어 상속주택과 상속 개시 당시 일반주택을 국내에 각각 1채씩 소유한 1세대가 일반주택을 먼저 양도해서 상속주택 특례 규정을 적용받았다고 하자. 이제 남은 상속주택은 단지 1세대 1주택일 뿐이다. 이것을 팔면 1세대 1주택 비과세된다. 그런데 그 전에 (신)주택을 구입했다고 하면 상속주택에 대해 더는 상속주택 특례 규정을 적용받을 수 없고 그것은 (구)주택에 해당한다. 따라서 반드시 3년(조정대상지역 관련한 경우 1년) 안에 (구)주택을 먼저 팔아야 일시적 2주택에 따른 비과세 혜택을 적용받을 수 있다. 이 순서를 헷갈리면 비과세 적용을 놓치게 된다. 따라서 주택을 양도하기 전에는 반드시 세무사와 상담하기를 바란다.

반면, 상속받은 집 한 채가 전부라면 당연히 1세대 1주택 비과세를 적용받을 수 있다. 다만 2년 보유기간을 계산할 때는 동일 세대원이던 피상속인에게서 상속받은 주택이면 동일 세대원으로서 피상속인의 보유기간과 상속인의 보유기간을 통산한다. 따라서 동일 세대원이 아닌 상속인은 상속개시일부터 2년 이상 보유해야 비과세를 받을 수 있다.

015

농어촌주택이 있어도
1세대 1주택 비과세 혜택을 받을까?

농어촌주택 특례

얼마 전 뜻밖의 양도소득세 문제로 전전긍긍하던 한 노인이 지인의 소개로 필자를 찾아왔다. 그분은 30년 넘게 서울에 집 한 채를 가지고 살았는데, 아내가 노후에 살자면서 10여 년 전 강화도에 있는 농가주택을 한 채 구입했다고 한다.

그런데 최근에 자신이 보유하던 서울 집을 매각했는데 세무서로부터 주택 매각에 따른 양도소득세를 신고, 납부하라는 안내문을 받았다고 한다.

그분은 배우자 소유의 강화도 농가주택은 당연히 1세대 1주택 계산 시 제외되는 농어촌주택인 줄 알고, 본인은 1세대 1주택자가 아니냐며 세무서니 구청이니 알아보니 강화도 소재 농가주택은 1세대 1주택에서 제외되는 농어촌주택이 아니란다. 이게 맞는 말이냐고 묻고 묻다가 내 순번까지 된 것 같았다.

주택을 매각하고 양도소득세 신고를 의뢰하러 온 분들 가운데는 농어촌주택을 보유해서 2주택자가 된 경우가 꽤 있다. 게다가 재산 가치가 거의 없는 농어촌주택은 아예 주택으로 생각지 않다 보니 일반주택을 양도할 때 1세대 1주택 비과세 혜택을 당연히 받을 수 있는 것으로 생각하기도 한다.

농어촌주택이 1세대 1주택 비과세 판단 시 보유 주택에서 제외되려면 특례상속주택, 일반상속주택, 이농주택, 귀농주택, 농어촌주택 특례 가운데 하나에 해당해야 한다.

1. 상속주택

기존에 1세대 1주택자가 1주택을 상속받으면 이 상속주택은 1세대 1주택 비과세 판정 시 소유 주택으로 보지 않는다. 그런데 상속받는 주택이 2주택 이상인 경우에는 1주택에 대해서만 그 특례를 인정하고 그 외 일반 상속주택에 대해서는 특례를 인정하지 않는다. 그러나 특례를 적용받을 수 없는 일반 상속주택임에도 피상속인이 농어촌주택으로 취득해서 5년 이상 거주했다면 보유 주택 수를 계산할 때 이를 제외한다.

2. 이농주택

이농주택은 농업이나 어업에 종사하던 사람이 전업專業해 전출함으로써 남겨진 농어촌주택을 말한다. 취득하고 5년 이상 거주한 사실이 있는 이농주택은 1세대 1주택 판단 시 주택 수에서 제외한다.

3. 귀농주택

귀농주택이란 농업이나 어업에 종사하려고 1,000㎡ 이상의 농지(농업의 경우)를 소유하는 것을 전제로 취득한 대지면적 660㎡ 이내, 9억 원 미만의 주택을 말한다. 이러한 귀농주택은 세대원 전원이 귀농주택으로 이사하면서 귀농 후 최초로 양도하는 일반주택에 한해 1세대 1주택 비과세 혜택을 적용한다. 다만, 2016년 이후 귀농하려고 주택을 취득했다면 5년 이내에 일반주택을 양도해야 비과세 혜택을 받을 수 있으니 유의해야 한다.

또한 귀농한다고 해서 일반주택에 대해 1세대 1주택 비과세 혜택을 주었는데, 귀농일부터 3년 이내에 농업이나 어업에 종사하지 않거나 그 귀농주택에 거주하지 않을 경우에는 당초 비과세했던 양도소득세를 사유 발생일로부터 2개월 말 이내에 신고 · 납부해야 한다.

4. 농어촌주택 특례

농어촌주택 특례는 수도권 외 읍면 지역에 소재하는 대지면적

$660\,m^2$, 기준시가 2억 원(한옥 4억 원) 이하인 농어촌주택 한 채를 2003년 8월부터 2020년 12월 31일까지의 기간에 취득해서 3년 이상 보유하면 그 농어촌주택 취득 전에 보유한 일반주택을 양도할 때 이를 비과세하는 것이다.

은퇴 후 시골에 내려가 전원생활을 해볼 생각에서 수도권 외 읍면 지역에 소재하는 농어촌주택을 취득했다면 비록 상속주택, 이농주택, 귀농주택이 아니더라도 도심에 있는 일반주택을 양도할 때 1세대 1주택 양도소득세 비과세의 걸림돌이 되지 않는다. 그러나 강화도는 수도권 외 지역이 아니어서 1세대 1주택 계산 시 제외되는 농어촌주택에 해당하지 않는다.

필자로서는 마음이 찢어질 정도로 아쉬운 사례였다. 왜냐하면 10년간 한 번도 가격이 오르지 않은 강화도 농가주택을 서울 주택보다 먼저 양도하거나 증여했다면, 그 농가주택 기준시가의 3배에 달하는 양도소득세는 납부하지 않아도 되었기 때문이다.

10여 년 전 강화도 농가주택을 매입할 당시 세법에 관해 잘 몰랐던 상담인은 공인중개사도 구청 공무원도 "이것은 1세대 1주택을 판정할 때 주택으로 보지 않아요"라고 말했다며, 억울하다고 호소했다. 그러나 이미 두 달 전에 등기도 끝난 서울 주택의 매매를 되돌릴 길도 없지 않은가? 서울 주택 매매 전에 필자를 찾아와 상담받았더라면 하는 아쉬움이 컸던 사례였다.

한편, 2019년 세법이 개정되면서 농어촌주택 등 취득자에 대한 양도소득세 과세특례가 신설되었다. 내용인즉슨, 수도권조정대상 지역 내 공시가격 합계 6억 원 이하인 2주택자가 1주택을 양도하는 경우, 원칙적으로 양도소득세가 중과세되고 장기보유 특별공제가 배제되지만, 만일 양도소득세 예정신고 기간 내에 농어촌주택 또는 고향주택을 취득하면 양도소득세가 중과세되지 않고, 장기보유 특별공제도 허용한다는 것이다.

이 원칙은 2019년부터 2020년 사이 양도분에 대해 적용하는데 세금 낼 돈으로 농어촌주택이나 고향주택을 취득해보는 것은 어떨까도 싶다.

016

양도소득세를 계산하는 방법은?

양도차익과 필요경비

개인이 부동산 등을 양도하면 양도일이 속하는 달의 말일부터 2월(부담부 증여에 따른 양도소득세는 3월) 안에 양도소득세 예정신고를 해야 한다. 제때에 신고하지 않으면 양도소득세 납부세액의 10~20% 상당액이 무신고가산세로 추징된다.

납세자들이 제때에 신고하기 위해 부동산을 양도하는 전후로 세무사에게 "양도소득세 신고 대리를 의뢰하려면 어떤 서류를 준비해야 하느냐?"라고 묻는 일이 허다하다.

필자는 이런 문의를 받으면 양도소득세는 양도차익에 과세하는 세금인 만큼 양도 시 계약서와 취득 시 계약서를 가져오라고 한다. 더불어 부동산을 취득할 때 낸 취득세·등록세 영수증, 법무사 수수료 계산 내역서, 부동산의 양도 및 취득 시 부담료 영수증이 필요하다고 알려준다.

만약 취득세·등록세 영수증을 분실했다면 구청이나 주민센터에서 지방세 납입증명서를 발급받으면 되고, 법무사가 등기 업무를 대리한 경우 법무사 수수료 계산 내역서에는 양도소득 필요경비에 해당하는 법무사 수수료, 등기 비용, 채권매각차손 내역 등도 같이 기재되므로 꼭 챙겨오라고 한다. 아울러 세무신고 수수료도 필요경비에 해당한다고 알려준다.

그러면, 부동산을 보유하는 동안 이것저것 수리한 것이 많다면서 "각종 수선 비용도 필요경비가 되느냐?"라고 묻는 사람이 종종 있다. 확장공사 비용 또는 새시 설치, 상하수도 배관공사, 보일러 교체에 들어간 비용은 자본적 지출로 보아 양도차익 계산 시 필요경비가 된다. 하지만 벽지, 장판, 도색, 방수공사, 싱크대, 화장실, 보일러 수리에 들어간 비용은 수익적 지출로 보아 필요경비에 반영되지 않는다.

이를테면, 부동산을 취득하면서 확장공사를 한 경우 확장공사비는 대금 지급 증빙을 가져오라고 하지만 벽지나 장판, 싱크대 교체에 들어간 비용은 증빙을 가져올 필요가 없는 것이다. 과거에는 싱크대를 교체해놓고는 새시를 설치했다면서 간이영수증을 발급받아 온 납세자들이 종종 있었는데, 이를 어떻게 처리해야 할지, 세무대리인이나 과세관청이나 애매한 입장이었다.

그러나 2016년 이후 지출분부터는 자본적 지출이라고 주장하려면 반드시 세금계산서, 계산서, 신용카드, 현금영수증 가운데 하나로 입증하거나 금융기관 송금내역 등 실제 경비지출 사실을 입증해야 공제받을 수 있다.

아무튼 앞서 말한 서류들을 납세자가 준비해 오면 세무대리인은 양도 시 계약서에 따른 양도가액에서 취득 시 계약서에 따른 취득가액과 각종 비용을 필요경비로 공제해서 양도차익을 계산한다. 예를 들어, 양도가액은 5억 원, 취득가액은 3억 원, 기타 필요경비 입증금액이 1천만 원이면 양도차익은 1.9억 원이 된다. 그리고 부동산에 한해 장기보유 특별공제를 검토해 양도소득금액을 확정한다. 예를 들어, 20년을 보유했다면 매년 2%씩 최대 30%까지 공제해주기 때문에 장기보유 특별공제액은 5.7천만 원이 되고, 양도차익에서 장기보유 특별공제한 금액이 양도소득금액이 된다. 이 경우 양도소득금액은 1.33억 원이 된다. 그리고 양도소득 기본공제를 2.5백만 원 해주면 과세표준이 나온다. 이 경우 130,500,000원이 되겠다. 이에 일반적으로 다음 쪽의 세율을 곱하면 양도소득 산출세액은 30,775,000원이 나오게 된다.

과세표준	기본 세율	누진공제
1,200만 원 이하	6%	-
4,600만 원 이하	15%	1,080,000
8,800만 원 이하	24%	5,220,000
1.5억 원 이하	35%	14,900,000
3억 원 이하	38%	19,400,000
5억 원 이하	40%	25,400,000
5억 원 초과	42%	35,400,000

산출세액에서 공제 또는 감면세액을 차감해 납부세액을 계산하는데 양도소득세 공제 또는 감면되는 경우가 그다지 많지 않아서 통상 산출세액 상당액이 양도소득세 부담세액이 된다. 이와 같이 계산한 신고서를 양도일이 속하는 달의 말일부터 2월 내에 양도자의 주소지 관할세무서에 신고하고 납부한다. 구체적인 계산 구조는 다음 쪽 **절세하이테크**에 제시한 표를 참조하기 바란다.

1. 양도소득세 과세표준 및 세액계산 구조

양　도　가　액	
－필　요　경　비	(＝취득가액＋기타 필요경비)
＝양　도　차　익	양도차손은 다른 자산의 양도소득금액 범위 내에서 공제
－장기보유 특별공제	부동산 양도차익×보유연수별 공제율
＝양 도 소 득 금 액	＋기신고·결정·결정 소득금액 가산
－양도소득 기본공제	부동산 등, 주식, 파생상품으로 구분해서 연 250만 원
＝양도소득 과세표준	
×세　　　　　　율	
＝양도소득 산출세액	
－세 액 감 면 · 공 제	조세특례감면, 외국납부세액공제, 원천징수세액공제,
＋가　　산　　세	신고불성실가산세, 납부불성실가산세
＝양도소득 부담세액	
－기신고·결정·결정세액	
＝납　부　할　세　액	

2. 장기보유 특별공제율

보유기간	공제율(2019년이후)	1세대 1주택(고가주택)
3년 이상 4년 미만	6%	24%
4년 이상 5년 미만	8%	32%
5년 이상 6년 미만	10%	40%
6년 이상 7년 미만	12%	48%
7년 이상 8년 미만	14%	56%
8년 이상 9년 미만	16%	64%
9년 이상 10년 미만	18%	72%
10년 이상 11년 미만	20%	80%
11년 이상 12년 미만	22%	
12년 이상 13년 미만	24%	
13년 이상 14년 미만	26%	
14년 이상 15년 미만	28%	
15년 이상	30%	

017

1세대 1주택자도 양도소득세를 낸다?

고가주택 양도세

1세대 1주택 요건을 충족하는 주택의 양도로 인해 발생하는 양도소득에 대해서는 양도소득세를 비과세하지만, 양도 당시의 실지거래가액이 9억 원을 초과하는 고가주택의 경우에는 1세대 1주택자라도 다음과 같이 과세한다.

1. 고가주택의 과세 양도차익 계산

양도가액 9억 원을 사이에 두고 급격한 세금 부담 차이가 나는 것을 방지하기 위해 고가주택의 양도소득세 계산 시 과세 양도차익은 다음과 같이 구한다.

$$\text{과세 양도차익} = \text{실제 양도차익} \times \frac{\text{양도가액} - 9\text{억 원}}{\text{양도가액}}$$

2. 고가주택의 장기보유 특별공제액 계산

고가주택 1세대 1주택자는 거주기간과 상관없이 2년 거주 요건을 충족하는 경우 보유기간 기준으로 최대 80% 장기보유 특별공제율을 적용했으나, 2021년 이후부터 장기보유 특별공제율 최대 80%(10년)를 유지하되, 거주기간을 요건으로 추가해 연 8%의 공제율을 '보유기간 연 4% + 거주기간 연 4%'로 구분해 적용한다.

$$\text{장기보유 특별공제액} = \text{과세 양도차익} \times \text{공제율(표 참조)}$$

* **공제율**

보유기간		3년~4년	4년~5년	5년~6년	6년~7년	7년~8년	8년~9년	9년~10년	10년 이상
21년 이후	합계	24%	32%	40%	48%	56%	64%	72%	80%
	보유	12%	16%	20%	24%	28%	32%	36%	40%
	거주	12%	16%	20%	24%	28%	32%	36%	40%
20년까지		24%	32%	40%	48%	56%	64%	72%	80%
2년 미거주		6%	8%	10%	12%	14%	16%	18%	20%

그런데 만일 2년 거주 요건 자체도 못 채웠다면 일반적인 장기보유 특별공제를 적용한다(매년 2%씩 공제해 15년 보유 시 최대 30%).

3. 사례

1세대 1주택자로서 양도가액 15억 원, 취득가액(기타 필요경비 포함) 7억 원인 아파트를 양도했을 때의 양도소득세를 계산해보자. 거주기간은 5년, 보유기간은 10년으로 가정한다.

구분	2018년 말	2018년 이후	2년 미거주
양도가액	1,500,000,000	1,500,000,000	1,500,000,000
취득가액	700,000,000	700,000,000	700,000,000
양도차익	800,000,000	800,000,000	800,000,000
과세 양도차익	320,000,000	320,000,000	320,000,000
장기보유 특별공제	256,000,000	192,000,000	64,000,000
양도소득금액	64,000,000	128,000,000	256,000,000
양도소득기본공제	2,500,000	2,500,000	2,500,000
과세표준	61,500,000	125,500,000	253,500,000
세율	24%	35%	38%
산출세액	9,540,000	29,025,000	76,930,000
지방소득세	954,000	2,902,500	7,693,000
계	**10,494,000**	**31,927,500**	**84,623,000**
세 부담 비율	**1.31%**	**3.99%**	**10.58%**

표를 보면 실제 양도차익이 8억 원인데도 양도소득세액은 실제 양도차익 기준으로 1.31~10.58%에 불과하다. 이는 1세대 1주택 자의 고가주택 양도차익 계산과 장기보유 특별공제율을 우대해주기 때문이다.

018

취득계약서 분실 시
양도소득세를 계산하는 방법은?

다운계약서와 환산취득가액

양도소득세 신고 대리를 의뢰하는 납세자에게 종종 듣는 두 가지 고민이 있다. 다운계약서를 받은 경우와 취득계약서를 분실한 경우의 고민이다.

1. 다운계약서 문제

취득 당시 계약서보다 더 많은 돈을 주었는데, 다운계약서를 받았기 때문에 다운계약서상의 금액이 아니라 당초 실제 지급한 금액으로 취득가액 신고를 하면 안 되느냐는 것이다.

그럴 때는 "실제 계약서든 대금 지급 증빙이든 말씀하신 대로 실제 취득가액을 입증할 수 있으세요?"라고 되묻는다. 실제 계약서가 있거나 대금 지급 증빙이 있으면 실제 취득가액을 기준으로 양도소득세를 신고·납부할 수 있다. 세법상 사실 판단의 대원칙은 실질과세원칙이기 때문이다.

이렇게 되면 취득 당시 이중계약을 하거나 다운계약서를 작성해 양도차익을 줄여 허위 신고한 예전 양도인에게 양도소득세가 추징된다. 물론 본세만 추징되는 것이 아니라, 당초 부당 과소신고한 패널티로 본세의 40%를 부당 과소신고 가산세를, 제때 본세를 납부하지 아니한 패널티로 연 10.95%(현재는 연 9.125%)의 납부불성실 가산세를 포함해 추징한다.

다만 종전 양도인이 부정 행위로 국세를 포탈하거나 환급·공제받았더라도 법정 신고기한 경과 후 10년이 지나면 부과 시효가 만료되기 때문에 다운계약서를 쓴 사람은 10년이 지나야 발 뻗고 잘 수 있다.

2. 취득계약서 분실 문제

계약서를 분실해서 실제 취득가액을 알 길이 없으니 이른바 환산취득가액으로 양도소득세를 신고해주면 안 되겠냐는 것도 단골 질문이다. 양도가액은 있는데 취득가액이 불분명하면 환산취득가액으로 양도소득세를 신고할 수는 있다. 그런데 환산취득가액을 적용하는 것은 말 그대로 취득가액이 불분명할 때이지 납세자가 취득계약서를 잃어버렸을 때가 아니다.

환산취득가액으로 양도소득세를 신고하면 과세관청은 해당 재산의 실제 취득가액을 이전 양도자에게 확인하거나 각종 서류로 밝혀내게 된다. 그리고 2006년 이후부터는 등기부등본(매매 목록)에 실제 취득가액이 명시되기 때문에 환산취득가액을 요청하는 납세자가 많이 줄어든 편이다.

하지만 2006년 이전에 취득한 납세자의 경우에는 환산취득가액 신고가 복불복일 경우가 있다. 왜냐하면 국세청 취득가액 전산화가 2000년 직전에야 완료되면서, 이전 서류 등이 없기도 하고, 이전 양도자가 사망하는 등 취득가액 확인이 사실상 어려운 경우도 있기 때문이다. 따라서 취득계약서를 잃어버렸으니 환산취득가액으로 양도소득세를 신고해달라고 요구하는 납세자에게 신고는 대리해주되, 추후 과세관청에서 실제 취득가액을 확인해 양도소득세가 추징되더라도 세무사에게 부책負責하지 않겠다는 내용의 확인서를 받는다.

이렇게 취득가액이 불분명할 경우에 적용하는 환산취득가액은 다음의 비례식으로 산출한다.

양도가액 : 환산취득가액(X) = 양도 시 기준시가 : 취득 시 기준시가

예를 들어, 양도가액이 2억 원이고 해당 재산의 양도 시 기준시가가 1억 원, 취득 시 기준시가가 8천만 원이면 해당 재산의 환산취득가액은 1억 6천만 원으로 산출된다. 그런데 건물의 취득일 또는 증축일부터 5년 이내에 해당 건물을 양도하는 경우로서 실지 건축가액을 입증하지 않고 환산취득가액으로 건물 취득가액을 산출해 양도소득세를 신고하면 환산취득가액의 5%를 가산세로 부과하니 유의해야 한다.

  양도소득세 계산을 위해 가장 좋은 것은 사실 그대로 계약서를 쓰고 재산의 취득·보유·양도에 따라 지급된 경비내역을 잘 보관하는 것이다. 그리고 재산의 취득 및 양도 전에 신뢰할 수 있는 세무사에게 세금 예상액을 알아보는 것이 최선이다.

019

재건축·재개발주택 양도 시 양도소득세는 어떻게 될까?

재건축 · 재개발 양도소득세 유의사항

양도소득세는 개인이 부동산이나 부동산에 관한 권리, 주식 등 자산을 유상으로 양도함으로써 발생하는 소득에 과세하는 세금이다. 부동산 관련해서는 토지 또는 건물 외에도 부동산에 관한 권리를 매각할 때 양도소득세가 과세된다. 부동산에 관한 권리란 지상권 · 전세권 · 등기된 부동산임차권 · 부동산을 취득할 수 있는 권리를 말한다. 부동산을 취득할 수 있는 권리로는 대표적으로 아파트 분양권과 조합원 입주권을 들 수 있다.

조합원 입주권(이하 입주권)이란 오래된 주택이 지역 내 재건축, 재개발을 원인으로 신축주택으로 개발될 때, 기존 주택이 부동산을 취득할 수 있는 권리로 바뀐 상태를 의미한다.

많은 경우 자신이 보유한 노후 주택이 재건축·재개발될 때 입주권을 받고 신축 아파트 완공 전에 프리미엄을 붙여 팔기도 한다. 이때 양도차익이 있으면 양도소득세 과세대상이 된다. 다만 입주권은 이전에 소유한 노후 주택이 일시적으로 부동산을 취득할 수 있는 권리로 바뀐 상태이기 때문에 원소유자(승계 소유자 제외)로서 1세대 1주택 비과세 요건을 이미 갖춘 조합원이 입주권 보유자로 전환된 경우에는 1세대 1주택 비과세 및 특례 규정을 준용해 양도소득세를 비과세받을 수 있다. 즉 1세대 1주택 비과세 요건을 충족한다면 입주권 양도 시 양도소득세 부담은 없다(9억 원 초과 시 9억 원 초과분 양도차익에 대해서는 양도소득세 있음).

　　그러나 다주택자로서 입주권을 양도하는 경우라면 양도소득세가 과세되고, 이 경우 양도소득세의 계산은 세무 전문가라 해도 그리 쉽지가 않다. 특히 '청산금'이라는 개념이 개입되면 일반인이 입주권의 양도차익 및 장기보유 특별공제액을 계산하기란 매우 어렵다고 봐야 한다.

　　개념적으로 설명한다면 이렇다. 재건축 등 대상 주택을 (구)주택 상태에서 매각하지 않고 재건축 등의 관리처분계획인가가 떨어지면 그 인가일을 기준으로 재건축 주택은 조합원 입주권이라는 권리로 바뀌게 된다. 이렇게 입주권으로 바뀔 때 청산금이라는 개념이 개입된다. 청산금이란 권리자가 당초 보유 주택의 평가액보다 재건축 후 더 큰 주택을 받고자 할 때에 추가적으로 납입하는 금액을 말하기도 하고, 당초 보유 주택 평가액보다 더 작은 주택을 받고자 할 때 교부받는 금액을 말하기도 한다. 한마디로 청산금이란 권리자 상호간의 정산금에 해당한다. 따라서 청산금이 개입된 자산의 양도소득세를 계산할 때, 납입한 것은 자산의 취득가액에 가산하고, 교부받은 것은 자산의 (일부) 양도로 보면 된다. 이 경우 청산금을 교부받은 경우로서 1세대 1주택자라면, 이 청산금 교부받은 분에 대해서도 1세대 1주택 양도소득세 비과세를 적용받을 수 있다.

> ***소득세법 집행기준 100-166-4**(재개발·재건축 관련 청산금을 수령한 경우)
>
> 주택 재개발 정비사업조합에 참여한 조합원이 교부받은 청산금 상당액은 양도소득세 과세대상이며, 그 청산금에 상당하는 종전의 주택(거기에 딸린 토지 포함)이 1세대 1주택 비과세 요건을 충족한 경우에는 양도소득세가 과세되지 않는다.

그리고 입주권 양도에 따라 양도소득세를 계산할 때는 관리처분계획인가 전 양도차익 부분에 대해서는 장기보유 특별공제를 적용한다. 왜냐하면 관리처분계획인가 전 부동산으로 양도했다면 적용받을 수 있는 장기보유 특별공제를, '입주권'으로 바뀌었다고 적용 배제하는 것은 형평에 어긋나기 때문이다.

다만, 입주권을 매각하지 않은 채 재건축이 완료되어 신축 건물
의 사용승인이 떨어지면, 다시 권리가 주택으로 바뀐다. 주택으로
바뀌어 추후 양도하게 될 때에 주택의 보유기간은 원조합원의 경
우 종전 주택을 취득한 날(청산금을 납입한 부분은 관리처분계획인가
일)부터 계산한다.

그러나 입주권을 매입한 승계조합원은 신축주택의 취득시기인
사용승인일부터 주택의 보유기간을 계산한다. 그래서 원주민이 아
니고 승계조합원이 입주권만 사고판 경우라면 부동산을 취득할 수 있는
권리의 양도로만 보기 때문에(주택의 매로 볼 여지가 없다는 의미이다) 부
동산에 적용하는 장기보유 특별공제를 계산할 필요 없이 입주권 양도차
익에 대해 1년 미만 보유 시 40%, 1년 초과 보유 시 6~42% 누진세율로
양도소득세를 계산하면 된다.

결국 입주권을 매입한 승계조합원이 입주권 상태로 팔지 않고

신축주택 사용승인을 얻으면 이때부터 주택으로 보유하게 되는 것이다. 그렇게 입주권을 매입한 승계조합원의 신축주택 취득시기는 사용승인일이고, 이때부터 주택의 보유가 시작된 것이므로 사용승인일부터 2년이 되어야 1세대 1주택 양도소득세 비과세를 적용받을 수 있다. 그러나 많은 사람들이 입주권을 매입하고 2년간 보유한 뒤 매각하면 1세대 1주택 양도소득세 비과세를 적용받는 줄로 착각한다. 안타까운 일이다.

끝으로, 조정대상지역 내 다주택자 양도소득세 중과로 인해 세법이 많이 바뀌었다. 2018년 4월 1일부터 조정대상지역(서울, 경기 일부, 세종시)에 소재하는 주택을 매각하는 경우 양도소득세를 중과세(세율 인상과 장기보유 특별공제 배제)하는 것과 관련해 입주권 양도 시에도 중과세되는지 여부에 대해서도 많이들 궁금해한다. 답은 간단하다. 입주권도 다주택자 판정 시 주택 수에는 들어간다. 그러나 입주권 자체를 매각하는 경우에는 주택이 아니므로 다주택자 중과세 규정을 적용받지 않는다.

020

비사업용 토지의 양도소득세는
어떻게 계산할까?

비사업용 토지 중과세와 장기보유 특별공제

부동산 투자자들은 땅에 투자하라는 이야기를 많이 한다. 아마도 당장은 쓸모없어 보여 염가로 매매되는 토지가 개발사업 등 호재를 만나 가격이 급등하면 수익이 엄청나기 때문일 것이다. 그런데 사업과 관계없이 농지, 임야, 나대지 등을 소유해 사업에 활용하지 않고 지가 급등만을 노리는 투자 행태는 국가 경제에 큰 도움이 되지 않는다. 그렇기 때문에 이른바 '비사업용 토지'의 매매에 대해서는 양도소득세 중과세로 규제하고 있다.

농지의 경우 '재촌자경在村自耕'하지 않는 경우에는 비사업용 토지로 보고, 임야는 해당 토지 소재지에 주소가 없으면 비사업용 토지로 본다. 그리고 나대지는 사업에 거의 활용하지 않는 경우에 비사업용 토지로 보고,

주택 부속토지 초과분과 별장의 부속토지도 비사업용 토지로 본다. 다만 토지를 취득한 뒤 법령 규정으로 인해 사용할 수 없다든가 하는 부득이한 사유가 있을 때는 비사업용 토지로 보지 않을 수도 있다.

개인이 비사업용 토지를 2016년 이후 양도할 경우 다음과 같이 일반적인 양도소득세율에 10%를 가산한 세율을 적용한다.

과세표준	일반적인 세율	비사업용 토지 세율	누진공제
1,200만 원 이하	6%	16%	–
1,200만 원~4,600만 원	15%	25%	1,080,000
4,600만 원~8,800만 원	24%	34%	5,220,000
8,800만 원~1억 5천만 원	35%	45%	14,900,000
1억 5천만 원~3억 원	38%	48%	19,400,000
3억 원~5억 원	40%	50%	25,400,000
5억 원 초과	42%	52%	35,400,000

여기에 추가로 양도소득세의 10%에 해당하는 지방소득세까지 납부하는 점을 감안하면 최고 세율은 무려 57.5%(52%+5.2%)에 달하게 된다. 다만 장기보유 특별공제는 다른 부동산과 동일하게 적용한다.

이 같은 고율의 양도소득세 납세의무를 면하고자, 사업 목적으로 토지를 매매하는 개인사업자 또는 법인사업자가 되어 비사업용 토지를 매각할 수 있다. 그러나 이 경우 개인사업자는 일반적인 종합소득세와 양도소득세를 비교해 큰 금액으로 과세하고, 법인사업자는 일반적인 법인세(10~25%) 외에 추가로 토지 등 양도차익의 10%를 과세하니 주의하자.

021

국가·지방자치단체·재건축조합 등에 토지를 팔면 세금 혜택은?

공익사업 감면

사업용·비사업용 토지를 불문하고 양도소득세는 소유자가 토지를 양도하는 시점에 납세의무가 발생한다. 그리고 소유자의 양도 시점은 대부분 본인의 투자 의사 결정에 따라 이뤄진다. 그런데 다음과 같이 국가·지방자치단체 등에 공익사업을 위해 협의매수 또는 수용되거나, 재건축·재개발조합 등 정비사업 시행자에게 정비사업을 위해 매도된다면 그 토지의 양도자는 관계 법령에 따라 어쩔 수 없이 부동산을 매각하는 경우에 해당한다.

---

① 공익사업에 필요한 토지 등을 그 공익사업의 시행자에게 양도하는 경우

② 정비구역 안의 토지 등을 사업 시행자에게 양도하는 경우

③ 토지 등의 수용으로 인한 경우

그래서 이런 경우에 세법은 두 가지 특혜를 준다. 첫째, 법률에 따라 협의매수 또는 수용되는 토지는 비사업용 토지로 보지 않는다. 하지만 공익사업을 미리 알고 토지를 매수한 자에게 특혜를 주지 않기 위해 토지의 취득시기는 사업인정 고시일 이전 2년이 넘어야 한다.

둘째, 이처럼 토지를 양도함으로써 발생하는 소득에 대해서는 양도소득세의 10%를 감면한다. 양도 대금을 보상 채권으로 받는 경우에는 15~40%까지 감면하지만, 이는 흔치 않은 경우이다.

그런데 이 규정에 따라 양도소득세를 감면받을 때는 두 가지를 주의해야 한다. 첫째, 공익사업용 토지 등에 대한 양도소득세의 감면은 다른 감면을 포함해 연간 1억 원까지만 가능하다. 또한 연도별로 구분해 매각할 경우에는 다른 감면을 포함해 5년간 2억 원까지만 감면된다.

둘째, 양도소득세 감면세액의 20%에 해당하는 농어촌특별세를 별도로 부담해야 한다. 다만, 자경농지로 8년 이상, 자경 기준을 충족하지 않아도 공익사업용 토지가 된 경우에는 공익사업용 토지 등에 대한 양도소득세 감면에 따른 농어촌특별세(감면세액의 20%)를 비과세한다.

022

농사짓던 땅을 팔아도
양도소득세가 있을까?

자경농지 감면

필자는 서울에서 사무실을 운영하지만, 서울과 가까운 김포나 파주가 신도시로 개발되면서 그곳에서 장기간 재촌자경한 농민이 농지를 팔고 양도소득세 신고 대리를 의뢰해 업무를 볼 때가 있다. 재촌자경한 농지이므로 해당 농지는 사업용 토지에 해당한다. 그리고 예부터 농업을 보호한 정책적 고려 때문인지 토지 양도대금의 사용처를 불문하고 8년 이상 재촌자경한 농지의 양도에 따른 양도소득세는 전액 감면해준다. 그리고 감면세액의 20%에 해당하는 농어촌특별세도 비과세이다. 다만 감면 요건의 판정은 대체로 까다로운 편이다.

우선 농지 소재지가 속하는 시·군·구 및 연접 지역에 거주하거나 농지 소재지로부터 30㎞ 이내의 지역에 거주하면서 8년*이상 직접 경작한 자가 양도하는 농지여야 한다. 여기서 '직접 경작한다'는 것은 거주자가 소유 농지에서 상시 경작에 종사하거나 농작업의 50% 이상을 자기 노동력으로 경작하는 것을 뜻한다. 그리고 이러한 자경 사실의 입증은 농업경영체 등록 확인서, 농지원부, 농산물 거래내역, 농약 및 퇴비 거래내역 등의 서류를 과세관청에 제출하는 것으로 갈음한다.

또한 양도일 현재 농지여야 하는데, 매매계약 조건에 따른 형질변경이나 농지 외로 환지換地할 것을 예정받았다면 매매계약일 현재 또는 토지조성공사 착수일 현재 농지이면 된다. 하지만 농지라 해도 군·읍·면을 제외한 시 지역에 속한 농지로서 주거지역 등에 편입한 지 3년이 지난 농지와 농지 외로 환지 예정을 받은 지 3년이 지난 농지는 감면 대상에서 제외된다.

아울러 소유자 본인은 농민이 아니지만 농민인 부모에게서 농지를 상속받았다면 1년 이상 계속 농사를 짓거나 상속개시일부터 3년 내에 양도해야 피상속인의 경작 기간을 합쳐 8년 이상일 경우 자경농지 감면을 받을 수 있다. 다만 자경농민 또는 그의 상속인이 경작 기간 중 사업소득금액(농업소득과 부동산임대소득 제외)과 근로소득 총급여액의 합계액이 3,700만 원 이상인 과세기간과 복식부기의무자 기준 이상의 수입금액이 있는 과세기간은 경작기간

---

* 경영이양보조금 지급 대상 농지를 한국농어촌공사나 농업회사법인에 양도하는 경우에는 3년.

에서 제외된다.

그런데 8년 자경 요건을 채우지 못한 상태에서 양도한 농지에 대해 양도소득세를 절세할 방법은 없을까?

4년 이상 자경을 전제로 8년 자경 요건을 충족하지 못한 채 양도했을 때는 법정 요건에 따라 농지 양도대금으로 다른 농지를 구입해(농지대토) 총 자경기간 8년을 채우면 농지대토로 인한 양도소득세를 전액 감면받을 수 있다. 그리고 감면세액의 20%에 해당하는 농어촌특별세도 비과세한다. 다만 이 같은 농지에 대한 양도소득세 감면은 다른 감면을 포함해 연간 1억 원까지만 가능하다. 또한 연도별로 구분해 매각할 경우 5년간 2억 원까지만 감면된다.

023

세금과 관련해 증여를 하는 이유는?

증여를 통한 절세

대기업에서 주식이나 채권을 이용해 우회적으로 2세 경영자에게 부富를 무상 이전해 천문학적인 증여세를 추징당했다는 이야기가 사람들의 입방아에 오르내리곤 한다. 물론 극소수에게나 해당되는 일이다.

현실적으로 증여세는 주로 가족이나 친인척 사이에 증여등기 등을 통해 재산을 무상 이전할 때 발생하는 세금이다. 그런데 가족이나 친인척 간에 세금과 관련해 증여를 하는 이유는 다양하다.

1. 상속세 절세
증여를 통해 향후 발생할 상속에 따른 상속세의 부담을 줄일 수 있다. 다만, 상속세 계산 시 상속개시일로부터 10년 이내에 증여한 재산을 합산해 정산하기 때문에 고액 재산가들은 젊었을 때부터 배우자와 직계비속에게 증여를 한다. 10년마다 한 번씩 증여재산 공제를 받을 수 있다는 점도 유용하다. 배우자의 증여재산공제는 6 억 원, 직계비속의 증여재산공제는 5천만 원(미성년자는 2천만 원)인 점을 감안할 때, 고액 재산가의 기대여명life expectancy이 40년이라면 사전에 최소 3회 이상 총 20억 원 이상의 재산을 세금 한 푼 안 내 고 배우자와 직계비속에게 증여할 수 있다. 또한, 증여한 만큼 상 속으로 남긴 재산이 줄어들어 상속세 부담도 줄어들게 된다.

2. 배우자 증여를 통한 양도소득세 절감

현재 자신이 보유한 재산의 양도차익이 커서 당장 매각하면 양도소득 세 부담이 클 때가 있다. 이때는 배우자에게 증여하고 5년 뒤에 양도하면 절세된다. 배우자에게 증여할 때는 6억 원까지 증여세 부담이 없고 배우자의 증여재산 취득가액은 증여 당시 평가액이기 때문에 향 후 동 재산의 매각 시 양도소득세를 줄일 수 있다. 다만 이 규정을 악용하는 것을 방지하기 위해 배우자·직계존비속에게서 증여받 은 재산을 5년 이내에 매각하면 그 취득가액은 증여 당시 평가액 이 아니라 증여자의 당초 취득가액으로 계산하는 '배우자 등 이월 과세'가 적용된다. 그렇기 때문에 배우자 등에게 증여받았다면 반 드시 5년이 지난 뒤 양도해야 절세 효과가 있다.

3. 1세대 1주택 비과세 혜택 적용

1세대 다주택자의 경우 주택 수를 줄여서 1세대 1주택 양도소득세 비과세 혜택을 받고자 증여를 이용하기도 한다. 세대분리된 직계비속에게 주택을 증여하거나 주택가격이 높지 않은데 보유 주택 수만 늘리는 주택을 친인척에게 증여하는 방식이다.

4. 재산의 평가 규정을 이용한 증여세 및 상속세 절세

증여세와 상속세 계산 시 재산의 평가 규정을 활용한 절세를 위해 증여를 하기도 한다. 증여세는 증여 당시 재산평가액을 기준으로 계산한다. 따라서 주로 가격 등락이 심한 재산인 상장주식 등의 가격이 많이 내려갔을 때 자녀에게 증여해주면 증여세 부담을 줄일 수 있다. 또한, 상속세 계산 시 상속개시일로부터 10년 이내에 증여한 재산을 합산할 때도 상속개시일 현재의 시가가 아니라 증여일 현재의 가격으로 합산하기 때문에 가격이 오르기 전에 증여하면 증여세와 상속세를 효과적으로 줄일 수 있다.

이러한 여러 가지 이유로 증여를 실행했다면 증여일이 속하는 달의 말일부터 3개월 이내에 증여를 받은 자가 자신의 주소지 관할세무서에 증여세를 신고·납부해야 한다. 증여세를 계산할 때의 유의점은 **절세하이테크**에서 알아보기로 한다.

증여세의 과세표준 및 세액의 계산 구조(국세청 제공)

증여재산가액

※ 증여일 현재의 시가에 의해 평가. 단, 시가산정이 어려우면 개별공시지가 등 보충적 평가방법으로 평가

−

증여세과세가액 불산입재산 등

※ 비과세(사회통념상 인정되는 피부양자의 생활비, 교육비 등) 및 과세가액불산입 증여재산(공익법인 등에 출연한 재산 등)

−

채무부담액

※ 증여재산에 담보된 채무인수액(증여재산 관련 임대보증금 포함)

⇩

증여세과세가액

+

증여재산가산액

※ 당해 증여 전 동일인으로부터 10년 이내에 증여받은 재산의 합계액이 1천만 원 이상인 경우 당해 증여재산가액 합계 (동일인이 증여자의 직계존속이면 그 배우자 포함)

−

증여재산공제

※ 수증자가 다음의 증여자로부터 증여받은 경우에 적용

증여자	배우자	직계존비속	기타친족	기타
공제 한도액 (10년간)	6억 원	5천만 원 (수증자가 미성년 자인 경우 2천만 원)	1천만 원	없음

−

감정평가수수료

※ 감정평가의 수수료는 500만 원 한도로 공제

⇩

증여세과세표준

×

세율

과세표준	1억 원 이하	5억 원 이하	10억 원 이하	30억 원 이하	30억 원 초과
세율	10%	20%	30%	40%	50%
누진공제	없음	1천만 원	6천만 원	1억 6천만 원	4억 6천만 원

⇩

산출세액

※ (증여세 과세표준×세율) − 누진공제액

+

세대 생략할 증세액

※ 수증자가 증여자의 자녀가 아닌 직계비속(손자녀)이면 할증함. 단 부의 사망으로 조부가 손자에게 증여 시 할증 제외

−

세액공제 +세액 감면

※ 신고세액공제(3%), 기납부세액공제, 외국납부세액공제, 영농 자녀 증여세 감면 등

⇩

자진 납부할 세액

이와 같이 증여세를 계산할 때는 부담부 증여일 경우, 10년 이내에 동일인에게 재차 증여를 받은 경우, 10년에 한 번씩 받을 수 있는 증여재산공제만 유의하면 크게 어렵지 않다. 부담부 증여에 대해서는 앞에서 이미 설명했으므로 그 내용을 참고하면 된다. 여기서는 10년 이내에 동일인에게 재차 증여를 받은 경우와 10년에 한 번씩 받을 수 있는 증여재산공제에 대해 자세히 알아보자.

1. 10년 이내에 동일인에게 재차 증여를 받은 경우

증여세는 증여를 받는 자가 신고·납부하는 세금이므로 여러 사람에게서 각각 증여를 받았다면 그 각각의 증여에 대해 증여세를 신고·납부하면 된다. 그런데 10년 이내에 동일인에게서 2회 이상 증여를 받은 경우에는 이전 증여분을 합산해 정산해야 한다. 이때 주의할 것은 동일인이 직계존속이면 그의 배우자도 동일인으로 간주한다는 점이다. 아버지가 한 번 증여했는데 그다음에 어머니가 증여를 하면 각각 증여세를 계산하는 것이 아니라 재차 증여로 보아 합산해서 정산한다. 다만 증여일 전에 증여자 1인이 사망한 경우에는 그 사망한 자로부터 생전에 증여받은 재산은 합산과세되지 않는다.

2. 증여재산공제의 적용

증여재산공제는 증여받는 자가 배우자이면 6억 원, 직계존비속은 5천만 원(미성년자는 2천만 원), 친인척은 1천만 원을 증여재산가액에서 공제하는 제도이다. 그런데 이 규정은 증여받는 사람을 기준으로 10년에 딱 한 번씩만 받을 수 있다. 예를 들어 아버지가 자녀에게 1억 원을 증여하고, 자녀가 증여재산공제 5천만 원을 받아 증여세를 신고납부했다고 가정하자. 이후에 그 자녀가 10년 이내에 할머니에게서 1억 원을 증여받게 되면 아버지에게 증여받은 재산에 대해 증여재산공제를 이미 한 번 사용했기 때문에 할머니에게 증여받은 재산 1억 원에 대해서는 증여재산공제 없이 증여세를 계산해야 한다.

그런데 만일 할머니가 아니라 어머니에게 1억 원을 증여받았다면 어떻게 될까? 그러면 동일인(부모)에게 재차 증여를 받은 것이 되기 때문에 아버지 1억 원, 어머니 1억 원, 총 2억 원의 증여재산가액으로 합산하고 증여재산공제 5천만 원을 적용해 증여세 산출세액을 정산한다. 그런 다음 당초 아버지에게 증여받았을 때 산출된 증여세를 공제하면 된다. 이 사례에서 상황별 증여세의 계산을 표로 나타내면 다음과 같다.

상황 증여자	당초 증여 아버지	10년 이내 할머니	10년 이내 어머니
증여재산가액	100,000,000	100,000,000	100,000,000
채무액	–	–	–
10년 이내 증여재산가산	–	–	100,000,000
증여세과세가액	100,000,000	100,000,000	200,000,000
증여재산공제	50,000,000		50,000,000
증여세과세표준	50,000,000	100,000,000	150,000,000
세율	10%	10%	20%
증여세산출세액	5,000,000	10,000,000	20,000,000
세대생략 할증세액*	–	3,000,000	–
신고세액공제**	150,000	390,000	600,000
납부세액공제	–	–	4,850,000
자진납부세액	4,850,000	12,610,000	14,550,000

* 증여를 받는 자가 증여자의 자녀가 아니라 직계비속인 경우에는 증여세산출세액에 30%(미성년자인 경우로서 증여재산이 20억 원을 초과할 때는 40%)를 할증과세한다. 이를 '세대생략 할증과세'라 한다.
** 상속세 및 증여세를 신고기한 내에 신고하면 산출세액(할증세액 포함)의 3% 상당액을 신고세액공제한다.

024

증여세 비과세 규정에 맞춰 절세하는 방법은?

비과세 증여재산

사실 배우자나 부모·자식 간에는 무상으로 재산을 주고받는 경우가 많지만 그때마다 증여세를 고민해본 사람은 많지 않을 것이다. 세법은 비과세 증여재산이라는 규정을 마련해 일상적인 상황에서 발생할 수 있는 증여세 문제를 해소하고 있다. 비과세 증여재산은 조세정책적인 목적에서 여러 가지로 규정되고 있지만, 현실에서 알아야 할 비과세 증여재산은 다음과 같다.

> 사회통념상 인정되는 이재구호금품, 치료비, 피부양자 생활비, 교육비, 학자금, 장학금, 기념품, 축하금, 부의금, 혼수용품, 외국으로부터 기증물품, 주택취득보조금, 불우이웃성금에 대하여는 증여세를 부과하지 아니한다. (상증법 제46조, 상증령 제35조)

그 가운데 생활비와 교육비, 기념품, 축하금과 부의금, 혼수용품 등에 대해서는 그 실질에 따라 증여세 비과세 여부의 판단이 달라질 수 있다.

1. 생활비와 교육비

증여세가 비과세되는 생활비 또는 교육비란 필요할 때마다 그 비용을 직접 충당하기 위해 증여로 취득한 재산을 말한다. 따라서 생활비 또는 교육비 명목으로 취득한 재산의 경우에도 그 재산을 정기예금, 적금 등에 사용하거나 주식, 토지, 주택 등의 매입자금으로 사용하는 경우에는 증여세가 비과세되는 생활비 또는 교육비로 보지 않는다.

그런데 요즘은 '금수저 집안'이라고 해서 조부모가 손자녀의 생활비나 교육비를 부담하는 일을 흔히 볼 수 있다. 부모가 생존해 있는 손자녀에게 조부모가 생활비나 교육비를 지원하는 것은 비과세 증여일까? 그 판단은 손자에 대한 조부모의 부양 의무 여부에 따라 달라지기 때문에 손자에 대한 부양 의무가 필요없는 조부모가 부담하는 손자의 생활비나 교육비는 증여세 과세대상이 된다. 이때 쟁점은 손자가 조부모의 부양이 필요할 만큼 자력이 없는지 여부와 부모가 과연 자녀를 부양할 경제적 능력이 없는지 여부가 된다.

2. 기념품, 축하금, 부의금

증여세가 비과세되는 기념품, 축하금, 부의금은 그 물품이나 금액을 지급한 자를 기준으로 사회통념상 인정되는 물품이나 금액을 말하는 것이다. 예를 들어, 혼주(대부분 부모)가 받은 결혼 축하금이나 상주(대부분 상속인)가 받은 부의금은 전체로 보면 큰돈이 될 수 있지만 지급한 자를 기준으로 사회통념상 인정되는 금품 등이 모인 경우라면 증여세 문제가 없다. 다만 특정인이 결혼이나 문상을 이유로 거액의 재산을 혼주나 상주에게 증여할 경우에는 혼주나 상주에게 증여세 납세의무가 발생한다.

그런데 혼주인 부모가 결혼한 자녀에게 이 결혼 축하금을 무상으로 이체한다면 어떻게 될까? 자녀의 지인들이 낸 축의금을 제외하고는 대부분 부모의 지인이 부모에게 준 금전이기 때문에, 결혼 축하금을 이체받은 자녀는 부모로부터 현금증여를 받은 것으로 보아 증여세 문제가 발생한다. 실제로 이 문제로 증여세를 부과받은 자녀가 행정심판을 제기한 적이 있는데, 자신의 지인에게서 받은 결혼 축하금을 제외하고는 증여세가 확정되었다.

3. 혼수용품

증여세가 비과세되는, 통상 필요하다고 인정되는 혼수용품은 일상생활에 필요한 가사용품에 한하며, 호화·사치용품이나 주택과 차량 등은 포함되지 않는다. 예를 들어, 일상생활에 필요한 가사용품을 부모가 사주는 경우는 증여세 비과세대상이지만, 혼수를 이유로 부모에게서 주택이나 차량 등 고가의 재산을 받으면 증여세가 과세된다.

025

증여재산공제로 증여세를
절세하는 방법은?

증여재산공제 활용

현행 상속세는 이론적으로 '유산과세형'으로 되어있다. 이는 피상속인이 남긴 모든 재산에 대해 상속세를 계산하고, 그 상속세를 공동상속인 다수가 상속 지분별로 나누어서 내는 방식이다. 따라서 상속재산이 크면 전체적인 상속세도 많이 산출된다.

반면 증여세는 이론적으로 '취득과세형'으로 되어 있다. 증여를 받은 사람이 증여받은 재산에 대해 각자의 증여세를 계산하고, 그 증여세를 증여받은 사람 각자가 부담하는 방식이다. 따라서 각자가 받은 증여재산의 크기에 따라 각각 증여세가 산출된다.

그런데 개인이 사전死前에 증여하고 사망한 뒤 상속이 개시되면 상속세 계산 시 상속개시일부터 10년 내에 증여한 재산을 상속재산에 가산하게 되어있다. 따라서 이때 가산되는 증여재산은 유산과세형으로 정산되고 당초 취득과세형으로 계산한 증여세의 효과는 사라지게 된다.

이를 고려하면 향후 상속할 재산이 많아 상속세 부담이 클것으로 예상될 때는 젊었을 때부터 미리 배우자와 직계존비속에게 증여해두는 것이 좋다. 증여를 받은 경우에는 다음과 같이 증여재산공제를 한다.

증여자	증여재산공제
1. 배우자	6억 원
2. 직계존속	5천만 원
3. 직계비속	5천만 원(미성년자는 2천만 원)
4. 친인척	1천만 원

이 경우 증여받은 자를 기준으로 증여받기 전 10년 이내에 증여재산공제받은 금액과 해당 증여에서 받은 잔여 공제액이 한도를 초과하면 초과부분은 공제하지 않는다. 즉, 증여받는 자는 10년을 주기週期로 증여재산공제를 다시 받을 수 있다는 뜻이다.

만일 배우자와 자녀 1인이 있는 고액 재산가의 기대여명이 40년이라면 증여를 통해 최소 3회 이상, 총 20억 원 이상(배우자에게 6억 원씩 3회, 자녀에게 5천만 원씩 3회)의 재산을 증여세 한 푼 안 내고 배우자와 자녀에게 넘겨줄 수 있다. 또한 증여한 만큼 상속으로 남길 재산이 줄어들어 상속세 부담도 줄어들게 된다.

이번에는 증여재산공제를 부모·자식 관계에서 따져보자. 부모에게는 여러 명의 자녀가 있을 수 있고, 각각의 자녀가 부모로부터 증여받게 되면 그 각각의 자녀가 증여재산공제를 받을 수 있다. 하지만 각각의 자녀에게 부모는 한 쌍이기 때문에 부모가 자녀로부터 증여받게 되면 아버지가 한 번, 어머니가 한 번만 증여재산공제를 받을 수가 있다.

그리고 세법이 말하는 직계존속이나 직계비속은 부모·자식 같은 최근친뿐만 아니라 조부모나 손·자녀를 포함하는 개념이다. 그러다 보니 조부모가 손자녀에게 증여하는 경우에도 직계비속 증여재산공제가 적용될 수 있다. 다만 증여받은 사람이 증여자의 자녀가 아닌 직계비속인 경우에는 증여세 산출세액의 30%(미성년자인 경우로서 증여재산이 20억 원을 초과하면 40%)를 할증과세한다는 데 유의해야 한다.

026

재산의 평가 규정을 이용해
절세하는 방법은?

기준시가냐 감정가액이냐

　상속세 또는 증여세 신고를 의뢰하는 분들 가운데 상당수는 상속·증여재산 중 부동산의 평가액을 정부가 고시한 기준시가에 따라 산정하는 것으로 알고 있다. 그러나 상속세 또는 증여세가 부과되는 재산의 가액은 상속개시일 또는 증여일 현재의 '시가'에 따른다.

　시가는 불특정 다수 사이에서 자유롭게 거래가 이루어지는 경우에 성립된 가액이며, 이 시가가 확인되지 않을 때는 기준시가에 따르게 되어있다. 그러다 보니 국토해양부에서 고시하는 아파트 혹은 오피스텔의 실지 거래가격이 시가를 확인할 때 중요한 역할을 한다. 다만 단독주택이나 토지는 사실상 호가만 있지 시가를 확인하기 어렵기 때문에 실무상 기준시가에 따라 산정한다.

하지만 시가를 확인할 필요가 있을 때는 2인 이상의 감정평가 업자(기준시가 10억 원 이하 부동산에 대해 하나의 감정평가도 인정)를 통해 시가감정을 받기도 한다. 세법은 상속개시일 전후 6개월 또는 증여일 전 6개월부터 이후 3개월 내의 매매가격, 감정가격, 수용가격, 공매가격을 시가로 보기 때문이다. 다음에서는 재산의 평가 규정을 이용해 절세하는 방법을 알아보자.

1. 재산 가격이 급락한 경우

특정 사유로 가격이 급락한 재산을 증여함으로써 증여세를 절세할 수 있다. 왜냐하면, 증여재산의 평가는 증여일 현재의 시가로 하기 때문이다. 대표적으로 주식을 예로 들 수 있는데, 회사는 우량하지만 주식시장의 상황에 따라 가격이 낮을 때에 배우자·직계존비속에게 증여하면 증여세를 절세할 수 있다. 다만, 상장주식의 경우 시가는 증여일 현재 최종 거래가액이 아니라 평가기준일 이전과 이후 각 2개월간의 최종 시세가액의 평균액으로 한다는 데 유의해야 한다.

2. 재산의 가격 상승이 예상되는 경우

보유 재산의 가격이 계속 오른다면 상속개시일 이전에 배우자·직계존비속에게 증여함으로써 증여세와 상속세를 절세할 수 있다. 가격이 오르기 전에 10년마다 한 번씩 증여재산공제 규정을 이용해 증여하면 증여세를 절세할 수 있다. 또한, 상속세 계산 시 상속개시일부터 10년 이내에 증여한 재산을 상속재산에 가산한다 해도 그 증여한 재산은 당초 증여일을 기준으로 평가하기 때문에 상속세도 절세할 수 있다.

3. 감정평가를 이용한 양도소득세 절세

상속개시일 현재 상속재산의 시가가 불분명한 경우에는 필요에 따라 감정평가를 받아 양도소득세를 절세할 수 있다. 왜냐하면, 양도소득세 계산 시 상속으로 취득한 재산의 취득 가격은 상속개시일 현재의 평가액이기 때문이다. 단독주택, 일반상가 또는 토지 등 시가를 확인하기 어려운 부동산에 대해서 감정평가가 없으면 기준시가가 평가액이 되지만, 2인 이상의 감정평가업자(기준시가 10억 원 이하 부동산에 대해 하나의 감정평가도 인정)에게 감정을 받아 시가로 상속 받은 것을 신고하면 추후 해당 단독주택, 일반상가 또는 토지 등을 양도할 때 취득가액이 높게 적용되어 양도소득세를 줄일 수 있다.

예를 들어, 상속개시일 현재 기준시가 3억 원, 시가 감정 시 5억 원인 일반상가가 있다고 가정하자. 2년 뒤 해당 상가를 6억 원에 양도했다. 이 경우 만약 제때 시가감정을 받지 않았다면 상속개시일 현재의 기준시가를 해당 부동산의 취득가액으로 하기 때문에 양도차익은 3억 원으로 산출된다. 하지만 시가 감정을 받아두었다면 취득가액은 5억 원이 되어 양도차익이 1억 원으로 줄어들게 된다. 감정평가 수수료는 법으로 정해져 있는 데다 그리 부담스러운 가격도 아니다. 그러니 상속이 발생하면 상속재산 평가를 기준시가로 하는 것이 좋은지, 아니면 시가 감정을 받아두는 것이 좋은지 반드시 세무사와 상담할 것을 권한다.

평가 기간 경과 후 발생한 매매사례가액 등의 시가 인정 절차 도입

일반적으로 상속·증여재산의 시가는 상속의 경우 상속개시일 전후 6개월, 증여의 경우 증여일 전 6개월부터 이후 3개월까지의 평가 기간 내에 발생한 매매가액, 감정가액, 수용가액을 말한다.

그런데 상속개시 1년 전에 10억 원으로 감정평가받은 자산이 있다고 가정해보자. 이 자산이 상속되면서 상속개시일 전후 6개월 내에는 매매사례가액이 없고 기준시가가 5억 원이라고 한다면 상속세 신고 시 5억 원으로 신고해야 할지, 아니면 10억 원으로 신고해야 할지가 문제가 된다.

가치평가의 측면에서는 상속개시 1년 전의 감정평가액이 옳은 것도 같지만 평가 기간 규정을 엄격히 적용한다면 기준시가로 평가하는 것이 맞는 것 같기도 하다. 그래서 세법에 따라 평가 기간 전에 발생한 매매사례가액 등의 시가 인정 절차가 마련된 바 있다. 평가 기간 또는 과세관청이 시가 인정신청을 하고 과세관청이 평가심의위원회의 심의를 거쳐 시가로 인정하는 제도이다.

그런 가운데 2019년 세법이 개정되어 평가 기간 경과 후 발생한 매매사례가액 등의 시가 인정 절차가 도입되었다. 종전 제도에 적용 대상을 추가해 평가 기간 이후 법정 결정기한(상속세는 신고기한부터 9개월, 증여세는 신고기한부터 6개월)까지 발생한 매매사례가액 등을 시가로 인정할 수 있는 것이다.

단, 평가 기간 이후 법정 결정기한까지 발생한 매매사례가액 등의 경우 납세자는 해당 매매 등이 있은 날부터 6개월 내에 심의신청을 요구하고 위원회는 신청을 받은 날부터 3개월 내에 결과를 서면으로 통지해야 한다.

이 제도는 과세관청과 납세자에게 각각 유불리로 작용할 수 있다. 납세자의 입장에서는 상속 또는 증여 이후 가치가 감소한 경우라면 이 제도를 적극적으로 활용해 당초 신고, 납부한 상속세 또는 증여세의 환급을 받을 수도 있을 것이다.

027

상속세를 검토하는 방법은?

상속세 확인하기

상속세는 2016년 국세청 통계자료 기준으로 연간 신고 대상자수가 7천여 명이어서 세무사도 실무에서 자주 접하기가 쉽지 않은 세금이지만, 필자는 사무실이 법원 앞에 있어서 그런지 간간이 상속세 신고를 하고 있다. 상속세 신고 의뢰가 오면 필자는 다음 순서에 따라 업무를 진행한다. 이 내용은 상속세를 이해하는 데 참고가 될 것이다.

1. 상속개시일을 파악한다

상속이 발생하면 상속개시일이 속하는 달의 말일부터 6월 이내에 상속인은 피상속인의 주소지 관할세무서에 상속세를 신고·납부해야 한다.

예를 들어, 2019년 11월 10일에 사망했다면 상속세 신고·납부기한은 2020년 5월 31일까지이다.

2. 상속인 현황을 알아본다

1순위 상속권자인 직계비속과 배우자의 현황을 알아야 상속공제 가운데 인적공제를 파악해 절세를 할 수 있다. 상속인 현황을 파악한 뒤 일차적으로 기초공제(2억 원)와 기타 인적공제를 검토한다. 그리고 일괄공제와 비교하는데, 일괄공제란 기초공제와 기타 인적공제가 5억 원에 미달하면 5억 원을 공제하는 제도이다. 상속인이 매우 많거나 장애인이 있는 경우를 제외하면 일반적으로 일괄공제(5억 원)를 선택한다. 다만 배우자 단독 상속의 경우에는 일괄공제를 적용할 수 없다.

상속인 현황에서 배우자가 있는지가 상속세 절세에서 매우 중요하다. 배우자 상속공제는 상속재산가액 중 배우자 법정상속분 상당액까지 공제(30억 원 한도)할 수 있기 때문에 배우자가 얼마를 상속받아야 절세가 되는지 법무사가 상속등기 전에 상속인을 세무사에게 보내 알아보는 일이 흔하다. 다만, 배우자가 법정상속분보다 상속을 많이 받아도 법정상속분만큼 공제하고, 배우자가 상속을 받지 않거나 상속받은 금액이 5억 원 미만일 때는 5억 원을 공제한다. 그래서 상속인 중에 배우자가 없으면 상속재산 5억 원이하, 배우자가 있으면 상속재산 10억 원 이하는 아예 상속세 자체가 없다고 하는 것이다.

3. 상속재산 내역을 파악한다

상속세 계산과 상속공제 가운데 물적공제를 계산하기 위해서 상속재산 내역을 파악한다. 이론적으로 상속세가 과세되는 상속재산은 피상속인이 남긴 재산적 가치가 있는 모든 물건과 권리를 말한다. 하지만 통상적으로 상속세 신고를 할 때는 금융재산, 부동산, 차량 등 일반적으로 돈이 된다고 말하는 재산을 파악하면 된다.

금융재산은 상속인 금융거래 조회서비스(금융감독원 제공)를 이용해 파악해달라고 하고, 부동산은 주소만 알려주면 세무사가 알아서 등기부등본과 기준시가, 시가 등을 조회할 수 있다. 그리고 차량 등 기타 재산 현황을 알려주면 된다. 금융재산은 금융재산 상속공제 대상이 되고, 부동산 가운데 피상속인이 직계비속과 10년간 동거한 1세대 1주택이 있으면 동거주택 상속공제를 검토한다. 그리고 상속재산이 사업, 농업, 어업 등 가업용 재산이면 가업상속공제 등을 검토하게 된다.

4. 증여재산 내역을 파악한다

상속세 과세가액을 계산할 때 피상속인이 상속인에게 증여한 재산이 있다면 상속개시일 전 10년 이내의 증여분을, 상속인이 아닌 사람에게 증여한 재산이 있다면 상속개시일 전 5년 이내의 증여분을 가산한다.

예를 들어, 돌아가신 아버지가 7년 전 아들과 며느리에게 각각 2억 원을 증여했다면, 아들은 상속인이므로 상속세를 계산할 때 7년 전 증여분을 가산하지만 며느리 증여분은 5년이 지났기 때문에 상속세를 계산할 때 반영할 필요가 없다.

5. 최근 2년 내 처분·인출한 재산을 파악한다

피상속인 사망 전에 상속세를 줄여보기 위해 부동산을 매각하거나 금융재산을 인출하는 등 재산을 현금화해서 상속재산에서 누락시키는 경우가 있는지 알아본다. 세법은 이를 규제하기 위해 피상속인이 재산 종류별로 상속개시일 전 1년 이내에 2억 원 이상, 2년 이내에 5억 원 이상 처분·인출한 재산이 있으면 이를 상속재산으로 추정한다.

6. 채무와 장례비 내역을 파악한다

상속세를 계산할 때 상속받은 부채와 장례 비용 일부를 공제해준다. 따라서 피상속인이 사망하기 전에 병원비와 간병비 등을 상속인이 직접 부담하지 않고 피상속인의 채무로 남겨두거나 상속받을 재산에서 인출해 지급하는 것이 좋다.

7. 상속세 신고에 필요한 준비서류를 요청한다

상속세 세무상담이 끝나면 각종 상속세 신고서류를 작성하기 위해 통상적으로 필요한 피상속인의 사망증명서·제적등본, 상속인의 주민등록등본, 피상속인 기준의 가족관계증명서를 요청한다. 이후 상속세를 계산하는데 이는 전문가의 영역(**절세하이테크** 참조)이다. 왜냐하면 상속세 계산이 어렵기도 하거니와 상속세가 있는 경우에는 반드시 피상속인 주소지 관할세무서에서 상속세 결정을 위해 세무조사를 하기 때문이다.

상속세의 과세표준 및 세액의 계산 구조(국세청 제공)

| 상속재산 | ※ 상속개시일 현재의 시가에 의해 평가. 단, 시가산정이 어려우면 개별공시지가 등 보충적 평가방법으로 평가
※ 상속재산으로 보는 보험금·퇴직금·신탁재산 등 포함 |

+

| 추정상속재산가액 | ※ 상속개시 전 피상속인이 처분한 재산이나 부담한 채무로서 용도가 객관적으로 명백하지 아니한 일정 기준의 금액 |

−

| 비과세재산가액 | ※ 금양임야 및 묘토, 지정문화재 등 |

−

| 공과금·장례비용 채무액 | ※ 상속받은 순재산에 과세 |

+

| 상속개시 전 증여재산가산액 | ※ 상속개시일 전 10년 이내에 피상속인이 상속인에게 증여한 재산가액 및 5년 이내에 피상속인이 상속인이 아닌 자에게 증여한 재산가액 등 |

| 상속세 과세가액 불산입재산 | ※ 공익법인 출연재산가액 등 |

⇩

| 상속세 과세가액 |

−

| 상속공제 | ※기초공제·가업상속공제·배우자공제·기타 인적공제·일괄공제·금융재산 상속공제·재해손실공제·동거주택 상속공제 위의 공제액은 공제 적용 한도 내 금액만 공제 가능 |

−

| 감정평가수수료 |

⇩

| 상속세과세표준 |

×

세율	과세표준	1억 원 이하	5억 원 이하	10억 원 이하	30억 원 이하	30억 원 초과
	세율	10%	20%	30%	40%	50%
	누진공제	없음	1천만 원	6천만 원	1억 6천만 원	4억 6천만 원

⇩

| 산출세액 | ※ (상속세 과세표준×세율) − 누진공제액 |

| 세대생략할증세액 | ※ 상속인 또는 수유자가 피상속인의 자녀가 아닌 직계비속(손자녀)이면 할증함. 단 부의 사망으로 조부가 손자에게 상속 시 제외 |

| 세액공제 등 | ※ 신고세액공제(3%), 증여세액공제, 단기재상속세액공제, 외국납부세액공제, 문화재 등 징수유예액 |

⇩

| 자진납부할세액 |

028

상속세는 누가 내는 세금일까?

상속인과 상속세 납세의무자

상속세는 재산을 상속받은 사람(상속인)과 유언에 따라 재산을 받은 사람(수유자)이 내는 세금이다. 그런데 상속을 받는 사람, 곧 상속인인지 판단하는 것은 그리 단순하지 않다. 피상속인의 유언에 따라 상속인이 지정되기도 하지만, 유언이 없다면 법정상속인은 다음 순위에 따라 결정된다.

① 제1순위 : 직계비속(태아 포함)과 피상속인의 배우자
② 제2순위 : 직계존속과 피상속인의 배우자
③ 제3순위 : 형제자매
④ 제4순위 : 4촌 이내의 방계혈족
⑤ 특별연고자 : 상속인 부존재 시
⑥ 국가

동일 순위의 상속인이 여러 명일 때는 최근친을 선순위로 하고, 동친 등의 상속인이 여러 명일 때는 공동상속인이 된다. 배우자는 직계비속과 같은 순위로 공동상속인이 되고, 직계비속이 없으면 직계존속과 같은 순위로 공동상속인이 되며, 이들도 없을 때는 단독 상속인이 된다.

예를 들어, 어떤 사람이 유언 없이 배우자와 자녀 2명을 남기고 사망했다면, 1순위 상속인은 배우자와 자녀 2명이다. 그런데 배우자와 자녀 2명이 상속을 포기했다면 어떻게 될까? 자녀 2명에게 자녀(피상속인의 손자녀)가 있으면 그 자녀가 상속인이 되는 것이다. 만약 이들도 상속을 포기하면 직계존속이 되고 이들도 포기하면 형제자매, 이들도 포기하면 4촌 이내의 방계혈족이 된다.

상속포기가 없는 경우에는 상속인을 판단하는 것이 비교적 간단하지만 상속포기가 있으면 복잡해진다. 다음은 상속의 승인과 포기에 대해 알아보자.

1. 단순승인

단순승인이란 상속인이 피상속인의 권리와 의무를 무제한적·무조건적으로 승계하는 것을 말한다. 상속인이 상속재산을 처분했거나 상속개시를 안 날로부터 3월 내에 한정승인이나 상속포기를 하지 않은 경우에 적용된다. 상속인이 단순승인을 하면 제한없이 피상속인의 권리와 의무를 승계하므로 상속채무에 대해서도 무한책임을 진다. 즉, 피상속인의 모든 채무를 상속재산으로 변제할 수 없을 경우 채권자가 상속인의 고유재산에 대해서도 집행을 할 수 있다.

2. 한정승인

한정승인이란 상속인이 상속으로 취득할 재산의 한도 내에서 피상속인의 채무와 유증을 변제하는 조건으로 상속하는 것을 말한다. 이는 피상속인의 밝혀지지 않은 채무로부터 상속인의 권리를 보호하기 위한 제도이다.

한정승인은 상속개시를 안 날로부터 3월 내에 상속재산 목록을 첨부해 피상속인 주소지 관할 가정법원에 한정승인신고를 하면 된다. 상속인이 한정승인을 할 경우 상속으로 취득한 재산 한도에서만 피상속인의 채무와 유증에 대한 변제를 하면 된다. 자신의 고유재산으로 피상속인의 채무를 변제할 필요는 없는 것이다.

3. 상속포기

상속포기란 상속인이 피상속인의 재산에 대한 모든 권리·의무의 승계를 부인하고 처음부터 상속인이 아니었던 효력을 발생시키는 단독 의사 표시를 말한다. 상속포기는 상속개시를 안 날로부터 3월 내에 피상속인 주소지 관할 가정법원에 상속포기에 대한 신고를 하는 것이다. 상속인이 상속을 포기한 경우에는 처음부터 상속인이 아니었던 것으로 피상속인의 재산에 대한 모든 권리·의무가 승계되지 않는다. 상속을 포기한 사람의 상속분은 동순위 또는 후순위 상속자에게 귀속된다.

그런데 상속포기와 관련해서 재밌는 판례가 있다. 피상속인의 사망으로 상속인이 받게 되는 보험금은 비록 상속포기를 하더라도 상속인이 받을 수 있다는 것이다. 그래서 피상속인이 보험금도 있고 빚도 많은 경우에는 상속인은 상속포기를 하고 보험금을 챙길 수 있다. 다만, 이 보험금은 세법상 의제상속재산으로 보아 상속세를 과세하기 때문에 상속포기자도 상속세 납세의무자가 될 수 있다는 점은 알아둘 필요가 있다.

029

상속재산은 어떻게 나눠야 할까?

상속세 신고 대리를 하면서 가장 안타까운 일은 상속인 간에 상속재산 분할에 대한 이견이 생겨 다투거나 심지어 가족의 인연을 끊는 것을 보게 되는 것이다. 세무사에게는 상속세 절세를 위해 어떻게 상속재산을 분할하는 것이 좋으냐고 묻지만, 사람의 속마음은 알 길이 없다. 아무튼 상속인 간에 상속재산을 어떻게 나누는지에 따라 상속 세의 크기가 달라지므로 상속재산 분할 방법을 자세히 알아둘 필요가 있다.

상속재산의 분할은 1순위가 유언에 의한 분할, 2순위가 협의에 의한 분할, 3순위가 법정상속에 의한 분할이다.

1. 1순위 : 유언에 의한 분할

유언에 의한 분할이란 피상속인이 유언으로 공동상속인의 상속분을 지정하는 방법을 말한다. 피상속인의 재산을 상속받는 것이므로 피상속인의 의사가 반영된 유언에 의한 분할이 1순위가 되는 것이다. 다만 피상속인이 상속인의 최소 상속분인 '유류분'을 침해해서 남긴 유언은 그 부분에 한해 효력이 없다.

유류분은 피상속인의 재산 처분의 자유를 제한하는 규정으로서 특정 상속인에 대한 최소한의 상속 권리를 보장하는 제도를 말한다. 예를 들어, 피상속인인 아버지가 아들과 딸 가운데 아들에게만 전액 상속할 것을 지정한다면 딸의 상속 권리를 심히 침해한 것이기 때문에 민법은 법정상속분의 50% 상당액을 유류분이라 해서 딸에게 보장한다. 다만 이 경우 유류분 침해 소송은 상속개시가 있고 유류분 침해를 안 날로부터 1년 이내에 제기해야 유효하다. 그런데 그것을 모른 상태로 상속개시 이후 10년이 넘으면 유류분 소송은 하지 못한다.

2. 2순위 : 협의에 의한 분할

피상속인이 유언을 남기지 않았을 때는 공동상속인 전원(미성년자인 경우에는 법정대리인 선임)이 참가하고 반드시 전원의 동의를 얻어 상속재산을 협의로 분할할 수 있다. 이러한 협의에 의한 분할, 즉 협의분할로 상속세를 절세할 수 있다. 특히 가업상속공제(영농상속공제 포함), 배우자 상속공제, 동거주택 상속공제가 그 대상이므로 상속등기 전에 반드시 세무사에게 상속재산의 협의분할을 문의하는 것이 좋다.

3. 3순위 : 법정상속에 의한 분할

유언에 의한 상속분의 지정이 없고 공동상속인 간의 협의분할도 없을 때는 민법이 정하는 바에 따라 상속분을 부여한다.

통상적인 법정상속 지분은 다음과 같다.

1) 동순위의 상속인이 여러 명일 때는 균분으로 한다. 1순위 상속인은 직계비속과 배우자이다. 직계비속이 여러 명인 경우에는 똑같이 나눈다.

2) 배우자의 상속분은 직계비속 또는 직계존속의 상속분에 50%를 가산한다. 배우자는 피상속인의 직계비속 또는 직계존속이 있으면 그들과 같은 순위로 공동상속인이 되고, 없으면 단독 상속인이 된다. 이때 다른 상속인이 각각 1이라면, 배우자는 1.5로 상속분을 나눈다. 예를 들어 상속인인 배우자와 자녀가 두 명이 있으면 배우자는 상속재산의 $\frac{1.5}{(1+1+1.5)}$ 의 지분을 받고, 자녀는 각각 상속재산의 $\frac{1}{(1+1+1.5)}$ 의 지분을 받게 된다.

3) 대습상속인*의 상속분은 대습상속인 간 법정상속분에 따라 정한다. 예를 들어 아버지(A)보다 아들(a)이 먼저 사망했고, 아들에게는 배우자와 아이가 하나 있다고 가정하자. 이 경우 아버지(A)가 사망하면 아들(a)의 배우자와 아이가 그 아들의 상속분을 대습상속받아 배우자가 $\frac{1.5}{(1+1.5)}$, 아이가 $\frac{1}{(1+1.5)}$ 을 받게 된다.

---

* 여기서 대습상속이란 상속인이 될 사람이 상속개시 전 사망하거나 결격자가 된 경우(아버지보다 아들이 먼저 죽은 경우) 그 사망자의 직계비속과 배우자가 있을 때는 이들이 사망자의 순위에 갈음해 상속인이 되는 제도를 말한다. 이때 배우자는 재혼하지 않은 경우에 한한다.

참고로 상속으로 재산을 취득해도 반드시 등기를 할 필요는 없다. 따라서 상속재산의 분할은 상속이 개시된 이후 빨리 진행하지 않아도 관계없다. 다만 가업상속공제(영농·영어상속공제 포함), 배우자 상속공제, 동거주택 상속공제를 받으려면 상속공제 대상자인 상속인이 상속을 받아야 하므로 상속세 신고기한까지 이를 확인하고 등기할 필요가 있다.

법정상속인 구분	상속인	상속분	비율
1. 직계비속(자녀) 및 배우자가 있는 경우(공동상속)	아들, 배우자	아들 1	2/5
		배우자 1.5	3/5
	아들, 딸, 배우자	아들 1	2/7
		딸 1	2/7
		배우자 1.5	3/7
2. 직계존속(부모) 및 배우자만 있는 경우(공동상속)	부, 모, 배우자	부 1	2/7
		모 1	2/7
		배우자 1.5	3/7
3. 자식 및 부모가 없으면 배우자 단독 상속			
4. 형제 자매			
5. 사촌			

030

상속공제를 이용해
절세하는 방법은?

인적공제와 물적공제

상속공제란 피상속인과 상속인의 인적·물적 사정을 고려해 상속세 과세가액에서 일정액을 공제하는 제도이다. 현행 세법은 거주자의 사망에 대해 여러 가지 상속공제를 허용하고 있다.

인적공제		물적공제
① 기초공제(2억 원) +기타 인적공제		가업상속공제 영농상속공제
①, ② 중 선택 / 배우자 상속공제		금융재산 상속공제 동거주택 상속공제
② 일괄공제(5억 원) ※ 배우자 단독 상속 시 적용 배제		재해손실공제

다음에서는 상속공제를 이용해 절세하는 방법을 알아보자.

1. 기초공제와 기타 인적공제 vs 일괄공제 검토

상속인 현황을 파악해 기초공제(2억 원)와 기타 인적공제(표 참조)를 검토한다. 참고로 비거주자 사망 시에는 기초공제(2억 원)를 제외한 다른 상속공제를 적용하지 않는다.

기타 인적공제	공제 대상자	공제액
자녀공제	자녀	1인당 5천만 원
미성년자 공제	상속인(배우자 제외)·동거가족 중 미성년자	1인당 1천만 원×19세에 달하기까지의 연수
연로자 공제	상속인(배우자 제외)·동거가족 중 65세 이상인 자	1인당 5천만 원
장애인 공제	상속인·동거가족 중 장애인	1인당 1천만 원×기대여명에 달하기까지의 연수

그런 다음 일괄공제와 비교하는데, 일괄공제란 기초공제와 기타 인적공제가 5억 원에 미달하면 5억 원을 공제하는 제도를 말한다. 상속인이 매우 많거나 장애인이 있는 경우를 제외하면 일반적으로 일괄공제(5억 원)를 선택한다. 다만 배우자 단독 상속 시에는 일괄공제를 적용할 수 없다. 그런데 인적공제 가운데 기초공제와 기타 인적공제, 일괄공제는 세무사가 어떻게 하든 공제액이 달라지지 않는다. 즉, 절세의 여지가 없다.

2. 배우자 상속공제 검토

상속인 현황을 파악해 배우자 상속공제를 검토한다. 상속인 중에 배우자가 있으면 상속재산가액에서 배우자 법정상속분 상당액까지 공제(30억 원 한도)할 수 있다. 배우자 상속공제는 배우자가 얼마나 상속받느냐에 따라 상속공제액이 달라져서 상속세 절세의 포인트가 된다. 다만 배우자가 법정상속분보다 많이 상속받아도 법정상속분만큼 공제하고, 배우자가 상속을 받지 않거나 상속받은 금액이 5억 원 미만일 때는 5억 원을 공제한다. 주의할 것은 배우자 상속공제는 배우자가 실제로 상속받은 재산을 공제하기 때문에 배우자에게 사전증여하면 배우자 상속공제액을 계산할 때 손해를 볼 수도 있다는 점이다.

3. 가업상속공제 등 검토

이와 같이 인적공제가 마무리되면 물적공제를 검토한다. 물적공제는 상속인 현황을 보는 것이 아니라 상속재산의 현황을 파악하는 것이다. 피상속인이 만일 가업상속재산, 영농(양축·영어·영림 포함) 상속재산을 남겼다면 가업 등을 잇는 자가 가업상속재산 등을 상속받을 수 있도록 조언해 상속세를 절세할 수 있다.

현행 세법은 10년 이상 중소기업을 영위한 사업자가 후계자에게 가업을 상속하는 경우 가업상속재산 상당액을 상속공제(가업 영위 기간에 따라 200억 원, 300억 원, 500억 원 한도)하고 있다. 또한 영농인 등이 후계자에게 농지 등 영농재산을 상속하는 경우에는 영농상속재산 상당액을 상속공제(15억 원 한도)하고 있다.

참고로 예전에는 가업상속인, 영농상속인 등 외의 자가 가업상속재산, 영농상속재산의 일부라도 상속을 받으면 가업상속공제 등을 전부 부인했는데, 현행 세법은 가업상속인 등이 받은 재산에 대해서는 상속공제를 허용하고 있다.

4. 금융재산 상속공제 검토

피상속인이 만일 금융재산을 남겼다면 금융재산 상속공제를 검토한다. 피상속인이 남기는 주요 상속재산은 금융재산과 부동산인데, 금융재산은 부동산과 달리 100% 현재 시세를 반영하기 때문에 순금융재산가액의 20%를 상속공제하고 있다.

금융재산 상속공제로 금융재산가액에서 금융채무를 차감한 순금융재산에 대해 20%를 공제(한도 2억 원)한다. 다만 순금융재산가액이 2천만 원 이하일 때는 전액 공제하고, 순금융재산가액이 2천만 원을 초과하는 경우로서 금융재산 상속공제액이 2천만 원에 미달할 때는 2천만 원을 공제한다.

5. 동거주택 상속공제 검토

피상속인이 만일 동거주택을 남겼다면 동거주택 상속공제를 검토한다. 동거주택 상속공제란 1세대 1주택으로 부모님과 10년 이상 생계를 같이한 직계비속이 상속받은 주택에 대해서는 그 주택가액의 100%를 공제(6억 원 한도)하는 제도를 말한다. 주의할 것은 동거주택 상속공제는 직계비속이 상속받는 경우에만 적용하고 배우자에게 상속된 경우에는 적용하지 않는다는 점이다.

6. 공제 적용의 한도 검토

앞에서 설명한 상속공제를 모두 상속세 과세표준에서 공제해주는 것은 아니다. 상속세를 과세하는 재산 가운데 상속인이 아닌 사람에게 유증한 재산가액, 상속인의 상속포기로 후순위 상속인이 상속받은 재산가액, 상속세 과세가액에 가산한 증여재산가액에 대해서는 상속공제를 하지 않는다.

예를 들어 피상속인의 유언으로 자녀 또는 배우자가 있는 데도 손자녀에게 유증한 경우 또는 후순위 상속인이 상속을 받을 경우, 상속세 계산에 반영된 증여재산의 경우는 상속공제 대상이 아니다. 따라서 상속공제를 상담할 때는 1순위 상속인이 상속포기 없이 모두 상속받는 경우를 전제로 한다.

가업승계지원 제도

가업승계란 기업주가 자신이 영위하던 해당 기업의 주식(법인사업)이
나 사업용 재산(개인사업)을 그의 직계가족에게 상속하거나 증여하는
것이므로 가업을 승계시키는 때에는 상속세 또는 증여세 납세의무가
발생한다.

　그런데 한국의 상속·증여세 부담은 세계 최고 수준(50%)에 이르러
상속·증여세가 세대간 가업승계의 저해 요인이라는 지적이 있어 왔다.
세계적으로 상속세 제도는 폐지 또는 완화되어 가고 있는 실정이고 한
국도 상속세제에 관해 세계적인 추이에 발맞춰 본격적으로 가업승계
에 대한 세제 지원을 확대했다. 현행 한국의 가업승계에 대한 세제 지
원을 보면 크게 다음과 같이 4가지로 요약할 수 있다. 특히 가업상속공
제는 가업승계에 대한 세제 지원책의 대표적인 제도라 볼 수 있다.

- 가업상속공제(개인사업과 법인사업 모두 해당)
- 가업승계에 대한 증여세 과세 특례(법인사업만 해당)
- 중소기업 최대 주주 주식의 할증평가 배제(법인사업만 해당)
- 가업상속재산에 대한 연부연납 제도(개인사업과 법인사업 모두 해당)

　가업상속공제란 중소기업 등의 원활한 가업승계를 지원하기 위해
거주자인 피상속인이 생전에 10년 이상 영위한 중소기업 등을 상속인
에게 정상적으로 승계한 경우에 최대 500억 원까지 상속공제를 함으
로써 가업승계에 따른 상속세 부담을 크게 경감해주는 제도를 말한다.

당초 가업상속에 대한 상속세 특례는 조세감면규제법(현행 조세특례제한법)에 규정되어 있었다. 이후 1996년에 상속세및증여세법으로 이관되어 가업상속공제를 통한 가업승계 지원정책의 항구적 토대가 마련되었다. 그러나 1997년 한 차례 개정된 이후 큰 변화도 없고 실효성도 없이 유지되다가, 2008년 이후부터 가업상속공제의 대상과 세제 지원 범위가 대폭 확대되었고 세제 지원의 실효성도 이전과는 비교할 수 없을 정도로 높아졌다.

먼저 가업상속공제 대상은 2008년 전에는 5년 이상 경영한 중소기업(구 규정에서는 매출액 기준으로 1천억 원에 미달하는 기업을 말했다)에 한정했으나, 2008년 이후 수차례에 걸쳐 확대 개정되어 현재에는 매출액 3천억 원 미만의 중견기업까지 확대되었다. 다만 2018년 세법 개정으로 중견기업에 대해서는 납부 능력 요건이 추가되어 가업상속재산 외의 상속재산이 가업상속인이 부담하는 상속세액의 2배보다 큰 경우에는 가업상속공제를 적용 배제하는 것으로 축소 개정되었다.

그리고 가업상속공제액과 그 한도에 있어서는 2008년 전에는 가업상속재산가액을 1억 원 한도로 공제하도록 규정했으나, 2008년 이후 수차례에 걸쳐 확대 개정되어 2014년 이후부터는 가업상속재산가액을 가업 영위 기간별로 10년 이상은 200억 원, 15년 이상은 300억 원, 20년 이상은 500억 원으로 크게 확대했고 이에 따라 가업상속공제 제도의 실효성 또한 크게 향상되었다.

그러던 것이 2018년 세법 개정으로 가업 영위 기간별로 10년 이상은 200억 원, 20년 이상은 300억 원, 30년 이상은 500억 원으로 축소 개정되었다. 반면 연부연납 기간은 연장되고 그 취소 및 사후 관리 등 부담이 완화되었다.

한국의 상속·증여세 부담은 일본(55%)에 이어 세계 최고 수준(50%)으로 높다. 이러한 세금 부담이 가업의 상속이나 증여를 저해하고 경제 활력의 걸림돌로 작용한다는 점은 주지의 사실이다. 2000년대 이후 지속적으로 성장률이 둔화되고 있는 한국은 기업하기 좋은 환경을 만들어주기 위한 정부 정책의 일환으로 2008년 이후 지속적으로 가업승계에 따른 세제 지원을 강화해왔다.

그러나 현재에도 가업상속공제 제도는 그 실효성을 100% 보장받기 어려울 정도로 적용 요건과 사후 관리가 매우 복잡하다. 가업상속공제를 받거나 받지 않거나 추후 해당 사업용 자산의 양도 시 이론적으로 부담할 세금의 크기는 별 차이가 없다. 그럼에도 현금흐름 없는 상속·증여 시 가업상속공제를 적용받는 것이 어려워 상속·증여세를 선납해야 하는 중소·중견기업의 어려움은 가업상속공제액에 관한 국세통계를 보면 알 수 있다.

게다가 2018년 세법이 개정되면서, 가업 영위 기간별로 10년 이상은 200억 원, 20년 이상은 300억 원, 30년 이상은 500억 원으로 가업상속공제의 규모가 그 이전보다 축소되었다. 할 일은 많고 갈 길은 먼데, 세계적 추세와는 달리 한국사람들의 생각이 제각각이라 제대로 된 가업상속에 대한 세제 지원이 아쉽기만 하다.

상속개시일	공제 대상	상속공제액	공제 한도
07년 이전	5년 이상 경영한 중소기업	가업상속재산가액	1억 원
08년 이후	15년 이상 경영한 중소기업	다음 중 큰 가액 ·가업상속재산의 20% ·2억 원 (미달시 그 가액)	30억 원
09년 이후	10년 이상 경영한 중소기업	다음 중 큰 가액 ·가업상속재산의 40% ·2억 원 (미달시 그 가액)	가업 영위 기간별 ·10년 이상: 60억 원 ·15년 이상: 80억 원 ·20년 이상: 100억 원
11년 이후	매출 1.5천억 원의 중견기업까지 확대	상동	상동
12년 이후	상동	다음 중 큰 가액 ·가업상속재산의 70% ·2억 원 (미달시 그 가액)	가업 영위 기간별 ·10년 이상: 100억 원 ·15년 이상: 150억 원 ·20년 이상: 300억 원
13년 이후	매출 2천억 원의 중견기업까지 확대	상동	상동
14년 이후	매출 3천억 원의 중견기업까지 확대	가업상속재산가액	가업 영위 기간별 ·10년 이상: 200억 원 ·15년 이상: 300억 원 ·20년 이상: 500억 원
16년 이후	공동 상속 허용	상동	상동
18년 이후	상동	상동	가업 영위 기간별 ·10년 이상: 200억 원 ·20년 이상: 300억 원 ·30년 이상: 500억 원
19년 이후	중견기업에 대해 납부능력 요건 추가	상동	상동

031

상속세와 증여세를 당장 낼 수 없다면 나눠 내는 방법은?

연부연납과 물납

양도소득세를 신고·납부할 때는 대부분 현금으로 들어온 양도 대금이 있어 세금을 납부하는 데 큰 어려움이 없다. 그런데 상속세와 증여세는 일반적으로 현물자산을 받는 경우가 많기 때문에 현금으로 납부해야 하는 세금이 부담될 수 있다.

개인이 납부하는 상속세 및 증여세를 포함한 대부분의 직접세*는 두 번에 걸쳐 나눠 낼 수 있다. 이를 '분납'이라고 한다.

---

* 세금을 실제 부담하는 자와 법률상의 납세의무자가 같은 조세를 직접세라고 하며 소득세, 상속세, 증여세가 대표적이다.

납부할 세액이 2천만 원에 미달하면 신고할 때 1천만 원을 내고, 신고기한 경과 후 2개월 안에 잔여 세금을 낼 수 있다. 또한 납부할 세액이 2천만 원을 초과할 경우에는 신고할 때와 신고기한 경과 후 2개월 안에 각각 그 세액의 50%씩을 납부할 수 있다.

그런데 상속세와 증여세의 경우에는 이런 분납 외에 연도별로 나눠 낼 수 있는 '연부연납 제도'와 상속받은 재산으로 납부할 수 있는 '물납 제도'를 두고 있다

1. 연부연납

연부연납이란 상속세 또는 증여세 납부세액이 (신고, 수정신고, 고지 건당) 2천만 원을 초과할 경우 납세자가 납세담보를 제공할 것에 동의하고, (원칙적으로) 향후 5년 안에 나눠 낼 것을 과세관청에 신청하는 제도이다.

다만 1회 차의 분납세액이 1천만 원을 초과하도록 연부연납 기간을 설정해야 한다. 예를 들어, 상속세 1억 2천만 원을 납부해야 한다면, 과세표준 신고 시 2천만 원을 납부하면서 나머지 1억 원을 향후 5년간 나눠 내겠다고 과세관청에 신청하는 것이다. 다만 가업상속을 받은 경우에는 연부연납 기간을 더 길게 설정할 수도 있다.

또한 연부연납을 신청할 때는 반드시 납세담보제공에 동의해야 한다. 아울러 연부연납은 납부할 상속세 또는 증여세를 늦게 납부

하는 것이기 때문에 이자를 더해서 납부한다. 이자율은 국세환급가산금 이율(현행 연 2.1%)과 같은데 각 분할 납부세액의 납부일 현재 고시된 이율에 따른다.

2. 물납

물납이란 상속세의 현금 납부가 어려운 경우 상속받은 재산으로 납부하는 제도를 말한다. 상속재산 가운데 부동산과 유가증권이 상속재산가액의 50%가 넘고 상속세 납부세액이 2천만 원이 넘는 경우로서 상속받은 현금성 자산이 상속세액을 초과할 때는 상속받은 부동산과 유가증권으로 상속세를 납부할 수 있다.

다만 과세관청에서는 물납을 신청한 재산의 관리와 처분이 부적당하다고 인정되면 허가하지 않을 수도 있다. 그래서 과세관청은 환가換價가 용이한 재산 순서로 물납에 충당하는 재산을 정하고 있다.

032

부동산이나 주식을 명의신탁하면
안 되는 이유는?

명의신탁 시 형사처벌과 증여의제

서울시 체납세금 징수를 담당하는 38기동대가 고액 상습 체납자를 찾아 은닉재산을 압류하는 과정을 TV로 시청한 사람들이 있을 것이다. 그런데 고액 상습 체납자는 한결같이 "내 명의의 재산은 하나도 없고 모두 배우자나 직계존비속, 친인척 명의로 되어있으니 압류하려면 법대로 하라"라고 큰소리를 친다. 왜 이런 일이 벌어지는지, 그리고 과세관청은 이에 어떻게 대응할 수 있는지 알아보자.

자신의 재산을 다른 사람의 명의로 해두는 것을 '명의신탁'이라고 한다. 명의신탁의 법률 관계를 보면 당사자끼리는 명의신탁자(맡기는 사람)가 소유권을 가지고, 외부로 드러낼 때는 명의수탁자(맡은 사람)가 소유자인 것처럼 하는 것이다. 다만 이러한 명의신탁은 등기부등본처럼 공부公簿상 소유 관계가 공시되는 부동산, 주식, 차량, 기계장비, 선박, 항공기나 각종 지적재산권에 국한된다. 소유 관계가 공시되지 않는 재산에는 명의신탁이 적용되지 않는다.

그런데 명의신탁은 주로 세금 등 채무를 면탈하는 수단으로 악용된다. 쉽게 말해서 자기 소유의 재산을 형식상 타인 명의로 해놓고, 실질적으로는 자신이 재산을 관리·수익하면서도 채권자가 채무변제를 요구할 때는 재산이 없다고 버티는 것이다.

그렇다면 고액 상습 체납자의 소유로 의심되는 재산을 왜 과세관청은 제때 압류하지 못할까? 그 이유는 과세관청이 부동산 등을 압류하려면 압류등기를 소관 등기소에 촉탁해야 하는데, 명의신탁 재산은 공부상 타인 소유의 재산으로 등재돼 있어 압류등기를 촉탁할 수 없기 때문이다. 다만 동산의 압류는 과세관청의 점유로 가능하기 때문에 TV에서 보는 것처럼 동산을 압류하는 과정에서 체납자와 심한 마찰을 빚는다.

만일 명의신탁을 이용해 세금을 내지 않고 그 밖의 채무도 변제하지 않는 행위가 늘 가능하다면 사회정의가 실현될 수 없다. 그래서 명의신탁을 규제하는 법률 규정이 다음과 같이 마련되어있다.

1. 사해행위 취소소송 제기

과세관청이나 일반 채권자는 채무자의 명의신탁 재산을 압류하기 위해 국세징수법과 민법에 따라 '사해행위 취소소송'을 제기할수 있다.

사해행위 취소소송이란 채무자가 채권자에게 피해를 주는 법률 행위를 할 경우 채권자가 이를 취소하는 소송을 말한다. 명의신탁 행위가 채권자의 압류 행위를 면하기 위해 이루어진 것이라면 이러한 명의신탁 행위(대개 양도 형식을 취함)를 취소해달라는 민사소송을 제기하고, 이에 승소하면 채무자 명의로 환원된 재산을 압류할 수가 있다. 이때 소송의 피고는 채무자가 아니라 명의수탁자(맡은 사람)이므로 그를 상대로 소송을 제기해야 한다.

2. 부동산실명제로 처벌

부동산의 명의신탁이 발각되면 부동산실명제 위반으로 처벌하게 된다. 부동산실명제의 정식 명칭은 '부동산 실권리자 명의등기에 관한 법률'로, 명의신탁에 따른 폐해를 시정하고 경제정의를 실현하기 위해 1995년 7월 1일부터 시행되어 왔다.

이 법률에 따르면 부동산을 명의신탁할 경우 명의신탁자에 대해서는 부동산가액의 30%에 상당하는 과징금을 부과한다. 그래도 만약 실명등기를 하지 않을 때는 첫해에는 부동산가액의 10%, 둘째 해에는 20%의 이행강제금을 부과하며, 아울러 5년 이하의 징역 또는 2억 원 이하의 벌금에 처하도록 되어있다. 한편, 명의수탁자에 대해서도 3년 이하의 징역 또는 1억 원 이하의 벌금에 처한다.

3. 명의신탁재산의 증여의제(부동산 제외)

부동산 외 명의신탁재산에 대해서는 상속세 및 증여세법에 따라 증여세를 부과한다. 부동산을 제외하고 권리의 이전이나 그 행사에 등기 등이 필요한 재산(특히 주식)에서 실제 소유자와 명의자가 다른 경우에는 실질과세원칙에도 불구하고 명의자로 등기 등을 한 날에 그 재산의 가액을 그 명의자가 실제 소유자로부터 증여받은 것으로 보는 것이다. 다만 이 규정은 조세 회피 목적이 없는 명의신탁에 대해서는 적용하지 않는다.

그런데 증여세 납세의무자인지 판정함에 있어서는, 2019년 이전 증여의제된 경우에는 명의자가, 2019년 이후 증여의제된 경우에는 실제 소유자가 증여세 납세의무자가 된다. 다만 2019년 이후 증여의제되어 실제 소유자가 증여세 납세의무를 지게 되는 경우로서 징수 부족한 경우에는 명의신탁재산에 물적 납세의무를 지운다.

033

국민연금에도 세금이 있을까?

연금소득 과세체계

우리나라는 노령화 사회에 대비하기 위해 1998년부터 국민연금 제도를 시행하고 있다. 특히 국민연금 등 공적公的연금의 가입을 유도하기 위해 종합소득세 계산 시 공적연금 납입액을 소득공제해주었는데, 현재 공적연금 수령자가 되었다면 당초 소득공제를 받은 부분에서 발생한 연금에 대해서는 종합소득세를 과세한다는 점에 유의해야 한다.

다만 연금소득세 제도가 2002년부터 도입되었기 때문에 국민연금관리공단 등 공적연금을 다루는 기관은 연금을 지급할 때 종합소득세가 과세되는 부분(2002년 이후 불입분)과 과세되지 않는 부분(1998~2001년 말 불입분)을 구분해서 원천징수하고 해당 연금소득 내역을 국세청에 통보한다. 따라서 연금수급자는 종합소득세 신고·납부 시 과세되는 공적연금 내역을 연금관리공단이나 홈택스를 통해 확인해 반드시 종합소득세 신고 시 합산 과세해야 한다.

그런데 국민연금 등 공적연금뿐만 아니라 금융기관이 취급하는 사적私的연금도 납입액에 대해 종합소득세 계산 시 세액공제*해준다. 따라서 세제 혜택을 받은 사적연금에 대해서도 연금 수령 시 종합소득세가 과세된다. 하지만 사적연금은 연간 수령액이 1,200만 원을 넘지 않으면 금융기관이 연금소득세를 원천징수(연령대별로 5.5~3.3%)한 것으로 납세의무를 종결할 수 있다.

다만 사적연금의 연간 수령액이 1,200만 원을 넘을 경우에는 공적연금과 마찬가지로 종합소득에 합산해 종합소득세를 신고·납부해야 한다. 물론 합산되는 사적연금은 세제 혜택을 받은 부분에서 발생한 연금에 국한한다.

그렇다고 모든 연금액이 곧바로 종합소득금액에 합산되는 것은 아니니 크게 염려할 필요는 없다. 종합소득금액에 합산되는 연금소득금액은 총연금액(분리과세 연금소득은 제외)에서 다음에 규정된

---

* 연금저축의 납입액은 납입액(400만 원 한도. 단, 총급여 1.2억 원 또는 종합소득금액 1억 원 초과자는 300만 원)의 15%(총급여 5,500만 원 또는 종합소득금액 4천만 원 초과자 12%) 세액공제하고, 추가로 DC형/ IRP형 퇴직연금 근로자불입액이 있는 경우 불입액 300만 원까지 15%(총급여 5,500만 원 또는 종합소득금액 4천만 원 초과자 12%) 세액공제한다.

금액(연금소득공제)을 공제한 금액으로 한다. 이러한 연금소득공제
액은 900만 원을 한도로 한다.

총연금액	연금소득공제액
350만 원 이하	총 연금액
350만 원 초과 700만 원 이하	350만 원 + 350만 원 초과분의 40%
700만 원 초과 1,400만 원 이하	490만 원 + 700만 원 초과분의 20%
1,400만 원 초과	630만 원 + 1,400만 원 초과분의 10%

연금의 소득 구분

구분	공적연금(소득공제분)	사적연금(세액공제분)
연금소득	1. 국민연금 2. 군인연금 3. 공무원연금 4. 사립학교교원연금	1. 연금저축계좌(연금 수령분) 2. 퇴직연금계좌(연금 수령분) 　– 확정기여형 퇴직연금 　– 개인형 퇴직연금 　– 퇴직연금급여
일시금소득	퇴직소득	연금저축은 기타소득 퇴직연금은 퇴직소득

034

이자·배당소득이 많을 때
절세하는 방법은?

금융소득 종합과세의 실질

2015년 국세통계에 따르면 금융소득 종합과세자는 11만 명이 넘는다. 사람들은 금융소득 종합과세자가 되어 종합소득세를 신고·납부하라는 국세청 신고안내문을 받으면 세금폭탄을 맞기라도 한 듯 심각해져서 세무상담 전화를 걸어오곤 한다. 하지만 사실상 금융소득 종합과세자 중에 절반 이상은 추가적인 세금 부담이 거의 없다.

금융소득 종합과세에서 금융소득이란 이자소득과 배당소득을 합친 소득을 말하고, 종합과세란 금융소득을 비과세나 분리과세하지 않고 종합소득, 즉 사업소득·근로소득·연금소득·기타소득과 합산해 과세하는 것을 말한다.

우리나라 국민 대부분은 은행예금을 가지고 있고 매년 이자를 받는다. 그런데 금융소득 종합과세자가 11만 명이라는 것은 그 외 대다수의 국민이 얻는 금융소득은 분리과세 또는 비과세에 해당한다는 의미이기도 하다.

그럼 대부분의 국민이 얻는 금융소득은 왜 분리과세 또는 비과세가 될까? 이것은 금융기관에서 분리과세 또는 비과세가 된다며 가입을 권유하는 일부 금융상품 때문일까? 그것은 아닌 것 같다. 왜냐하면 비과세 금융상품이나 무조건 분리과세 금융상품은 가입 조건이나 운용 방법이 제한적이어서 일반 국민이 많이 가입하지 않기 때문이다.

진짜 이유는 대다수의 국민들이 얻은 이자와 배당소득이 종합과세 기준액인 2천만 원에 미달하기 때문일 것이다. 즉, 금융소득 종합과세는 총금융소득에서 분리과세와 비과세 금융소득을 제외한 금융소득이 2천만 원을 넘으면 종합소득에 합산해 신고·납부하고, 2천만 원이 안 되면 금융기관에서 이자·배당소득 지급 시 원천징수한 것 외에 금융소득 종합과세에 대해 신경 쓸 필요가 없게 한다.

게다가 금융소득이 2천만 원을 초과해 금융소득 종합과세자가 되어도 세액 계산 시 금융소득이 2천만 원을 초과하는 부분에 대해서만 종합소득세율이 적용되기 때문에 만일 종합소득세 실효세율이 금융소득 원천징수 세율인 14% 미만으로 적용되는 경우에는 종합과세가 되어도 추가적으로 세금이 늘어나지는 않는다.

금융소득만 있을 경우 종합소득세율 14%가 적용되려면 금융소득이 최소 3,200만 원 이상이 되어야 한다. 그래서 2015년 기준 금융소득 종합과세자가 11만 명이 넘는다고 해도 대부분 2천만 원을 조금 상회하는 납세자가 50% 이상을 차지하므로 세금폭탄을 맞는 사람은 생각만큼 그리 많지 않다.

물론 금융소득 외에 다른 종합소득이 있을 때는 종합소득세 실효세율이 높게 적용될 수 있기 때문에 세금폭탄을 맞게 될 여지가 있다. 이 경우 금융소득을 얻기 위해 보유한 예금이나 주식을 배우자 또는 직계존비속에게 증여하면(증여재산공제 한도) 금융소득을 조절할 수 있어 절세의 여지가 크다. 그런 경우라면, 세무사와 협의해 금융자산 증여를 통한 금융소득 종합과세 절세를 도모하는 것이 좋다.

035

거주자와 비거주자 판정에 따른
세금 문제는?

거주자와 비거주자

해외로 이민을 떠난 분이 한국에 사둔 주택을 양도하기 위해 양도소득세 신고 대리를 의뢰하러 찾아오는 경우가 종종 있다. 이들은 세법상 비거주자이기 때문에 1세대 1주택자라 해도 출국일로부터 2년 안에 매각한 경우를 제외하고는 1세대 1주택 양도소득세 비과세 혜택을 적용받을 수 없다. 다만, 국내 소재 부동산을 양도하기 위해서는 부동산 매도용 인감증명서를 발급받아야 하는데, 발급 전에 양도소득세를 신고·납부했는지 확인하기 때문에 세무사를 찾아와 신고 대리를 맡기는 것일 뿐이다.

이와 같이 세법은 거주자와 비거주자를 구분해서 달리 취급한다. 많은 사람들이 거주자와 비거주자를 국적으로 구분하는 줄

알지만 사실은 그렇지 않다. 비거주자의 구분은 국적이 아니라 대한민국에 주소 또는 거소를 두고 있는지 여부로 판단한다.

거주자란 국내에 주소를 두거나 1과세기간에 183일 이상 거소를 둔 개인을 말한다. 그리고 비거주자는 거주자가 아닌 개인을 말한다. 즉, 거주자 해당 사항을 먼저 살펴보고 해당 사항이 없을 때에 한해 비거주자로 분류하는 방식을 취한다.

여기서 '주소'란 주민등록등본에 기재된 주소가 아니라 국내에 생계를 같이하는 가족이나 자산이 있느냐를 말한다. 일반적 관념의 주소에 가까운 것은 오히려 '거소'로, 상당 기간에 걸쳐 거주하는 장소를 의미한다. 따라서 국내에 주소가 있으면 거주자가 되고, 주소는 없는데 계속해서 1과세기간에 183일 이상 국내에 거소를 두면 국적을 불문하고 거주자가 된다.

그런데 출입국 기록상 계속해서 1과세기간에 183일 이상 국내에 거소를 두지 않았다면 무조건 비거주자이고, 국내에 거소를 두었다면 무조건 거주자일까? 그렇지 않다. 통상 계속해서 1과세기간에 183일 이상 국내에 거주할 것을 필요로 하는 직업을 가졌거나, 국내에 생계를 같이하는 가족이 있고 그 직업 및 자산 상태에 비추어 계속해서 1과세기간에 183일 이상 국내에 거주할 것으로 인정된다면 거주자로 본다. 반대로 국외에서 거주 또는 근무하는 자가 외국 국적을 가졌거나, 외국법령에 따라 그 외국의 영주권을 얻은 자로서 국내에 생계를 같이하는 가족이 없고 그 직업 및 자산 상태에 비추어 다시 입국해서 주로 국내에 거주하리라 인정되지 않을 때는 국내에 주소가 없는 것으로 본다.

끝으로, 외국 항행 선박 또는 항공기의 승무원은 그 승무원과 생계를 같이하는 가족이 거주하는 장소 또는 그 승무원이 근무기간 외의 기간에 통상 체재하는 장소가 국내일 때는 거주자로 보고, 국외일 때는 비거주자로 본다.

그러면 세법은 거주자와 비거주자를 구분해서 어떻게 달리 취급하는지 구체적으로 알아보자.

1. 소득세의 경우

거주자는 원칙적으로 국내외 모든 과세대상 소득에 대해 대한민국에 세금을 신고·납부해야 한다. 하지만 비거주자는 대한민국에서 얻은 과세대상 소득에 대해서만 세금을 신고·납부하면 된다. 그런데 거주자가 국내외 모든 과세대상 소득에 대해 대한민국에 소득세를 신고·납부해도 국외에서 납부한 외국 납부세액을 공제해주므로 두 나라에서 이중으로 세금을 내는 것은 아니다.

오히려 거주자에게는 소득세 계산 시 각종 공제 및 감면 혜택을 주는 대신 비거주자에게는 공제 및 감면에 제약을 두고 있다. 앞서 예를 든 대로 1세대 1주택 양도소득세 비과세 혜택은 원칙적으로 거주자에게만 해당하며, 종합소득세 계산 시 종합소득공제도 거주자에 대해서만 폭넓게 인정하고 있다.

2. 상속세의 경우

피상속인이 거주자일 때는 국내외 모든 상속재산에 대해 대한민국에 세금을 신고·납부해야 하지만, 비거주자일 때는 국내 소재의 상속재산에 대해서만 세금을 신고·납부하면 된다. 하지만 소득세와 마찬가지로 상속세도 국외 소재의 상속재산을 얻으면서 납부한 외국 납부세액을 공제해주므로 두 나라에서 이중으로 세금을 내는 것은 아니다. 오히려 피상속인이 거주자이면 폭넓게 상속공제를 허용해주지만, 비거주자이면 기초공제 2억 원만 허용하고 있다.

3. 증여세의 경우

증여받는 사람이 거주자이면 국내외 모든 증여재산에 대해 대한민국에 세금을 신고·납부해야 하지만, 비거주자이면 국내 소재 증여재산에 대해서만 세금을 신고·납부하면 된다. 하지만 소득세와 마찬가지로 증여세도 국외 소재 증여재산을 얻으면서 납부한 외국 납부세액을 공제해주기 때문에 두 나라에서 이중으로 세금을 내는 것은 아니다. 오히려 증여받는 자가 거주자일 때는 증여재산공제를 허용해주지만, 비거주자일 때는 증여재산공제를 받지 못한다.

036

주택임대소득에 대한
종합소득세 과세

주택임대소득 과세제도

기준시가 9억 원을 초과하지 아니하는 1주택자 보유자를 제외하고는, 주택임대소득에 대해서 원칙적으로 종합소득세 납세의무가 있다. 그러나 2018년까지 연간 임대수입(매출)이 2천만 원 이하인 경우에는 주택임대소득에 대해서 비과세하는 규정을 두어 많은 다주택자들이 주택임대소득에 대해 종합소득세를 신고한 바가 없었다.

그리고 연간 임대수입(매출)이 2천만 원을 초과하는 경우에는 예나 지금이나 주택임대소득에 대해 일반적인 사업소득금액 계산 방식에 따라 종합소득세를 신고 · 납부했어야 했지만, 이마저도 과세관청의 주택임대소득에 대한 미온적 세무 행정을 빌미로 적극적 신고가 이뤄지지 않았던 것이 현실이다.

그런데 2019년부터 연간 임대수입이 얼마이건 관계없이 모든 주택임대사업자(기준시가 9억 원을 초과하지 아니하는 1주택자 보유자를 제외)는 종합소득세를 신고·납부해야 한다. 이에 전반적인 주택임대소득 과세 제도에 대해 살펴보자.

1. 연간 임대수입 2천만 원 이하 주택임대 사업자의 분리과세 선택

2018년까지 주택임대소득세 부담이 없던 연간 임대수입(매출)이 2천만 원 이하인 납세의무자에 대해서는 다음과 같은 분리과세 특례를 적용받을 수 있도록 했다.

> 분리과세 시 세액 : [총수입금액×(1 – 필요경비율) – 공제금액] × 14%

이 계산식에 적용되는 필요경비율과 공제금액은 각각 다음과 같다.

> ○ 필요경비율: 50%, 단, 민간임대주택법에 따라 임대주택으로 등록한 경우에는 60%
> ○ 공제금액* : 200만 원, 의무임대 요건을 모두 갖춘 경우에는 400만 원
> ① 민간임대주택법에 따라 단기 민간임대주택(4년 이상) 또는 장기 일반 민간임대주택(8년 이상)으로 등록
> ② 소득세법에 따른 사업자등록
> ③ 민간임대주택법에 따른 임대료 인상률(연 5%) 준수

2. 분리과세 이후 의무임대 기간 미준수 시 사후 관리

분리과세 이후 민간임대주택법에 따른 의무임대 기간 미준수 시 미등록으로 의제해 차액을 추징하고 추징세액에 이자 상당액(연 9.125%)을 가산한다. 다만 파산, 강제집행, 법령상 의무 이행, 회생절차에 따라 임대주택 처분 및 임대 불가 등 부득이한 경우에는 제외한다.

3. 연간 임대수입 2천만 원 초과 주택임대 사업자의 종합과세

연간 임대수입이 2천만 원을 초과하는 주택임대 사업자는 일반적인 부동산임대업자와 같이 장부 작성(간편장부 또는 복식장부)에 의해 임대소득금액을 계산하거나 추계 방식(단순경비율 또는 기준경비율 또는 배율법)에 의해 임대소득금액을 계산해 종합과세한다.

4. 전세보증금의 임대수입 환산

연간 임대수입은 대부분 월세 소득(규모 불문 모든 주택의 월세 소득)이 구성하는 것이나, 부부 합산 보유 주택 3주택 이상으로서 전세보증금을 받은 경우에는 3억 원을 초과하는 전세보증금에 대해 다음의 간주임대료를 주택임대수입에 가산한다. 다만 1호(또는 1세대당) 면적 $40 m^2$ 이하와 기준시가 2억 원 이하를 모두 충족하는 소형 주택은 3주택의 판단 및 보증금 합계액에서 제외한다.

＊ 분리과세 주택임대소득 외 종합소득금액이 2천만 원 이하인 경우에만 공제.

간주임대료 : (보증금−3억 원)×60%×이자율−임대 관련 발생 이자 · 배당수입

5. 임대주택 등록자의 세액 감면

임대주택 등록자에 대해서는 납부세액 계산 시 다음의 세액 감면을 적용한다. 이는 종합과세하는 경우뿐만 아니라 분리과세 선택 시에도 적용할 수 있다. 다만 임대주택 미등록자는 세액 감면 적용 대상이 아니다.

○ 4년간 임대등록 시(단기 임대) 세액의 30% 감면
○ 8년간 임대등록 시(장기 임대) 세액의 75% 감면
○ 임대주택을 2호 이상 임대 시 단기 임대 20% 감면, 장기 임대 50% 감면

6. 소득세법상 주택임대사업자의 사업자등록 대상 확대

종전에는 연간 2천만 원 초과 주택임대소득이 있는 경우에 한해 사업자등록 의무를 부여했으나, 2019년 이후에는 모든 주택임대사업자에게 사업자등록 의무를 부여한다. 이에 2019. 1. 1. 이후 사업을 개시한 경우에는 사업개시일부터 20일 이내에 관할세무서에 사업자등록해야 하며, 경과조치로 2019. 1. 1. 이전에 주택임대사업을 개시한 경우에는 2020. 1. 21.까지 등록해야 한다.

이 경우 주택임대소득은 규모와 관계없이 부가가치세 면세사업자에 해당하기 때문에 부가가치세법이 아닌, 소득세법상 각 임대 물건 소재지별로 사업자등록 신청하게 된다. 다만 주소지 관할 지방자치단체에 민간임대주택법상 임대사업자로 등록 신청하게 되면 주소지에서 모든 의무임대 물건의 사업자등록을 함께 신청한 것으로 간주한다.

이러한 주택임대사업자 등록을 하지 않으면 소득세법상 미등록 가산세가 부과되는데 임대수입의 0.2% 상당의 가산세를 부과한다. 적용 시기는 2020. 1. 1. 이후 발생하는 분부터 적용한다.

7. 주택임대소득의 주택 수 계산 방법

주택임대소득이 비과세되는 1개의 주택 소유 여부를 판정할 때 공동소유 주택의 경우에는 원칙적으로 최다 지분자의 소유 주택으로 계산한다. 최다 지분자가 복수인 경우 최다 지분자 간 합의에 따르되, 합의가 없으면 각각의 소유로 계산한다. 그러나 다음 ①, ② 중 하나에 해당하면 소수 지분자도 주택 수에 가산한다.

> ① 해당 주택에서 발생하는 임대소득이 연간 600만 원 이상
> ② 기준시가 9억 원을 초과하는 주택의 30%를 초과하는 공유지분 소유

다만 동일 주택을 부부가 일정 지분 이상 소유한 경우에는 중복 계산을 방지하기 위해 다음 순서(①→②)로 부부 중 1인의 소유 주택으로 계산하도록 한다. 이는 주택임대소득 과세 여부 판단 시 부부는 하나로 보아

취급하나, 부부 외 타인은 원칙적으로 각각 1주택자 여부를 판단하기 때문이다.

---

① 부부 중 지분이 더 큰 자
② 부부의 지분이 동일한 경우, 부부 사이의 합의에 따라 소유 주택에 가산하기로 한 자

2

부

지난 몇 년간 나라 살림살이가 어려워지고 주변에서 많은 중소 상
공인들이 폐업하고 도산하는 것을 지켜보면서 내 세무 지식이 주변
에, 세상에 아무 기여도 하지 못한 채 내 작은 머릿속에서만 웅크리
고 있다는 것을 깨달았다. 내가 가진 지식이 조금이나마 세
상의 발전에 기여한다면 좋을 텐데 하는 아쉬움이 컸다.

대한민국
400만 사업자를 위한

절세의 기술

037

개인사업자가 쉽게
세무 자료를 관리하는 방법은?

홈택스 활용

개인사업자가 세무대리를 맡기려고 세무사를 찾아와서 흔히 하는 질문 중 하나가 "세무신고 대리를 맡기려고 하는데, 뭘 어떻게 준비해야 하나요?"라는 것이다. 이 질문에 대해 개인사업자에게 주는 답은 "홈택스를 활용하라"이다.

개인사업자가 창업하면 1년 단위로 사업소득금액에 대한 종합소득세를 다음 해 5월 말(성실신고확인 대상 사업자는 6월 말)까지 신고·납부해야 한다. 이때 사업소득금액의 계산은 세무사가 하지만, 개인사업자의 세무 자료는 홈택스를 통해 축적할 수 있다. 이렇게 축적된 세무 자료를 세무사에게 알려주기만 하면 되는 것이다. 지금부터 홈택스를 활용하는 방법을 알아보자.

1. 홈택스 가입

세무서에 개인사업자 등록을 하면서 홈택스(https://www.home-tax.go.kr/)에 가입하자. 아이디와 비밀번호로 접속하거나 개인 공인인증서를 등록하면 홈택스를 활용할 수 있다. 이때 전자세금계산서를 발행하는 경우에는 반드시 전자세금계산서용 공인인증서가 필요하므로 처음부터 은행에서 사업용 계좌도 만들고 전자세금계산서용 공인인증서를 발급받아 홈택스를 활용하는 것이 좋다.

2. 사업용 신용카드와 사업용 계좌신고의 등록

홈택스에 들어가 가장 먼저 할 일은 사업상 사용할 신용카드를 사업용 신용카드로 등록하고(조회/발급 메뉴에서 현금영수증란 이용) 사업용으로 사용할 계좌를 신고하는(신고/납부 메뉴에서 일반신고란 이용) 것이다. 그리고 사업용 경비 지출은 등록된 신용카드를 사용하고 현금지출이 발생하면 사업자등록번호로 지출증빙용 현금영수증을 발급받도록 한다(조회/발급 메뉴에 서 현금영수증란 이용).

3. 전자세금계산서와 전자계산서의 활용

사업자 간 매출 또는 매입이 발생해 세금계산서나 계산서를 주고받을 때는 모두 전자세금계산서 또는 전자계산서로 관리한다. 조회/발급 메뉴에서 전자(세금)계산서를 이용하면 된다. 이렇게 하면 부가가치세 신고 자료는 거의 정리된다.

이제 세무신고를 위해 세무 자료가 필요할 때는 홈택스에 접속해서 확인해보자. 사업자의 전자(세금)계산서 매출과 매입 현황은 전자(세금)계산서에서 확인할 수 있고, 사업자의 사업용 신용카드 사용 내역과 현금영수증 사용 내역은 현금영수증에서 조회할 수 있다.

여기에 인건비만 관리하면 세무 자료 관리는 거의 끝난다. 참고로 인건비 관리는 원천징수*신고·납부로 하게 되며, 주로 세무사무소에 의뢰해 처리한다. 끝으로 현금영수증을 받지 못한 각종 영수증, 그리고 종이로 받은 세금계산서와 계산서를 모으면 세무 자료 관리는 끝난다.

상당수의 개인사업자가 이렇게 쉬운 일을 알지 못해 세무신고를 하면서 절세에 도움이 되는 세금증빙을 누락하니 안타까운 일이다. 만약 종합소득세율 24%를 적용받는 사업자가 10만 원짜리 영수증 한 장을 누락했다면 2만 4천 원짜리 세금할인 쿠폰을 잃어버린 셈이니 얼마나 안타까운 일인가.

---

* 원천징수란 소득을 지급하는 사업자가 소득을 지급받는 자로부터 해당 소득에 대한 세금 일부를 공제해 사업장 관할세무서에 매월(또는 반기) 단위로 신고·납부하는 제도를 말한다.

038

법인사업자가 손쉽게
세무 자료를 관리하는 방법은?

홈택스와 통장 관리

법인사업자가 세무대리를 맡기려고 찾아와서 "세무신고 대리를 맡기려는데 뭘 어떻게 준비해야 하나요?"라고 물으면 법인사업자에게 주는 답은 "홈택스와 법인통장을 활용하라"이다.

법인사업자가 창업하면 통상 1년 단위로 법인의 사업소득금액에 대한 법인세를 다음 해 3월 말(12월 말 결산법인인 경우)까지 신고·납부해야 한다. 이때 각 사업연도의 소득금액 계산은 세무사가 하지만, 법인사업자의 세무 자료는 홈택스와 법인통장을 통해 축적할 수 있다. 이렇게 축적된 자료를 세무사에게 알려주면 그것으로 끝이다. 여기에 법인통장이 추가되는 이유는 법인은 법인통장으로 장부관리를 하기 때문이다.

지금부터 법인사업자가 홈택스를 활용하는 방법을 알아보자.

1. 홈택스 가입

세무서에 법인사업자등록을 하면서 홈택스(https://www.hometax.go.kr/)에 가입하자. 아이디와 비밀번호로 접속하거나 공인인증서를 등록하면 홈택스를 활용할 수 있다. 법인사업자가 세금계산서나 계산서를 발급해야 하는 업종이라면 의무적으로 이를 발급해야 하므로 홈택스 가입도 반드시 전자세금계산서용 공인인증서로 해야 한다.

2. 사업용 신용카드 등록과 사업용 계좌신고 여부

법인사업자는 개인사업자와는 달리 홈택스에 들어가 사업용 신용카드나 사업용 계좌를 등록할 필요가 없다. 법인 신용카드는 홈택스에서 자동으로 인지해 자료를 관리해주며 법인사업자는 법인 통장으로 장부관리를 하기 때문이다. 다만 사업용 경비 지출은 법인 신용카드를 사용하고 현금 지출이 발생하면 사업자등록번호로 지출 증빙용 현금영수증을 발급받도록 한다(조회/발급 메뉴에서 현금영수증 이용).

3. 전자세금계산서와 전자계산서의 활용

사업자 간 매출 또는 매입이 발생해 세금계산서나 계산서를 주고받을 때는 모두 전자세금계산서 또는 전자계산서로 관리한다. 조회/발급 메뉴에서 전자(세금)계산서를 이용하면 된다. 이렇게 하면 부가가치세 신고 자료는 거의 정리된다.

4. 법인통장의 엑셀 자료 일자별 관리

여기에 법인통장으로 입출금된 내역을 엑셀로 다운로드 받아 해당 거래내역을 건별로 정리하면 법인의 수입과 지출에 대한 결제 정보를 한꺼번에 관리할 수 있다.

이제 세무신고를 위해 세무 자료가 필요할 때는 홈택스에 접속해서 확인해보자. 사업자의 전자(세금)계산서 매출과 매입 현황은 전자(세금)계산서에서 확인할 수 있고, 법인사업자의 법인카드 사용내역과 현금영수증 사용내역은 현금영수증에서 조회할 수 있다.

여기에 인건비만 관리하면 법인의 세무 자료 관리는 거의 끝난다. 참고로 인건비 관리는 원천징수 신고·납부로 하며, 주로 세무사무소에 의뢰해 처리한다. 끝으로 현금영수증을 받지 못한 각종 영수증과 종이로 받은 세금계산서와 계산서를 모으면 세무 자료 관리는 끝난다.

세무사무소에서는 이렇게 취합된 세무 자료를 기초로 법인사업자의 각 사업연도 소득금액을 계산하고, 법인통장 입출금 내역에 따라 외상매출금과 외상매입금, 미지급금과 미수금 등을 관리한다. 법인사업자의 세무 자료 관리도 알고 보면 절대 어렵지 않다.

039

홈택스를 활용하는 방법은?

홈택스

중소사업자가 가장 쉽게 세무 자료를 관리하는 방법은 홈택스를 활용하는 것이다. 법인사업자이든, 개인사업자이든 법인세 또는 사업소득세의 소득금액 계산은 세무사가 하지만, 모든 사업자의 세무 자료는 홈택스를 통해 축적할 수 있기 때문이다. 이렇게 축적된 자료를 세무사에게 알려주면 세무신고 준비는 끝난다.

그러나 많은 사업자가 홈택스에 익숙하지 않은 것이 현실이어 이번에는 홈택스에 대해 좀 더 자세히 알아보고자 한다. 현재의 홈택스는 기존에 국세청에서 각각 운영하던 현금영수증 사이트와 홈택스 사이트, 전자세금계산서 사이트, 연말정산 사이트, 국세법령정보 사이트를 통합해 2015년 초에 개편한 통합 국세행정시스템이다.

국세청은 홈택스의 통합 개편을 통해 사업자가 홈택스에서 모든 세무신고 및 세무 관리를 가능하게 만들었다. 이러한 홈택스를 제대로 이해하고 활용하려면 기존의 현금영수증 사이트, 홈택스 사이트, 전자세금계산서 사이트, 연말정산 사이트, 국세법령정보 사이트의 특징과 현재 홈택스 사이트의 내용을 알아야 한다.

1. 현금영수증·신용카드 관련

기존 현금영수증 사이트는 현행 홈택스의 조회/발급 메뉴의 현금영수증란에 편입되었다. 이곳에서는 기본적으로 현금영수증을 발행하거나 발급받은 내역이 관리되며, 현금영수증 매입세액공제 확인 및 변경을 조회하면 부가가치세를 신고할 때 공제받을 수 있는 현금영수증 매입세액을 확인할 수 있다. 아울러 사업자가 등록한 사업용 신용카드와 화물운전자 복지카드 사용 내역을 기간별로 확인할 수 있고, 매입세액공제 확인 및 변경을 조회하면 부가가치세를 신고할 때 공제받을 수 있는 사업용 신용카드 등 매입세액을 확인할 수 있다. 다만 공제 여부가 정확한 것은 아니므로 세무사의 조언을 받아 부가가치세를 공제받도록 하는 것이 좋다.

2. 홈택스로 각종 세무서류 제출 및 증명

기존 홈택스 사이트는 민원증명, 각종 세무서류 신청 및 제출, 각종 세금신고 및 납부를 하던 곳으로 개편된 홈택스에서 주요 부분을 차지하고 있다. 사업을 하면서 민원증명을 발급하거나 각종 세무서류를 제출할 때, 각종 세금을 신고·납부할 때 이용하면 된다.

3. 전자세금계산서 관련

기존 전자세금계산서 사이트는 현행 홈택스에서 조회/발급 메뉴의 전자(세금)계산서란으로 편입되었다. 세금계산서 발행 업종을 영위하는 모든 법인사업자와 전년도 사업장별 매출이 3억 원 이상인 개인사업자는 의무적으로 전자세금계산서를 발행해야 하며, 부가가치세 면세사업을 영위하는 모든 법인사업자와 전년도 사업장별 매출이 3억 원 이상인 개인사업자는 의무적으로 계산서를 발행해야 한다. 또한 전자세금계산서·전자계산서 발행 사업자가 아니라도 거래 상대방이 전자세금계산서·전자계산서를 발행하면 모든 매입분 전자세금계산서·전자계산서를 조회할 수 있으므로 모든 사업자가 이를 이용해야 한다.

4. 연말정산 관련

기존 연말정산 사이트는 조회/발급 메뉴의 연말정산 간소화란에 편입되었다. 상시 근로자를 고용하고 있는 모든 사업자는 근로자의 지난 1년간 급여 지급에 대해 연말정산이라는 형식으로 근로소득세를 정산해주어야 한다. 매년 1월경 근로자의 각종 소득공제 및 세액공제 자료를 연말정산간소화 서비스를 통해 확인할 수 있으므로 이를 이용해야 한다.

5. 법령정보 관련

국세법령정보 사이트는 현행 홈택스 메뉴 최상단 법령정보란으로
접속할 수 있다. 또한 개별 세무상담이나 탈세 제보는 상담/제보
메뉴를 활용하면 된다. 개인적으로 궁금한 사례를 대부분 확인할
수 있을 정도로 방대한 양의 상담 정보가 수록되어 있다.

이렇게 편리한 시스템이 바로 우리 곁에 있다. 모든 사업자가
이 문명의 이기利器, 홈택스를 잘 활용해 절세할 수 있기를 바란다.

040

창업할 때 인테리어 비용을 줄일까, 세금을 잡을까?

감가상각과 이자비용

사업자가 창업 초기에 지출하는 대표적인 항목으로 권리금, 인테리어, 임대보증금이 있다. 그런데 권리금이나 인테리어를 싸게 해주겠다면서 거래 상대방이 무자료로 거래하자고 유혹하는 경우가 많다. 그러나 사업자가 알아야 할 것은 무자료 거래를 할 경우 그에 따른 가격할인액보다 세금 손실이 훨씬 크다는 점이다.

이해를 돕기 위해 대출받아 창업하는 경우의 대출이자비용에 대한 이야기부터 시작해보자.

세법에서는 사업자가 지출하는 이자비용에 대해 법인사업자와 개인사업자를 달리 취급한다. 법인사업자는 법인의 재무 상황에 상관없이 원칙적으로 모든 이자비용을 세무상 경비(손비)로 인정해주는 반면, 개인사업자는 개인사업의 자산이 부채를 초과하는 경우에만 이자비용을 손비로 인정해준다. 따라서 부채가 사업용 자산보다 많으면 그 초과비율만큼의 이자비용이 세무상으로 인정되지 않는다.

그런데 개인사업자의 재무 상태를 정리하다 보면 사업용 자산이 거의 없는 경우가 많다. 왜냐하면 실제로는 대출받아 권리금도 주고 인테리어도 하고 임대보증금도 주었지만, 권리금은 임차인들끼리 계약서나 세금계산서 없이 주고받고, 인테리어는 건축업자가 세금계산서 미발급 조건으로 가격을 깎아준다고 해서 무자료로 처리하기 때문에, 사업용 자산으로 남은 것은 고작 임대보증금에 그칠 때가 많다.

예를 들어, 음식점 창업을 위해 1억 원을 빌려 무자료로 5천만 원의 권리금과 3천만 원의 인테리어를 하고 2천만 원만 임대보증금 자산으로 처리했다고 가정하자. 이 경우 대출금 1억 원에 대한 연 이자가 500만 원이라면 그중 사업용 자산 2천만 원에 해당하는 100만 원만 세무상 경비 처리(400만 원은 세무상 부인됨)가 되니 얼마나 억울한 일인가?

또 권리금은 어떤가? 권리금(세무회계상 영업권이라 함)을 수수할 때는 당사자 간에 세금계산서를 수수하는 것은 물론(사업포괄양수도의 경우에는 제외), 권리금을 주는 사업자는 그 권리금의 8.8%를 원천징수해 관할세무서에 신고·납부하는 것이 원칙이다. 그리고 권리금을 받는 사업자는 사업소득과는 별도로 권리금의 40%를 기타소득금액으로 해서 종합소득세를 신고·납부하고 당초 원천징수된 세액을 공제받는 것이다. 하지만 권리금을 수수할 때 대부분이 이러한 적법 절차를 지키지 않는다.

그런데 권리금을 지급한 사업자는 이를 5년간 나누어 경비(감가상각비*) 처리할 수 있다. 따라서 세무대리인은 비록 세금계산서가 없어도 권리금이 수수된 금융 증빙이나 계약서를 기반으로 사업용 자산으로 계상해 감가상각함으로써 권리금을 지급한 사업자의 세금을 깎아주려고 노력한다. 물론 당초 권리금에 대해 세금계산서를 발행하지 않고 원천징수를 하지 않은 것에 대한 가산세 문제는 여전히 남는다. 하지만 창업 초기에 이런 규정을 모르고 세무대리인도 없이 무자격 세무대리를 맡김으로써 권리금에 대한 세무 처리를 생략해 아무런 세무상 혜택을 받지 못하는 경우가 허다하다.

또, 무자료 인테리어는 어떤가? 만일 인테리어를 하고 세금계산서를 받았다면 이 시설물은 업종별 감가상각 기간에 나누어 경비(감가상각비) 처리 할 수 있다. 그런데 무자료일 때는 사업용 자산으로 계상

＊ 감가상각비 시간의 경과에 따라 고정자산의 가치가 감소하는 것을 인위적으로 회계상 비용에 반영하는 것으로 영업권은 세법상 5년간 정액으로 감가상각을 한다.

해 양성화시키기도 곤란하니 건축업자가 조금 깎아준 비용으로는 충당할 수 없을 만큼의 세무상 손해가 발생한다. 게다가 앞에서 말했듯이 사업용 자산으로 잡히지 않은 권리금과 인테리어를 위해 대출받은 부채의 이자를 세무상 경비로 처리할 수 없으니 추가적인 손해까지 입게 된다.

예를 들어, 무자료로 8천만 원을 처리했다면 매년 1,600만 원의 감가상각비가 누락된 셈이고, 이것이 종합소득세율 24%를 적용받는 사업자에게 일어났다면 매년 384만 원(5년간 총 1,920만 원)의 세금 할인을 포기한 셈이니 얼마나 아쉬운 일인가!

041

법인사업자와 개인사업자, 어느 쪽이 나을까?

많은 창업자가 사업을 처음 시작할 때 법인사업으로 할지 개인 사업으로 할지를 두고 고민한다. 법인사업자의 법인세와 개인사업 자의 종합소득세를 단순히 세율로만 비교하면 법인사업자가 유리 하다. 하지만 단지 명목상 세율이 낮다고 해서 법인이 유리하다고 판단 해서는 안 된다. 왜냐하면 법인재산을 급여나 상여 또는 배당으로 개인이 인출할 때 다시 소득세가 부과되며 이를 피하기 위해 임의 로 인출할 경우 형법상 횡령이 되고, 세무상 (인정)상여 등으로 처 리돼 추가적 세금 부담을 초래할 수 있기 때문이다.

개인사업과 법인사업을 두고 고민하는 경우 통상 소규모의 투 자자로 회사 설립을 계획하기 때문에 개인사업이든 법인사업이든 인적 구성이나 물적 구성이 다를 바가 없을 것이다. 만일 법인을 설립한다면 주로 법무사에게 의뢰해 유한회사 또는 주식회사 형태로 설립하게 된다.

주식회사를 설립하려면 자본금이 필요한데 지금은 최저 자본금의 제약 없이 법인 설립이 가능하다. 또, 임원도 원칙적으로는 이사 3인, 감사 1인이지만 자본금이 10억 원 이하일 경우에는 이사 1인만으로도 법인 설립이 가능하니 법인 설립이 개인사업에 비해 어려운 것도 아니다.

법인의 과세표준	법인세율	누진공제
0~2억 원 이하	10%	–
2~200억 원	20%	2천만 원
200~3,000억 원	22%	4.2억 원
3,000억 원 초과	25%	94.2억 원

개인의 과세표준	종합소득세율	누진공제
1,200만 원 이하	6%	–
1,200만 원~4,600만 원	15%	1,080,000
4,600만 원~8,800만 원	24%	5,220,000
8,800만 원~1억 5천만 원	35%	14,900,000
1억 5천만 원~3억 원	38%	19,400,000
3억 원~5억 원	40%	25,400,000
5억 원 초과	42%	35,400,000

개인이나 법인이나 세무서에 사업자등록을 하고 사업을 시작하는 것은 동일하다. 그러나 법인으로 사업하게 되면 개인사업자와는 사업상 권리와 의무가 많이 다르다. 개인사업자의 경우는 사업에

대해 무한책임과 권리를 지지만, 주식회사나 유한회사로 사업할 경우에는 주주(또는 사원)로서 투자한 자본만큼만 책임과 권리를 진다. 즉, 법인사업이 망하더라도 연대보증을 선 경우를 제외하고는 법인의 채무에 대해 개인 주주나 대표이사의 변제 의무는 없다. 다만 세금에 대해서는 예외를 두어 법인을 지배한 주주(50% 초과 지분권자에 한함)에게 제2차 납세의무를 부과해 체납세금을 징수한다.

이처럼 투자자의 유한책임 면에서는 법인이 더 나을 수 있다. 하지만 법인은 그 자체가 하나의 독립된 법률 주체이고, 대표이사나 주주와는 동일체가 아니다. 따라서 법인의 재산은 개인의 재산과 구분해 관리해야 한다.

흔히 법인을 통해 돈을 벌면 대표이사나 1인 주주의 지위로 법인의 돈을 임의로 인출할 수 있다고 생각하기 쉬운데, 그런 생각을 가진 사람은 법인사업을 하면 안 된다. 법인자금을 대표자가 임의로 인출하면 적어도 가지급금(대여)으로 보거나 법인이 대표자에게 상여금을 준 것으로 보아 세금을 부과한다. 게다가 대표이사가 거래 상대방에게 결제할 금액을 결제하지 않고 회삿돈을 인출한다면 공금 횡령으로 처벌받을 수도 있다. 반면 개인사업자는 개인사업을 통해 획득한 모든 이익을 아무런 법적 제약 없이 취할 수 있고 사용할 수 있다.

앞서 말한 대로 개인사업과 법인사업이 동일한 이익을 낼 경우 당장의 세금 부담 측면에서는 법인이 유리하다. 하지만 법인세를 내고 남은 이익을 대표이사나 주주가 함부로 가져갈 수 없고, 급여나 상여 또는 배당으로 가져가면 다시 종합소득세로 6~42%의 세금을 내야 한다. 그렇기 때문에 어찌 보면 법인사업으로 하는 것은 세금 측면에서 조삼모사朝三暮四일 수 있다. 처음에는 법인세율이 낮아서 좋아 보이지만 나중에는 개인사업보다 더 많은 세금을 낼 수도 있기 때문이다.

법인사업이냐 개인사업이냐는 세금을 기준으로 생각해서는 안된다. 사업의 특징과 자금관리 등 여러 요소를 살펴 의사결정을 해야 한다. 다만 규모가 큰 사업을 하면서 주주의 유한책임을 활용하는 경우나 법인에 상당한 부富를 축적하고 개인적으로 인출할 이유가 없는 사람에게는 법인이 유리할 것이다.

042

사업자등록을 할 때
주의할 점은?

사업자등록

법인이든 개인이든 사업을 시작하려면 사업자등록부터 해야 한다. 사업자등록이란 자신이 하고자 하는 사업을 사업장별로 관할세무서에 신고하고 등록번호를 부여받는 절차로, 사업자는 등록기한, 등록 장소, 구비서류, 등록 유형 등 사업자등록 관련 사항에 관하여 알아두어야 한다.

1. 사업자등록 기한

사업자는 사업장별로 사업개시일부터 20일 이내에(사업개시 전 등록 가능) 사업장 관할세무서에 사업자등록을 해야 한다. 제때에 하지 못하면 미등록가산세도 있고 (매입분)세금계산서의 매입세액을 공제받지 못할 수도 있다.

사업자등록 관련 사항

구 분	내 용
누가(Who)	영리 목적으로 계속·반복적인 사업을 하려고 하는 개인 또는 법인
왜(Why)	사업으로 인한 각종 세금을 신고·납부할 목적으로
언제(When)	사업개시일부터 20일 이내(사업개시 전 등록도 가능)
어디서(Where)	사업을 영위하는 각 사업장마다
무엇을(What)	사업자등록신청서를 제출하면 사업자등록번호 부여
어떻게(How)	구비서류를 준비해 사업장 관할세무서 민원실에 신청

여기서 사업개시일이란 제조업은 제조 개시일, 그 밖의 사업은 재화 또는 용역의 공급일(매출 발생일)을 의미한다.

예를 들어, 치킨 가게를 창업할 장소를 정했다고 해서 곧바로 치킨을 팔 수는 없다. 인테리어를 하고 장비를 들여놓은 뒤 개업식을 하는 날, 비로소 사업을 개시하게 되는데, 인테리어나 장비를 들여놓을 때 (매입분)세금계산서를 받아 부가가치세 공제 또는 환급을 받으려면 사업자등록은 사업개시 전에 미리 신청하는 것이 좋다.

물론 (매입분)세금계산서를 수수할 때 사업자등록이 없으면 대표자의 주민등록번호를 기재해 교부받아도 된다. 다만, 부가가치세 과세기간이 경과한 이후 20일 이내에 사업자등록을 신청하고 주민등록번호로 세금계산서를 수수한 경우에는 등록신청일부터 해당 과세기간의 기산일까지 역산한 기간 내의 매입세액은 공제하고 그 외의 경우는 공제하지 않는다.

2. 사업자등록 신청 시 구비서류

사업자등록을 하려면 사업자등록신청서와 임대차계약서, 등록 또는 허가 사업인 경우에는 등록증 또는 허가증이 필요하다. 사업자등록신청서를 작성할 때 개인사업자는 개인사업자용 사업자등록신청서로, 법인사업자는 법인 설립신고 및 사업자등록신청서로 한다. 세무서 민원실에 가면 관련 서식이 비치돼 있다. 그래도 세무서 민원실을 방문하기 전 반드시 전화를 걸어 추가로 준비할 서류가 무엇인지 물어보는 것이 좋다. 특히 법인인 경우 법인 설립신고를 같이하다 보니 주주명부, 정관, 법인등기부등본 등을 요구하는데 준비 없이 갔다가 허탕치고 올 수도 있기 때문이다.

3. 사업장별 등록

사업자등록이란 엄밀한 의미에서 사업장을 등록하는 것이다. 즉, 사업자가 여러 곳의 사업장에서 사업할 경우에는 각 사업장마다 사업자등록을 해야 한다. 만약 신규 사업장에서 사업자등록을 하지 않고 기존의 사업자등록번호로 거래하다가 세무서에 발각되면 각종 가산세와 더불어 부가가치세 매입세액공제를 받지 못하니 주의해야 한다.

4. 사업자등록 유형

사업자등록 유형은 통상 부가가치세 납세의무 이행 여부를 기준으로 개인일반과세자, 법인일반과세자, 개인면세사업자, 법인면세사업자로 구분하지만 개인과세사업자 중 연간 매출액이 4,800만 원 미만일 것으로 예상되는 소비자 상대 업종의 경우에는 간이과세자라는 사업자등록을 할 수 있다.

그런데 같은 사업장에서 부가가치세가 과세되는 재화·용역과 면세되는 재화·용역을 함께 취급하는 사업자가 있다. 이를 겸영사업자라고 하는데, 이 경우 일반과세자로 사업자등록을 내서 과세 매출과 면세매출을 모두 신고하면 된다. 즉 (개인 또는 법인)일반과세자가 되면 세금계산서는 물론 계산서도 교부할 수 있다.

겸영사업자의 대표 사례로는 슈퍼마켓을 들 수 있다. 슈퍼마켓에서 공산품(과세)과 미가공식료품(면세)을 함께 구입하고 결제한 영수증을 잘 살펴보면 과세매출○○○, 부가가치세○○○, 면세매출○○○, 총합계○○○ 형식으로 되어있을 것이다.

반면 (개인 또는 법인)면세사업자가 되면 계산서만 교부할 수 있을 뿐 어떤 경우에도 세금계산서를 교부할 수 없다. 또한 면세사업자가 사업장에서 취급하는 재화·용역은 반드시 면세재화·용역이어야 한다. 그런데 만일 과세사업자로 등록해야 했는데 관련 규정을 몰라 면세사업자로 등록하고 부가가치세 신고·납부를 하지 않았다면 어떻게 될까?

이에 대해 좀 더 알고 싶은 독자들을 위해 **절세하이테크**에서 설명한다.

**절세
하이테크**

　　　2016년 사보私報 기획, 제작을 주된 사업으로 창업한
　　　홍길동 씨는 관할구청에 출판업으로 등록하고, 관할
세무서에 가서 부가가치세 면세사업자로 사업자등록을 했다. 그런데
2020년 어느 날 관할세무서로부터 사보 기획, 제작사업은 부가가치세
과세사업이므로 2016년 창업부터 현재까지 무신고한 부가가치세를 신
고·납부하라는 통지를 받았다.

　부가가치세란 사업자가 부가가치세가 과세되는 재화·용역을 판매
할 때 그 판매금액의 10% 상당액을 매출세액으로 내고, 납부세액 계
산 시(매입분)세금계산서, 사업용 신용카드, 사업용 현금영수증으로 확
인되는 매입세액이 있으면 이를 매출세액에서 공제해주는 거래세금을
말한다. 따라서 홍길동 씨는 (부가가치세 과세사업자로 미등록한 기간의)
매출액 10%를 부가가치세 매출세액으로 추징당하게 된다. 무신고 시
부과 시효가 7년이므로 최대 7년간 매출액의 10%를 추징당할 수 있다.
이 경우 홍길동 씨는 창업 당시 면세사업자로 사업자등록증을 발급해
준 관할세무서를 탓할 수가 있다. 하지만 판례는 (면세)사업자등록증을
발급한 세무서에는 아무런 책임이 없다고 판시한다.

　부가가치세법상의 사업자등록은 과세관청으로 하여금 부가가
　치세의 납세의무자를 파악하고 그 과세 자료를 확보케 하려는
데 입법 취지가 있는 것으로, 이는 단순한 사업 사실의 신고로
서 사업자가 소관 세무서장에게 소정의 사업자등록신청서를 제
출함으로써 성립되는 것이고, 사업자등록증의 교부는 이와 같
은 등록 사실을 증명하는 증서의 교부 행위에 불과한 것이므로,

세무서장이 납세의무자에게 부가가치세 면세사업자용 사업자 등록증을 교부했다 하더라도 그가 영위하는 사업에 관해 부가가치세를 과세하지 않음을 시사하는 언동이나 공적인 견해를 표명한 것이라고는 볼 수 없다.
- 대법원 2000. 2. 11. 선고, 98두2119 판결 등 참조

한편, 부가가치세 납부세액 계산 시 (매입분)세금계산서, 사업용 신용카드, 사업용 현금영수증으로 확인되는 매입세액이 있으면 이를 매출세액에서 공제해주는 것이므로 홍길동 씨는 매출액의 10%에서 매입세액을 공제해줄 것을 주장할 수 있다. 그러나 부가가치세 과세사업자로 등록되지 않은 기간에는 매입세액공제를 해주지 않는 것이 현재의 판례이다.

면세사업자로 사업자등록을 하고 있던 기간 중에 발생한 매입세액은 사업자등록을 하기 전의 매입세액에 해당하여 매출세액에서 공제할 수 없다.
- 대법원 2004. 3. 12. 선고, 2002두5146

이 사례에서 확인할 수 있듯이 사업자등록을 어떻게 내느냐는 매우 중요한 일이다. 이와는 반대로 부가가치세 면세사업자인데 과세사업자로 사업자등록을 냈다면 당초 부가가치세를 낼 이유가 없는데 매출액의 10%를 세무서에 원인 없이 착오 납부한 것이 된다. 물론 잘못 납부한 세금은 과거 5년치에 한해 돌려받을 수 있다.

사업자등록 신청서(개인사업자용)
(법인이 아닌 단체의 고유번호 신청서)

※ 사업자등록의 신청 내용은 영구히 관리되며, 납세 성실도를 검증하는 기초자료로 활용됩니다.
　아래 해당 사항을 사실대로 작성하시기 바라며, 신청서에 본인이 자필로 서명해 주시기 바랍니다.
※ [　]에는 해당되는 곳에 √표를 합니다.

(앞쪽)

접수번호		처리기간	3일(보정기간은 불산입)

1. 인적사항

상호(단체명)	율도국	전화번호	(사업장) 05-555-5555
성명(대표자)	홍길동		(자택)
			(휴대전화) 999-999-9999
주민등록번호	111111-1111111	FAX번호	
사업장(단체)	소재지 서울시 OO구 OO길 100 허균빌딩 1층 101호		

2. 사업장 현황

업 종	주업태	도소매	주종목	무역, 잡화	주생산 요소	주업종 코드		개업일	종업원 수
	부업태		부종목		부생산 요소	부업종 코드		2018.3.3.	0명

사이버몰 명칭		사이버몰 도메인	

사업장 구분	자가 면적	타가 면적	사업장을 빌려준 사람 (임 대 인)			임대차 명세		
			성 명 (법인명)	사업자 등록번호	주민(법인) 등록번호	임대차 계약기간	(전세) 보증금	월 세
	㎡	99㎡	허균	888-88-88888		2018.03.03. 2020.03.02.	1억 원	2.2백만 원

허 가 등 사업 여부	[　]신고　　[　]등록 [　]허가　　[√]해당 없음		주류면허	면허번호	면허신청
					[　]여　[　]부

개별소비세 해 당 여부	[　]제조　　[　]판매　　[　]입장　　[　]유흥			

사업자금 명세 (전세보증금 포함)	자기자금	2억 원	타인자금	원

사업자 단위 과세 적용 신고 여부	[　]여　　[√]부	간이과세 적용 신고 여부	[　]여　　[√]부

전자우편주소		국세청이 제공하는 국세정보 수신동의 여부	[　]동의함 [√]동의하지 않음

그 밖의 신청사항	확정일자 신청 여부	공동사업자 신청 여부	사업장소 외 송달장소 신청 여부	양도자의 사업자등록번호 (사업양수의 경우에만 해당함)
	[√]여 [　]부	[　]여 [√]부	[　]여 [√]부	

210mm×297mm[백상지 80g/㎡ 또는 중질지 80g/㎡]

3. 사업자등록 신청 및 사업 시 유의사항 (아래 사항을 반드시 읽고 확인하시기 바랍니다)

가. 다른 사람에게 사업명의를 빌려주는 경우 사업과 관련된 각종 세금이 명의를 빌려준 사람에게 나오게 되어 다음과 같은 불이익이 있을 수 있습니다.

1) 조세의 회피 및 강제집행의 면탈을 목적으로 자신의 성명을 사용하여 타인에게 사업자등록을 할 것을 허락한 사람은 「조세범 처벌법」 제11조제2항에 따라 1년 이하의 징역 또는 1천만 원 이하의 벌금에 처해집니다.

2) 소득이 늘어나 국민연금과 건강보험료를 더 낼 수 있습니다.

3) 명의를 빌려간 사람이 세금을 못 내게 되면 체납자가 되어 소유재산의 압류·공매처분, 체납명세의 금융회사 등 통보, 출국규제 등의 불이익을 받을 수 있습니다.

나. 다른 사람의 명의로 사업자등록을 하고 실제 사업을 하는 것으로 확인되는 경우 다음과 같은 불이익이 있습니다.

1) 조세의 회피 또는 강제집행의 면탈을 목적으로 타인의 성명을 사용하여 사업자등록을 한 사람은 「조세범 처벌법」 제11조제1항에 따라 2년 이하의 징역 또는 2천만 원 이하의 벌금에 처해집니다.

2) 「부가가치세법」 제60조제1항제2호에 따라 사업 개시일부터 실제 사업을 하는 것으로 확인되는 날의 직전일 까지의 공급가액에 대하여 100분의 1에 해당하는 금액을 납부세액에 가산하여 납부해야 합니다.

3) 「주민등록법」 제37조제10호에 따라 다른 사람의 주민등록번호를 부정하게 사용한 자는 3년 이하의 징역 또는 1천만 원 이하의 벌금에 처해집니다.

다. 귀하가 실물거래 없이 세금계산서 또는 계산서를 발급하거나 발급받은 경우 또는 이와 같은 행위를 알선·중개 한 경우에는 「조세범 처벌법」 제10조제3항 또는 제4항에 따라 해당 법인 및 대표자 또는 관련인은 3년 이하 의 징역이나 공급가액 및 그 부가가치세액의 3배 이하에 상당하는 벌금에 처해집니다.

라. 신용카드 가맹 및 이용은 반드시 사업자 본인 명의로 해야 하며 사업상 결제목적 외의 용도로 신용카드를 이용할 경우 「여신전문금융업법」 제70조제2항에 따라 3년 이하의 징역 또는 2천만원 이하의 벌금에 처해집니다.

대리인이 사업자등록신청을 하는 경우에는 아래의 위임장을 작성하시기 바랍니다.

위 임 장	본인은 사업자등록 신청과 관련한 모든 사항을 아래의 대리인에게 위임합니다. 본 인: (서명 또는 인)			
대리인 인적사항	성명	주민등록번호	전화번호	신청인과의 관계

위에서 작성한 내용과 실제 사업자 및 사업내용 등이 일치함을 확인하며, 「부가가치세법」 제8조 제1항, 제61조제3항, 같은 법 시행령 제11조제1항·제2항, 제109조제4항, 같은 법 시행규칙 제9조 제1항·제2항 및 「상가건물 임대차보호법」 제5조제2항에 따라 사업자등록([√]일반과세자[ ]간이 과세자[ ]면세사업자[ ] 그 밖의 단체) 및 확정일자를 신청합니다.

2018년   3월   10일

신청인: 홍 길 동   (서명 또는 인)

위 대리인: (서명 또는 인)

세 무 서 장 귀하

신고인 제출서류	1. 사업허가증 사본, 사업등록증 사본 또는 신고확인증 사본 중 1부(법령에 따라 허가를 받거나 등록 또는 신고를 해야 하는 사업의 경우에만 제출합니다) 2. 임대차계약서 사본(사업장을 임차한 경우에만 제출합니다) 1부 3. 「상가건물 임대차보호법」이 적용되는 상가건물의 일부분을 임차한 경우에는 해당 부분의 도면 1부 4. 자금출처명세서(금지금 도·소매업, 액체연료 및 관련제품 도매업, 기체연료 및 관련제품 도매업, 차량용 주유소 운영업, 차량용 가스 충전업, 가정용 액체연료 소매업, 가정용 가스연료 소매업, 재생용 재료 수집 및 판매업 및 과세유흥장소에서 영업을 하려는 경우에만 제출합니다) 1부	수수료 없음

유의사항

사업자등록을 신청할 때 다음과 같은 사유에 해당하는 경우 붙임의 서식 부표에 추가로 적습니다.
① 공동사업자에 해당하는 경우
② 종업원을 1명 이상 고용한 경우
③ 사업장 외의 장소에서 서류를 송달받으려는 경우
④ 사업자 단위 과세 적용을 신청한 경우(2010년 이후부터 적용)

홈택스(www.hometax.go.kr)에서도
신고할 수 있습니다.　　(앞쪽)

접수번호	[√] 법인설립신고 및 사업자등록신청서 [ ] 국내사업장설치신고서(외국법인)	처리기간 3일 (보정기간은 불산입)

귀 법인의 사업자등록신청서상의 내용은 사업내용을 정확하게 파악하여 근거과세의 실현 및 사업자등록 관리업무의 효율화를 위한 자료로 활용됩니다. 아래의 사항에 대하여 사실대로 작성하시기 바라며 신청서에 서명 또는 인감(직인) 날인하시기 바랍니다

1. 인적사항

법 인 명(단체명)	(주)율도국	승인법인고유번호 (폐업당시 사업자등록번호)	
대 표 자	홍길동	주민등록번호	111111-1111111
사업장(단체)소재지	서울시 OO구 OO길 100 허균빌딩 3층 301호		
전 화 번 호	(사업장) 05-555-5555	(휴대전화) 999-999-9999	

2. 법인현황

법인등록번호	110111-2222222	자본금	100,000천원	사업연도	1월 1일 ~ 12월 31일

법 인 성 격 (해당란에 ○표)

내 국 법 인						외 국 법 인					지점(내국법인의 경우)		분할신설법인		
영리 일반	영리 외투	비영리	국 가 지방자치	법인으로 보는 단체		지점 (국내사업장)	연 락 사무소	기타	여	부	본점 사업자 등록번호	분할전 사업자 등록번호	분할연월일		
				승인법인	기타										
○															

조합법인 해당 여부		사업자 단위 과세 여부		공 익 법 인				외국 법인	국 적	투자비율
여	부	여	부	해당여부	사업유형	주무부처명	출연자산여부	외투 법인		
				여	부		여	부		

3. 외국법인 내용 및 관리책임자 (외국법인에 한함)

외 국 법 인 내 용

본점	상 호	대 표 자	설 치 연 월 일	소 재 지

관 리 책 임 자

성 명 (상 호)	주민등록번호 (사업자등록번호)	주 소 (사업장소재지)	전 화 번 호

4. 사업장현황

사 업 의 종 류						사업(수익사업) 개 시 일
주업태	주 종 목	주업종코드	부업태	부 종 목	부업종코드	
도소매	무역, 잡화					2018년 1월 5일

사이버몰 명칭			사이버몰 도메인		

사업장 구분 및 면적		도면첨부		사업장을 빌려준 사람(임대인)			
자가	타가	여	부	성 명(법인명)	사업자등록번호	주민(법인)등록번호	전화번호
㎡	99㎡	○		허균	888-88-88888		

임 대 차 계 약 기 간	(전세)보증금	월 세(부가세 포함)
2018. 01. 01. ~ 2020. 12. 31.	1억 원	2.2백만 원

개 별 소 비 세				주 류 면 허		부가가치세 과세사업		인·허가 사업 여부			
제 조	판 매	장 소	유 흥	면 허 번 호	면 허 신 청	여	부	신고	등록	인·허가	기타
					여　부		○				

설립등기일 현재 기본 재무상황 등

자산 계	유동자산	고정자산	부채 계	유동부채	고정부채	종업원수
200,000천 원	100,000천 원	100,000천 원	0천 원	0천 원	0천 원	2명

전자우편주소		국세청이 제공하는 국세정보 수신동의 여부	[ ]동의함 [○]동의하지 않음

210mm×297mm[백상지 80g/㎡ 또는 중질지 80g/㎡]

5. 사업자등록신청 및 사업시 유의사항(아래 사항을 반드시 읽고 확인하시기 바랍니다)

가. 사업자등록상에 자신의 명의를 빌려주는 경우 해당 법인에게 부과되는 각종 세금과 과세자료에 대하여 소명 등을 하여야 하며, 부과된 세금의 체납 시 소유재산의 압류·공매처분, 체납내역 금융회사 통보, 여권발급제한, 출국규제 등의 불이익을 받을 수 있습니다.

나. 내국법인은 주주(사원)명부를 작성하여 비치하여야 합니다. 주주(사원)명부는 사업자등록신청 및 법인세 신고 시 제출되어 지속적으로 관리되므로 사실대로 작성하여야 하며, 주주명의 대여 시는 양도소득세 또는 증여세가 과세될 수 있습니다.

다. 사업자등록 후 정당한 사유 없이 6개월이 경과할 때까지 사업을 개시하지 아니하거나 부가가치세 및 법인세를 신고하지 아니하거나 사업장을 무단 이전하여 실지사업여부의 확인이 어려울 경우에는 사업자등록이 직권으로 말소될 수 있습니다.

라. 실물거래 없이 세금계산서 또는 계산서를 발급하거나 수취하는 경우 「조세범처벌법」 제10조제3항 또는 제4항에 따라 해당 법인 및 대표자 또는 관련인은 3년 이하의 징역 또는 공급가액 및 그 부가가치세액의 3배 이하에 상당하는 벌금에 처하는 처벌을 받을 수 있습니다.

마. 신용카드 가맹 및 이용은 반드시 사업자 본인 명의로 하여야 하며 사업상 결제목적 이외의 용도로 신용카드를 이용할 경우 「여신전문금융업법」 제70조제2항에 따라 3년 이하의 징역 또는 2천만원 이하의 벌금에 처하는 처벌을 받을 수 있습니다.

신청인의 위임을 받아 대리인이 사업자등록신청을 하는 경우 아래 사항을 적어 주시기 바랍니다.

대 리 인 인적사항	성 명		주민등록번호	
	주 소 지			
	전화번호		신청인과의 관계	

신청 구분	[ ] 사업자등록만 신청 [O] 사업자등록신청과 확정일자를 동시에 신청 [ ] 확정일자를 이미 받은 자로서 사업자등록신청 (확정일자 번호 :)

신청서에 적은 내용과 실제 사업내용이 일치함을 확인하고, 「법인세법」 제109조·제111조, 같은 법 시행령 제152조부터 제154조까지, 같은 법 시행규칙 제82조제3항제11호 및 「상가건물 임대차보호법」 제5조제2항에 따라 법인설립 및 국내사업장설치 신고와 사업자등록 및 확정일자를 신청합니다.

2018년   1월   5일

신 청 인   (주)율도국 대표 홍길동   (인)
위 대 리 인   (서명 또는 인)

세무서장 귀하

첨부서류	1. 정관 1부(외국법인만 해당합니다) 2. 임대차계약서 사본(사업장을 임차한 경우만 해당합니다) 1부 3. 「상가건물 임대차보호법」의 적용을 받는 상가건물의 일부를 임차한 경우에는 해당 부분의 도면 1부 4. 주주 또는 출자자명세서 1부 5. 사업허가·등록·신고필증 사본(해당 법인만 해당합니다) 또는 설립허가증사본(비영리법인만 해당합니다) 1부 6. 현물출자명세서(현물출자법인의 경우만 해당합니다) 1부 7. 자금출처명세서(금지금 도·소매업, 액체·기체연료 도·소매업, 재생용 재료 수집 및 판매업, 과세유흥장소에서 영업을 하려는 경우에만 제출합니다) 1부 8. 본점 등의 등기에 관한 서류(외국법인만 해당합니다) 1부 9. 국내사업장의 사업영위내용을 입증할 수 있는 서류(외국법인만 해당하며, 담당 공무원 확인사항에 의하여 확인할 수 없는 경우만 해당합니다) 1부 10. 사업자단위과세 적용 신고자의 종된 사업장 명세서(법인사업자용)(사업자단위과세 적용을 신청한 경우만 해당합니다) 1부

작성방법

사업장을 임차한 경우 「상가건물 임대차보호법」의 적용을 받기 위하여서는 사업장 소재지를 임대차계약서 및 건축물관리대장 등 공부상의 소재지와 일치되도록 구체적으로 적어야 합니다.
(작성 예) ○○동 ○○○○번지 ○○호 ○○상가(빌딩) ○○동 ○○층 ○○○○호

043

일반과세와 간이과세,
어느 쪽이 유리할까?

사업자 유형

개인사업자가 사업자등록을 준비하면서 종종 "일반과세자가 유리해요, 간이과세자가 유리해요?"라고 묻곤 한다. "부가가치세만 생각하면 일반적으로 간이과세가 유리합니다"라고 답하는 경우가 많은데 과연 그럴까?

간이과세란 직전 연도의 매출액이 4,800만 원에 미달하는 소비자 상대 업종의 개인사업자가 선택할 수 있는 사업자등록 유형이다. 사업자등록을 할 때는 미래의 매출액을 추정할 수밖에 없으니 연간 매출액을 4,800만 원 미만으로 보아 간이과세로 사업자등록을 낼 수도 있다.

202 | 알수록 덜 내는 절세 노하우 100문 100답

그런데 부가가치세 납세의무 면에서는 왜 간이과세가 유리할까? 그것은 바로 간이과세자의 납부세액 계산과 세액공제 항목 때문이다. 간이과세자의 부가가치세 납부세액은 업종별로 매출액의 0.5~3% 상당액이다. 그런데 (최종)납부세액 계산 시 신용카드·현금영수증 매출액의 1.3%(음식점업 2.6%)를 세액공제해준다.

이를테면 소매업을 하는 간이과세자의 부가가치세 납부세액은 매출액의 1%인데, 신용카드·현금영수증 매출액의 1.3%를 세액공제해준다. 이처럼 납부세액보다 세액공제액이 크니 세금이 나올 리 없다. 게다가 (매입분)세금계산서, 계산서, 신용카드, 현금영수증에 따른 세액공제(매입액의 0.5~3%)까지 있어서 실제로 계산해보면 납부할 세액이 없는 경우가 대부분이다. 그것도 모자라 연간 매출액이 3,000만 원에 미달하는 간이과세자는 납부할 세액이 나와도 납부의무를 면제받으며 신고·납부하지 않아도 가산세 규정이 적용되지 않는다.

그런데 한 번 더 생각해보자. 연간 매출액이 4,800만 원이라면 월매출이 400만 원이 안 된다는 말이다. 월 400만 원 매출액에서 임대료와 재료비, 인건비를 빼고 나면 뭐가 남을까? 즉, 간이과세를 유지하면서 사업한다는 것은 현실적으로 힘들다는 이야기이다. 사업이 자리 잡으면 어차피 일반과세자로 넘어가야 한다. 그리고 사업을 하면서 간이과세자가 되면 사업장의 투자나 세무 관리에 매우 소극적인 태도를 보인다. 왜냐하면 부가가치세 부담이 적기 때문에 매입세금계산서 등 세무 자료를 받기보다는 무자료로 거래하는 경우가 흔하기 때문이다.

그러나 간이과세자는 부가가치세가 없거나 적을 뿐 부가가치세 환급은 결코 없다. 따라서 간이과세로 사업자등록을 내면 사업 초기에 인테리어나 장비 등을 매입하며 부담한 부가가치세를 환급받을 수 없다. 반면, 일반과세자로 사업자등록을 하면 최초 부가가치세를 신고할 때는 대부분 부가가치세를 환급받는다. 사업 초기 투자분에 부담한 (매입)부가가치세를 환급받은 뒤 사업용 자산을 장부에 계상해 향후 경비 처리하는 등 사업 초기의 투자에 대한 세무 관리를 시작하면 추후 사업의 성장 및 정착 단계에서 절세 혜택을 보게 된다. 결론적으로 간이과세보다 일반과세가 더 좋은 선택이라 할 수 있다.

그런데 일반과세자로 사업자등록을 내고서도 사업 초기에 연간 매출액이 4,800만 원이 안 될 수도 있다. 이럴 경우 세무서에서는 해당 사업자에게 간이과세 전환 통지를 보낸다. 이 통지는 세무서가 사업자에게 향후 사업자등록 유형을 간이과세로 바꿀 것인지, 일반과세자로 계속 남을 것인지를 묻는 것이다. 이때 해당 사업자가 간이과세 포기신고를 하면 일반과세자의 지위를 유지할 수 있다. 일반과세자가 간이과세자로 전환할 경우 세액 정산 문제(당초 공제받은 부가가치세를 추징함)까지 꼬일 수 있으니 일반과세자 지위를 유지하는 것이 좋다.

[별지 제44호서식] (2015. 3. 6. 개정)　　　　　홈택스(www.hometax.go.kr)에서도 신청할 수 있습니다.

간이과세자 부가가치세 [ ]예정신고서 [○]신고서 [ ]기한후과세표준신고서
(앞쪽)

관리번호						처리기간	즉시	

신고기간　2018년 (1 월 1 일 ~ 12 월 31 일)

사업자	상 호	구운몽	성명(대표자명)	김만중	사업자등록번호	4 4 4 - 4 4 - 4 4 4 4 4		
	생년월일	1919년 03년 19일	전화번호		사업장 06-666-6666	주소지	휴대전화 050-555-5555	
	사업장 소재지	서울시 00구 00길 200 팔선녀빌딩 101호		전자우편주소				

❶ 신고내용

		구 분		금 액	부가가치율	세율	세 액
과세표준 및 매출세액	과세분	전기·가스·증기 및 수도사업	(1)		5/100	10/100	
		소매업, 재생용 재료수집 및 판매업, 음식점업	(2)	25,300,000	10/100	10/100	253,000
		제조업, 농·임·어업, 숙박업, 운수 및 통신업	(3)		20/100	10/100	
		건설업, 부동산임대업, 그 밖의 서비스업	(4)		30/100	10/100	
	영 세 율 적 용 분		(5)			0/100	
	재 고 납 부 세 액		(6)				
	합　　　　　계		(7)	25,300,000		㉠	253,000
공제세액	매입세금계산서 등 수취세액공제		(8)	1,200,000			120,000
	의 제 매 입 세 액 공 제		(9)				
	매입자발행 세금계산서 세액공제		(10)			뒤쪽 참조	
	전 자 신 고 세 액 공 제		(11)				
	신용카드매출전표 등 발행세액공제		(12)	5,000,000			65,000
	기　　　　　타		(13)				
	합　　　　　계		(14)			㉡	
	매입자 납부특례 기납부세액		(15)			㉢	
	예 정 고 지 (신 고) 세 액		(16)				
가산세액		미 등 록 및 거 짓 등 록 가 산 세	(17)				
	신고불성실	무신고(일반)	(18)				
		무신고(부당)	(19)				
		과소신고(일반)	(20)				
		과소신고(부당)	(21)				
	납 부 불 성 실 가 산 세		(22)				
	결정·경정기관 확인 매입세액공제 가산세		(23)				
	영세율 과세표준 신고 불성실 가산세		(24)				
	매입자 납부특례	거래계좌 미사용	(25)				
		거래계좌 지연입금	(26)				
	합　　　　　계		(27)			㉣	
차감 납부할 세액(환급받을 세액) (㉠-㉡-㉢+㉣)			(28)				68,000

❷ 과세표준 명세

	업 태	종 목	업 종 코 드						금 액
(29)	소매업(자동차제외)	건강식품	5	2	2	1	0	1	25,300,000
(30)									
(31)	기타(수입금액 제외분)								
(32)	합　　　계								

❸ 면세수입금액

	업 태	종 목	업 종 코 드	금 액
(33)				
(34)				
(35)	수입금액 제외분			
(36)	합　　　계			

❹ 국세환급금계좌신고

거래은행	은행	지점	계좌번호	

❺ 폐업신고

폐업연월일	폐업사유	

「부가가치세법 시행령」 제114조제3항 및 「국세기본법」 제45조의3에 따라 위의 내용을 신고하며, 위 내용을 충분히 검토하였고 신고인이 알고 있는 사실 그대로를 정확하게 작성하였음을 확인합니다.

2019년 01월 25일

신고인:　김만중　　(서명 또는 인)

세무대리인은 조세전문자격자로서 위 신고서를 성실하고 공정하게 작성하였음을 확인합니다.

세무대리인:　　　　(서명 또는 인)

세무서장 귀하

세무대리인	성 명		사업자등록번호		전화번호	

210mm×297mm[백상지 80g/㎡(재활용품)]

044

세금계산서를
어떻게 관리해야 할까?

세금계산서와 매입세액공제

| 사례 |

음식점을 처음 시작한 K 씨, 사업장을 임차한 뒤 인테리어 업체를 찾아 나선다. 다행히 아는 분이 괜찮은 업체를 소개해준다. 견적을 내기 위해 인테리어 업체로 찾아간 K 씨는 자신이 원하는 인테리어 스타일과 구조, 자재 등을 설명한다. 인테리어 업체 사장은 K 씨에게 중간중간 설명도 해주면서 견적서를 작성한다.

○ ○ ○	10,000,000원
△ △ △	10,000,000원
◇ ◇ ◇	10,000,000원
합계	30,000,000원(부가가치세 10% 별도)

K 씨는 3천만 원이라는 견적이 부담되는데, 거기에 부가가치세 10%는 별도라고 한다. 사업하는 친구에게 물어보니 인테리어 업체에서 세금계산서를 받고 3천 300만 원을 주고, 나중에 음식점업 부가가치세를 신고할 때 300만 원을 환급받으면 된다고 말한다. K 씨는 여전히 부가가치세 10%와 세금계산서가 궁금하다.

부가가치세란 사업자가 부가가치세가 과세되는 재화·용역을 판매할 때 판매금액의 10% 상당액을 매출세액으로 내고, 납부세액 계산 시 (매입분)세금계산서, 사업용 신용카드, 사업용 현금영수증으로 확인되는 매입세액이 있으면 이를 매출세액에서 공제해주는 거래세금을 말한다. 따라서 부가가치세가 과세되는 재화·용역을 판매하는 사업자는 부가가치세 부담을 매입자에게 넘기기 위해 거래할 때 매출액과 부가가치세(매출액의 10%)를 같이 청구해서 받는다.

이렇듯 재화·용역을 판매한 사업자가 부가가치세를 신고·납부하지만 실제 부담은 매입자가 진다. 이를 세금 부담의 전가轉嫁라고 하며, 세금계산서에는 부가가치세 부담의 전가가 표시된다.

세금계산서란 부가가치세 일반과세자가 사업자에게 재화·용역을 공급할 때 교부하는 매출 증빙으로 공급가액과 부가가치세가 별도로 기재된다. 청구금액은 공급가액과 부가가치세액의 합계이므로 매입자에게 부가가치세도 받게 된다. 이를 '거래징수'라고 한다. 또한 매입자가 부가가치세 과세사업자라면 (매입분)세금계산서 는 매입세액을 공제받을 수 있는 증빙 기능을 한다. 만일 일반과 세자의 매입세액을 공제하면서 매출세액을 초과하면 그 초과분은 세무서가 환급해준다.

세금계산서를 작성할 때는 공급자의 사업자등록번호와 성명 또

[별지 제28호 서식 (2)] (1995. 5. 3. 개정)

세금계산서(공급자보관용)

| | 책 번 호 | 권 | 호 |
| | 일 련 번 호 | | - | | | |

공급자	등록번호	1 0 7 - 1 0 - 9 5 7 0 1	공급받는자	등록번호	999-99-99999
	상호(법인명)	장보원세무회계사무소	성 명 (대표자)	장보원		상호(법인명)	율도국	성 명 (대표자)	홍길동
	사업장 주소	서울시 양천 신정4 1009-6 남부빌딩 406호			사업장 주소	
	업 태	서비스	종 목	세무사		업 태	도소매	종 목	무역, 잡화

작성	공 급 가 액	세 액	비 고
연 월 일 공란수	조 천 백 십 억 천 백 십 만 천 백 십 일	천 백 십 억 천 백 십 만 천 백 십 일	
2011 02 10 5	3 0 0 0 0 0	3 0 0 0 0	

월	일	품 목	규격	수량	단 가	공 급 가 액	세 액	비 고
02	10	기장료				300,000	30,000	

| 합 계 금 액 | 현 금 | 수 표 | 어 음 | 외상 미수금 | 이 금액을 | 영수 청구 | 함 |
| 330,000 | | | | | | | |

210㎜×148.5㎜(인쇄용지(특급) 34g/㎡)

[별지 제14호서식] (청색) (2013. 6. 28. 개정)

세금계산서(공급받는 자 보관용)

| | 책 번 호 | 권 | 호 |
| | 일 련 번 호 | | - | | | |

공급자	등록번호	1 0 7 - 1 0 - 9 5 7 0 1	공급받는자	등록번호	999-99-99999
	상호(법인명)	장보원세무회계사무소	성 명 (대표자)	장보원		상호(법인명)	율도국	성 명 (대표자)	홍길동
	사업장 주소	서울시 양천 신정4 1009-6 남부빌딩 406			사업장 주소	
	업 태	서비스	종 목	세무사		업 태	도소매	종 목	무역, 잡화

작성	공 급 가 액	세 액	비 고
연 월 일 공란수	조 천 백 십 억 천 백 십 만 천 백 십 일	천 백 십 억 천 백 십 만 천 백 십 일	
2011 02 10 5	3 0 0 0 0 0	3 0 0 0 0	

월	일	품 목	규격	수량	단 가	공 급 가 액	세 액	비 고
02	10	기장료				300,000	30,000	

| 합 계 금 액 | 현 금 | 수 표 | 어 음 | 외상 미수금 | 이 금액을 | 영수 청구 | 함 |
| 330,000 | | | | | | | |

210㎜×148.5㎜(인쇄용지(특급) 34g/㎡)

는 명칭, 공급받는 자의 사업자등록번호(고유번호 또는 주민등록번호 기재 가능), 작성연월일, 공급가액과 부가가치세액을 반드시 써야 하며 그 밖의 사항은 임의로 기재할 수 있다. 공급자는 공급자 보관용(적색)과 공급받는 자 보관용(청색)으로 같은 내용의 세금계산서 두 장을 작성한다. 그리고 사업자는 부가가치세를 신고할 때 매출처별 세금계산서합계표*, 매입처별 세금계산서합계표를 제출하게 된다. 국세청에서는 이것으로 재화·용역을 거래한 사업자 상호 간의 세금계산서 자료를 비교, 분석할 수 있다.

그런데 국세청은 종전의 종이세금계산서와 종이계산서가 사업자 간 필요에 따라 허위로 발급될 수 있는 점에 착안해 전자세금계산서·전자계산서 제도를 도입했다. 이에 따라 2011년부터 법인사업자에게 전자세금계산서 제도를 의무적으로 도입했으며, 현재는 전년도 사업장별 매출액 3억 원 이상의 개인사업자에게까지 전자세금계산서 발급을 의무화하고 있다.

이로써 허위 세금계산서 발급이 줄자 국세청은 2015년 하반기에 계산서도 전자 형태로 발급하는 전자계산서 제도를 모든 법인사업자와 전년도 과세매출액 3억 원 이상의 개인사업자에게 의무화했다. 이어 2016년부터는 전년도 면세매출 10억 원 이상의 개인사업자에게도 전자계산서 발급을 의무화했으며 2019년 하반기부터는 전년도 사업장별 매출액 3억 원 이상의 개인사업자에게까지

---

* 매출처별 세금계산서합계표, 매입처별 세금계산서합계표란 발급했거나 발급받은 세금계산서를 사업자별로 기간별 합계를 낸 세무서식을 말한다.

전자계산서 발급을 의무화할 예정이다. 그리고 전자세금계산서나 전자계산서 의무 발행 사업자가 전자 형태로 세금계산서나 계산서를 발급하지 않으면 다음의 가산세를 부과한다.

전자(세금)계산서 가산세	가산세율
미발급, 거짓 발급	공급가액의 2%
종이발급	공급가액의 1%
지연발급	공급가액의 1%
미전송	공급가액의 0.5%
지연전송	공급가액의 0.3%

홈택스 발급분은 발급 및 전송이 동시에 이뤄지나, 사업자의 ERP나 ASP 발급분은 발급 외 전송을 별도로 해야 함.

그런데 의무적이기는 하지만 전자세금계산서, 전자계산서의 실질적 혜택은 매출·매입 자료 관리의 편리함과 정확함에 있다. 사업자가 국세청 홈택스에 로그인하면 자신의 사업장별로 수수한 전자세금계산서(매출·매입) 및 전자계산서(매출·매입)를 발급·조회할 수 있다. 과거 종이세금계산서나 종이계산서로 관리할 경우에는 분실이나 누락의 위험이 있었지만 이제는 홈택스에서 관리함으로써 편리하고 정확해지는 것이다. 모든 사업자가 전자세금계산서·전자계산서 제도를 활용해서 매출·매입을 누락하는 일 없이 투명하게 세무 자료를 관리할 수 있기를 바란다.

045

계산서는 어떻게 관리할까?

부가가치세가 과세되지 않는 재화와 용역, 즉 면세재화·용역을 거래하는 사업자를 부가가치세 면세사업자라 하고, 면세사업자가 사업자와 거래할 때 발행하는 매출 증빙을 계산서라고 한다. 계산서는 형태와 기능 면에서 세금계산서와 유사하지만, 면세사업자가 교부하기 때문에 계산서에는 부가가치세액이 포함되거나 별도로 기재될 수 없다. 요컨대, 과세사업자의 매출 증빙은 세금계산서, 면세사업자의 매출 증빙은 계산서로 이해하면 된다.

계산서를 작성할 때 반드시 기재해야 하는 사항(공급자의 사업자 등록번호와 성명 또는 명칭, 공급받는 자의 사업자번호, 작성연월일, 공급가액)도 세금계산서와 동일한데, 부가가치세액란이 없다는 점이 특

계산서(공급자 보관용)

책 번 호　　권　　호
일 련 번 호 □□-□□□□

공급자	등 록 번 호	4 4 4 - 4 4 - 4 4 4 4	공급받는자	등 록 번 호	999-99-99999
	상호(법인명)	허균상사　성 명　허균		상호(법인명)	율도국　성 명　홍길동
	사업장 주소	서울시 OO구 OO길 100 허균빌딩 201호		사업장 주소	
	업　태	도소매　종 목　야채		업　태	도소매　종 목　무역, 잡화

작성		공 급 가 액									비　고	
연	월	일	공란수	십	억	천	백	십	만	천	백 십 일	
2016	02	10	5				5	0	0	0	0 0	

월	일	품　　　　목	규 격	수 량	단 가	공 급 가 액	비　고
02	10	쌀				500,000	

합 계 금 액	현　금	수 표	어 음	외상 미수금	이 금액을 영수 함 청구
500,000					

182㎜×128㎜

계산서(공급받는자 보관용)

책 번 호　　권　　호
일 련 번 호 □□-□□□□

공급자	등 록 번 호	4 4 4 - 4 4 - 4 4 4 4	공급받는자	등 록 번 호	999-99-99999
	상호(법인명)	허균상사　성 명　허균		상호(법인명)	율도국　성 명　홍길동
	사업장 주소	서울시 OO구 OO길 100 허균빌딩 201호		사업장 주소	
	업　태	도소매　종 목　야채		업　태	도소매　종 목　무역, 잡화

작성		공 급 가 액									비　고	
연	월	일	공란수	십	억	천	백	십	만	천	백 십 일	
2016	02	10	5				5	0	0	0	0 0	

월	일	품　　　　목	규 격	수 량	단 가	공 급 가 액	비　고
02	10	쌀				500,000	

합 계 금 액	현　금	수 표	어 음	외상 미수금	이 금액을 영수 함 청구
500,000					

182㎜×128㎜

징이다. 공급자는 공급자 보관용(적색)과 공급받는 자 보관용(청색)으로 같은 내용의 계산서 두 장을 작성한다.

이렇듯 계산서에는 부가가치세액란이 없고 이를 발행하는 면세사업자는 부가가치세를 신고·납부할 의무가 없다. 그러니 면세재화·용역의 매입자는 부가가치세를 공제받을 일이 없는 것으로 생각할 수 있다. 하지만 면세농산물·축산물·수산물·임산물 및 소금(이하 '면세농산물 등'이라 함)을 원재료로 해서 제조·가공한 재화·용역이 과세되는 경우에는 그 공급받은 면세농산물 등의 가액의 일정 비율을 매입자에게 부가가치세 매입세액공제를 한다. 이를 '의제매입세액공제'라 한다.

의제매입세액공제의 혜택을 받는 대상은 주로 음식점업 사업자인데, 음식을 팔 때 면세농산물 등을 매입해서 조리·판매하는 데 부가가치세가 과세되기 때문이다. 음식점업 사업자의 부가가치세 납부세액을 계산할 때는 면세농산물 등 매입에 대해 계산서(신용카드와 현금영수증 포함)를 받아 면세매입액의 약 9%(법인음식점은 6%)를 의제매입세액으로 공제해준다. 그렇기 때문에 음식점을 하는 사업자는 부가가치세를 줄이기 위해 실제로 매입한 계산서보다 더 많은 계산서를 확보하려는 경향이 있다. 하지만 이는 가공매입으로 탈세의 대표적 유형인 만큼 삼가해야 한다.

그리고 과거에는 계산서를 종이 양식지로 작성해 교부했으나 2015년부터 전자 형태로 발급하는 전자계산서 제도가 의무화되었다. 전자계산서 제도는 2015년 하반기부터 모든 법인사업자와 전년도 과세매출액 3억 원 이상의 개인사업자에게 의무적으로 도입되었고, 2016년부터는 전년도 면세매출 10억 원 이상의 개인사업자에게까지 전자계산서 발급이 의무화되었으며, 2019년 하반기부터는 전년도 사업장별 매출액 3억 원 이상의 개인사업자에게까지 전자계산서 발급이 의무화되었다. 따라서 소급해 발급되던 기존의 가공계산서는 현저히 줄었고 앞으로도 더욱 줄어들 것이다.

그런데 계산서를 발행해야 하는 면세사업자가 세금계산서와 계산서를 혼동하는 일이 있다. 면세사업자는 세금계산서를 발행할 수 없는 사업자인데도 계산서가 아니라 세금계산서를 발급하기도 한다. 세금계산서에는 부가가치세가 있고, 매입자의 입장에서는 이것이 매입세액공제되는 것으로 오인할 수 있다. 이를테면 원래 면세 공급가액 100만 원(부가가치세는 없음)으로 계산서를 발급해야 할 것을 과세공급가액 909,091원, 부가가치세 90,909원, 총계 100만 원으로 세금계산서를 발급하는 것이다. 이런 오류를 범하면 매출자와 매입자의 세무신고가 모두 엉망이 될 수 있으니 주의해야 한다.

046

영수증 관리, 어떻게 할까?

세금계산서와 계산서 외에 '영수증'이라는 세무 자료가 있다. 영수증은 주로 최종 소비자와 직접 거래하는 사업자(소매업 등 소비자 상대 업종)가 소비자의 결제 사실에 대해 교부하는 매출 증빙이다. 영수증은 부가가치세 과세사업자, 면세사업자를 불문하고 발행 할 수 있는데 간이영수증이나 금전등록기 계산서 등 부가가치 통신망VAN(Value Added Network)으로 연결되지 않아 국세청에 보고되지 않는 영수증도 있고, 신용카드 매출전표와 현금영수증과 등 부가가치 통신망을 통해 국세청에 실시간 보고되는 영수증도 있다.

한편, 국세청은 신용카드 또는 현금영수증의 사용을 늘려 가맹 사업자의 매출 양성화를 도모하고 있다.

신용카드 매출이나 현금영수증 매출은 국세청에 바로 통보되므로 사업장에서 매출 신고를 누락할 여지가 없기 때문에 사업장의 부가가치세 부담은 늘어난다. 따라서 급격한 세부담을 줄여주기 위해 부가가치세법은 전년도 사업장별 과세매출액이 10억 원 이하의 소비자 상대 업종 개인사업자의 부가가치세 납부세액을 계산할 때 신용카드 매출액·현금영수증 매출액의 1.3%(연간 1천만 원 한도)를 세액공제하는 혜택을 주고 있다.

그리고 소비자가 사업자인 경우에는 사업용 매입을 신용카드로 결제하거나 사업자등록번호로 현금영수증을 교부받으면 (매입분) 세금계산서와 동일하게 매입세액공제를 해준다. 또, 신용카드 등을 사용해 결제한 소비자가 근로자(또는 가족)일 경우 근로자 본인이 연말정산할 때 신용카드 소득공제를 해준다. 이제 신용카드 등 영수증의 세무 관리를 실무적으로 알아보자.

1. 신용카드 매출자의 입장

매출자는 홈택스를 통해 국세청에 보고된 해당 사업장의 신용카드 매출액·현금영수증 매출액을 조회할 수 있고, 거래하는 신용카드 단말기 회사(VAN사)에 문의해 월별, 분기별, 반기별로 신용카드 등 매출 자료를 받을 수도 있다. 해당 사업장의 부가가치세를 신고할 때 이를 '신용카드 등 매출액'으로 신고하면 된다. 그리고 간이영수증이나 금전등록기 계산서 등 영수증 매출은 '현금매출'로 신고한다.

2. 신용카드 매입자의 입장

매입자의 입장에 대해서는 사업자와 근로자로 나누어 살펴보자. 먼저, 사업자는 사업용으로 사용하는 신용카드를 홈택스에 등록해두고 사용하거나, 사업자등록번호로 현금영수증을 교부받으면 신용카드 등 매입 자료를 홈택스의 현금영수증 메뉴에서 확인할 수 있다. 이것으로 부가가치세를 신고할 때 매입세액공제를 받을 수 있다. 간이영수증이나 금전등록기 계산서와 같이 국세청에 통보되지 않는 영수증은 따로 모아서 일반경비로 처리하면 된다.

그리고 근로자는 연말정산 시점에 홈택스 연말정산 메뉴에서 본인과 부양가족의 신용카드 등 사용 내역을 조회해 사업주에게 연말정산 소득공제 서류로 제출하면 신용카드 등 소득공제를 받을 수 있다.

047

정산서와 상업송장은 무엇일까?

정산서 등 매출 자료

　　사업장의 매출을 확인하는 대표적인 증빙자료로는 사업장에서 발행한 세금계산서나 계산서, 신용카드, 현금영수증이 있다. 이는 어떤 형태로든 국세청에 통보돼 발급자와 발급받는 자 간의 세무신고의 적정성 여부를 상호대사cross-check하도록 설계돼 있다. 즉, 국세청이 사업자의 세원稅源을 파악하는 고도의 시스템이 마련돼 있다. 그런데 이러한 4가지 매출 증빙 외에 정산서와 상업송장도 매출 증빙의 일종으로, 전자상거래와 국제거래가 늘면서 그 중요성이 커지고 있다. 이에 대해 알아보자.

1. 정산서

　　요즘은 전자상거래가 발달해 소비자와 사업자를 전자적으로 중개하는 사업자가 매우 많다. 사업자와 소비자가 직접 거래하는 것이 아니라 각종 백화점과 리테일retail의 인터넷 쇼핑몰, 옥션·G마켓 같은 오픈마켓, 티몬·쿠팡 같은 소셜커머스 등 전자상거래 중개사업자를 통해 간접적으로 거래가 이루어진다.

소비자는 전자상거래 중개 사이트에서 물건을 구매하고 신용카드 등으로 결제하지만, 신용카드 매출 증빙은 물건을 실제로 공급하는 사업자가 발행하는 것이 아니라 전자상거래 중개사업자가 대행결제PG(Payment Gateway)해서 발행하게 된다. 그렇기 때문에 물건을 실제로 공급하는 사업자의 전자상거래 매출은 해당 사업자의 신용카드 매출과 현금영수증 매출로 확인할 수 없다.

따라서 전자상거래를 하는 실제 사업자의 매출을 확인하는 자료로 세금계산서, 계산서, 신용카드 및 현금영수증 외에 '매출정산서'라는 자료가 생겼다. 이에 전자상거래를 하는 실제 사업자는 전자상거래 중개사업자의 관리 사이트에서 매출정산서를 확인해 부가가치세를 신고·납부할 때 매출로 신고해야 한다. 또한 전자상거래 중개사업자는 전자상거래를 하는 실제 사업자의 매출 내역을 국세청에 모두 보고해야 한다.

2. 상업송장

세금계산서와 계산서, 신용카드 매출·현금영수증 매출로 해당 사업자의 매출을 확인할 수 없는 또 하나의 사례로 수출하는 사업자가 있다. 수출하는 사업자는 수출 이후 통상적으로 수입자에게 상업송장Commercial Invoice이나 데빗노트Debit Note를 보내서 수출 대금을 청구하고 대금을 받는다. 다시 말해, 세금계산서와 계산서, 신용카드와 현금영수증으로는 수출업자의 매출을 확인할 수 없다.

따라서 수출업자의 매출을 확인하는 방법은 일반적으로 두 가지가 있는데, 수출통관(직수출)이 필요한 수출업자는 수출실적명세서(전산명세)로, 수출통관이 불필요한 수출업자(위탁가공무역 등 수출업자)는 외화입금증명서와 상업송장 또는 데빗노트로 수출매출액을 확인하게 된다.

부가가치세 신고를 대리하다 보면 의외로 매출 자료를 완벽히 챙겨오지 않는 사업자들이 많다. 세무대리인은 사업자가 매출 자료를 챙겨주지 않으면 사실상 정확한 매출을 파악할 길이 없다. 만약 실수로라도 매출 신고를 누락하게 되면 매출 누락액의 50%가 넘는 금액이 부가가치세, 종합소득세 또는 법인세 등으로 추징된다. 거기에 가산세 부담은 물론이고 각종 공제·감면 혜택도 받을 수 없으니 사업자로서는 이중, 삼중의 손해이다. 경비 자료를 검토하다가 티몬, 쿠팡의 지급수수료 세금계산서를 발견했는데 사업자가 전자상거래 매출정산서를 가져다주지 않을 때는 순간 아찔해진다. '도대체 몇 년 전부터 정산서 매출이 누락된 거지?'

048

수출매출액에 적용되는
부가가치세율은 영세율?

영세율

부가가치세란 사업자가 부가가치세가 과세되는 재화·용역을 판매할 때 그 판매금액의 10% 상당액을 매출세액으로 내고, 납부세액을 계산할 때 (매입분)세금계산서, 사업용 신용카드, 사업용 현금영수증으로 확인되는 매입세액이 있으면 이를 매출세액에서 공제해주는 거래세금을 말한다. 그런데 수출하는 사업자는 부가가치세를 신고할 때 수출매출액에 영세율(0%)을 적용받아 매출세액이 없으니, 사업 관련 매입세액을 대부분 환급받는다.

이렇게 수출매출액에 일반세율(10%)이 아니라 영세율(0%)을 적용하는 데는 여러 가지 이론적 근거가 있지만, 부가가치세는 재화·용역이 소비되는 국가에서 징수하는 세금이라는 것(소비지국

과세 원칙)과 외화획득 사업을 지원한다는 목적을 대표적인 이유로 들 수 있다.

우리나라에서 유통되는 공산품의 가격에는 부가가치세가 붙어 그만큼 소비자가격을 상승시킨다. 그런데 이를 적용해 수출할 경우 수출가격이 부가가치세만큼 높아지게 된다. 수출품은 외국에서 소비되는데 부가가치세를 우리나라에서 징수하면 소비지국 과세 원칙에 어긋나고, 외화획득을 위한 수출품의 가격 경쟁력도 낮아진다. 이런 악영향을 제거하기 위해 수출매출액에는 영세율을 적용하는 것이다.

수출매출액에 영세율을 적용하면 매출세액은 제로(0)가 되고, 수출 전 단계로 재화·용역을 매입하면서 부담한 매입세액은 환급을 받게 된다. 실무적으로는 부가가치세를 신고할 때 영세율 매출액란에 수출매출액을 넣고 세율은 0%로 적용한 뒤 사업 관련 매입세액을 기재해 환급신고를 한다. 따라서 수출품 가격에는 우리나라 부가가치세가 포함되지 않은 상태로 수출할 수 있어 소비지국과세원칙을 실현하고 외화획득 사업을 지원하게 된다.

한편 수출이라고 하면 보통 수출통관 절차에 따라 이루어지는 직수출을 생각하는데, 수출에도 여러 형태가 있다. 수출통관이 필요한 직수출은 당연히 영세율 적용 대상이지만, 수출통관 절차가 필요 없는 중계무역 방식 수출, 위탁판매 수출, 외국인도 수출, 위탁 가공무역 방식의 수출에도 영세율이 적용된다.

수출은 수출실적명세(전산명세)를 첨부해 수출매출을 신고하고, 수출통관이 필요 없는 수출은 수출계약서 사본이나 외화입금증명서에 상업송장 또는 데빗노트를 제출해 수출매출을 신고한다. 또한 재화뿐만 아니라 국외에서 제공하는 용역이나 선박·항공기의 외국항행 용역에도 영세율이 적용된다. 이와 같은 국제 거래에 영세율을 적용하는 이유는 앞서 설명한 대로 소비지국 과세 원칙 때문이다. 아울러 국제 거래뿐만 아니라 수출 전단계 거래나 비거주자·외국 법인과의 거래, 부가가치세 면세판매장 거래 등도 일정 요건을 갖추면 영세율을 적용한다. 이는 주로 국내 외화획득 사업을 지원하려는 목적이 있다.

영세율 적용 대상 거래를 하는 사업자는 부가가치세를 환급받으니 유리한 면이 있다. 그런데 주의할 점은 부가가치세를 환급받으려면 반드시 일반과세사업자로 사업자등록을 내야 한다는 것이다. 만일 수출사업자가 면세사업자나 간이과세자로 사업자등록을 냈다면 부가가치세를 환급받을 수 없다. 부가가치세를 환급받지 못하면 그만큼 이익이 줄게 되고, 이익을 늘리기 위해 수출품 가격을 올릴 경우 일반과세자로 사업자등록을 낸 수출사업자보다 가격 경쟁력면에서 불리해진다. 물론 방법이 없는 것은 아니다. 면세사업자는 면세포기신고, 간이과세사업자는 간이과세포기신고를 해서 일반과세사업자가 되면 영세율의 혜택을 누릴 수 있다.

049

세무대리 비용과 세무대리인을
선택하는 방법은?

세무대리와 세무사

많은 사업자들이 사업 초기에는 직접 세무신고를 하거나 세무신고 대리를 하다가 규모가 점점 커지면 세금 리스크를 관리할 목적으로 세무기장 대리(세무신고를 위한 장부 작성을 기장이라 함)를 맡기게 된다. 세무대리는 크게 세무신고 대리와 세무기장 대리로 구분할수 있는데, 그 차이점에 대해 알아보자.

세무신고 대리는 각 세무신고 단위별로 구분해 대리를 맡기는 방식으로 건별로 요청하기 때문에 기장대리에 비해 수수료가 저렴하다. 반면 세무기장 대리는 세무신고를 하기 위한 장부 작성을 대리하면서 부가가치세 신고나 면세사업자의 사업장 현황 신고, 원천징수 신고(급여 신고 등), 법인세 또는 종합소득세 신고, 각종

명세서 제출 등 사업상의 세무신고를 포괄적으로 대리하는 것을 말한다. 신고 대리에 비해 업무량이 많으니 당연히 비용 부담도 큰데, 통상적으로 세무기장 대리 수수료로는 월별 기장료와 1년 단위의 소모품대, 1년 단위의 세무조정료가 있다.

1. 기장료와 소모품대

그렇다면 세무기장 대리 비용은 어떻게 산출될까? 현재는 법정 요금제가 아니라 자율요금제이기 때문에 세무사마다 비용산출 근거가 다르지만, 보수표 양식은 대개 비슷하다. 월별 기장료는 처음 기장계약을 할 때 정하고 1년 단위로 상호 협의해 조정한다. 계약 및 조정 기준은 수입금액(매출액 개념) 기준으로 하며, 통상 다음과 같은 양식으로 되어있다.

수입금액	1억 미만	1~5억	5~10억	10~20억	20~30억	30~50억	50~80억
개인	○○○	○○○	○○○	○○○	○○○	○○○	○○○
법인	○○○	○○○	○○○	○○○	○○○	○○○	○○○

세무기장 대리 보수 최저구간은 통상 월 10만 원 내외이고, 수입금액 기준별로 금액이 상향 조정된다. 또한 법인사업자는 개인사업자에 비해 통상 1.2배 이상의 세무기장 대리 보수를 지불한다. 아울러 소모품비는 건별로 청구하는 것이 아니라 통상 1년 단위로 월 기장료 상당액 정도를 소모품비 명목으로 매년 1월에 청구하는 것이 관행이다.

2. 세무조정료

1년 단위의 세무조정 보수표는 해당 연도의 수입금액이 확정되면 이를 기준으로 청구하는데, 통상 다음의 양식을 따른다.

수입금액	개인	법인
1억 원 미만	○○○	○○○
1억 원 이상 3억 원 미만	○○○	○○○
3억 원 이상 5억 원 미만	○○○	○○○
5억 원 이상 10억 원 미만	○○○	○○○
10억 원 이상 30억 원 미만	○○○	○○○
30억 원 이상 50억 원 미만	○○○	○○○
50억 원 이상 100억 원 미만	○○○	○○○
100억 원 이상 500억 원 미만	○○○	○○○
500억 원 이상 1,000억 원 미만	○○○	○○○
1,000억 원 이상	○○○	○○○

세무조정료를 기장료와 별도로 청구하는 이유는 사업자가 스스로 기장을 한다고 해도 사업이 일정 규모 이상(복식부기의무자 기준 수입금액의 2배)이거나 세금공제 및 감면을 받으려면 세무사의 외부 세무조정이 반드시 필요하기 때문이다. 즉, 기장료는 장부 작성 대행 비용이고 세무조정료는 법인세 또는 종합소득세 신고 시 외부 세무조정에 대한 대가이다. 끝으로 세무조정료를 산정할 때는 통상 가산율*이라는 것이 있으며, 세무조정료를 청구할 때 기본

---

* **세무조정료 가산율** ① 결산과 조정 업무를 같이하는 경우 기본 조정료의 20% 가산 ② 원가계산이 필요한 경우 10% 가산 ③ 지방소득세 신고에 따른 10% 가산 등이다.

조정료의 1.**배(부가가치세 별도)로 청구내역서가 오는 것은 이 계약조항 때문이다.

사업자가 혼자 세무신고를 하기 위해 장부 작성을 할 수도 있고 세무신고도 직접 할 수 있다. 그런데 대부분의 사업자가 세무사에게 세무대리를 맡긴다. 그 이유는 사업자 스스로 세무신고를 위한 장부를 작성하는 것이 어렵기 때문이기도 하지만, 사업자가 절세를 판단할 수 있는 세법 규정을 잘 알지 못하기 때문이기도 하다. 또한 세무장부를 작성하려면 세무회계를 할 줄 아는 직원이 필요한데, 그 인건비가 통상 세무대리 비용의 10배 이상이 되는 것도 세무대리를 하는 이유이다.

결국 사업자에게는 세무대리인이 필요한데, 그렇다면 어떤 세무대리인을 선택하는 것이 좋을까? 세무대리를 하기 위한 장부 작성은 세무사법에 따라 보호되므로 반드시 세무사 자격이 있는 자로서 국세청에 세무사로 등록한 자를 선택해야 한다. 등록세무사는 세무사의 과실에 따라 사업자에게 세금이 추징되면 가산세를 배상해주어야한다. 반면, 무자격 세무대리는 아무런 법적 보호도 받을 수 없다. 그리고 등록세무사라도 명의 대여자라면 사실상 무자격 세무대리와 다를 바가 없다. 직접 세무사와 상담해보면 알 수 있다.

050

세무장부를 꼭 해야 할까?

기장신고와 추계신고

개인사업자가 소득세를 신고하려면 반드시 세무기장을 해야 할까? 반드시 그렇지는 않다. 법인사업자는 반드시 복식장부(재무제표)에 의한 세무신고를 해야 하지만, 개인사업자는 세무장부에 의한 세무신고 또는 세무장부가 없는 추계신고 중 선택할 수 있다.

구체적으로 말하면 법인사업자는 모든 사업장의 실적을 하나로 통합한 복식장부(재무제표)를 만들어 법인세 신고를 해야 하고, 개인사업자는 자신의 수입금액(매출액 개념) 규모에 따라 각 사업장별로 세무장부에 의한 신고 또는 추계에 의한 신고 중 하나를 선택해 사업소득금액을 확정한 다음 종합소득세를 신고할 수 있다.

1. 세무장부에 의한 신고

세무장부에 의한 신고는 개인사업자가 복식부기의무자이면 복식장부에 의해 신고하고, 간편장부대상자이면 간편장부 또는 복식장부 중 선택해 신고할 수 있다.

복식장부란 재무제표를 말하는 것으로 손익계산서와 재무상태표를 말한다. 이는 사업상 거래를 자산, 부채, 자본(재무상태표 기재 사항)과 수익, 비용(손익계산서 기재 사항)으로 분류해 기록하는 것이다. 이러한 복식장부를 만들려면 고도의 회계 지식이 필요하므로 대부분 세무사에게 세무장부대리를 맡긴다. 복식장부에 의한 종합소득세 신고란 사업장별 사업소득금액의 근거 서류로 복식장부(재무제표)와 세무조정계산서를 제출하는 것으로 한다.

반면 간편장부란 사업장별로 사업과 관련된 거래를 일자별로 기록하면(수입과 지출) 이를 장부한 것으로 인정하는 제도이다. 해당 연도에 신규로 사업을 개시한 자와 직전 1년간 수입금액(매출액 개념)이 다음 쪽 표에 미달하는 개인사업자가 복식장부 대신 간편장부를 선택할 수 있다. 다만, 전문직 사업자(당연 복식부기의무자)는 간편장부대상자에 해당하지 않는다.

업종 구분	수입금액
농업, 수렵업 및 임업, 어업, 광업, 도·소매업, 부동산매매업, 기타사업	3억 원
제조업, 숙박·음식점업, 전기·가스·증기·수도사업, 하수·폐기물처리·원료재생·환경복원업, 건설업, 운수업, 출판·영상·방송통신·정보서비스업, 금융·보험업, 상품중개업	1.5억 원
부동산임대업, 부동산관련 서비스업, 임대업, 전문·과학 및 기술서비스업 등 각종 서비스업, 보건업, 가구 내 고용 활동	7,500만 원

그런데 개인사업자가 복식부기의무자냐, 간편장부대상자냐는 사업자의 수입금액 전체를 기준으로 판단하는 것이지, 사업장별 수입금액을 기준으로 판단하는 것은 아니다. 사업자가 간편장부대상자인 경우 간편장부에 의한 종합소득세 신고는 상당히 쉽고 유용하다. 왜냐하면 간편장부로 확인되는 수익과 비용을 집계해 그 차액을 사업소득금액으로 확정하면 되기 때문이다. 그러나 간편장부대상자가 복식장부에 의해 신고하면 산출세액의 20% 상당액의 기장세액공제가 허용되니 이 또한 고려할 필요가 있다.

2. 추계에 의한 신고

해당 사업장에 관해 세무장부를 하지 않은 사업자는 국세청이 매년 정해서 고시하는 업종별 경비율(단순경비율과 기준경비율) 제도를 통해 사업소득금액을 확정해 종합소득세를 신고·납부할 수 있다. 대체로 장부기장을 하지 않은 신규 사업자가 추계신고를 이용하는 경우가 있고, 프리랜서 등 인적용역 사업자와 같이 사업과 관련해 지출한 경비가 많지 않은 경우, 추계신고를 활용하기도 한다.

수입금액 외에 필요경비가 입증되지 않거나 매우 적은 경우라면 추계 신고가 더 좋을 수 있으므로 사업자는 사업장별로 장부기장을 할지, 추계 신고를 할지 현명하게 선택해야 한다.

그런데 사업자가 세무장부에 대한 이해가 적어 해당 연도에 사업상 손실이 났는데도 장부기장을 하지 않아 사업상 손실금액을 확정할 수 없고, 부득이 추계방식으로 사업소득금액을 계산하는 경우도 있다. 사실상 손실임에도 납부할 세액이 발생하고, 사업상 손실금액의 신고가 없으니 이월되는 세무상 결손금액도 없어 향후 이익이 발생해도 결손금과 이월결손금공제를 받을 수 없고 오히려 엉뚱한 세금만 내는 꼴이다. 만일 장부기장을 해서 손실 신고를 했다면 당해 결손이라 세금은 없고 이 결손금이 이월되어 이후 10년간 이익이 발생한 해에 공제를 받거나 직전 연도에 납부한 세금을 환급받을 수 있는데도 말이다.

게다가 기장을 하지 않는 것은 세법상 기장 의무를 위반한 것으로 사업수입금액이 4,800만 원 이상인 사업자가 장부기장을 하지 않고 종합소득세를 신고하면 산출세액의 20%에 상당하는 무기장 가산세를 부담해야 하며 각종 공제나 감면을 받을 수 없기도 하다. 세법을 몰라 이렇게 추계신고로 엉뚱한 세금을 내는 것을 볼 때면 무척 안타깝다.

개인사업자의 사업소득금액 확정 방법

(1) 기장신고
- 간편장부대상자 : 간편장부소득금액계산서
- 복식부기의무자 : 재무제표와 세무조정계산서

(2) 추계신고
- 단순경비율 : 추계소득금액계산서(단순율)
- 기준경비율 : 추계소득금액계산서(기준율 또는 배율)

(앞쪽)

간편장부소득금액계산서(2018년도 귀속)

①주소지	서울시 OO구 OO길 300 조선아파트 101동 101호	②전화번호	05-555-5555
③성 명	홍길동	④생년월일	1111. 01. 01.

사업장	⑤ 소 재 지	서울시 OO구 OO길 100 허균빌딩 101호			
	⑥ 업 종	도소매			
	⑦ 주 업 종 코 드	513121			
	⑧ 사업자등록번호	999-99-99999			
	⑨ 과 세 기 간	2018.01.01.부터	. . .부터	. . .부터	. . .부터
		2018.12.31.까지	. . .까지	. . .까지	. . .까지
	⑩ 소 득 종 류	(30, 32, 40)	(30, 32, 40)	(30, 32, 40)	(30, 32, 40)

총수입금액	⑪ 장부상 수입금액	100,000,000			
	⑫ 수입금액에서 제외할 금액				
	⑬ 수입금액에 가산할 금액				
	⑭ 세무조정 후 수입금액 (⑪-⑫+⑬)				
필요경비	⑮ 장부상 필요경비 (부표 ㉝의 금액)	95,000,000			
	⑯ 필요경비에서 제외할 금액				
	⑰ 필요경비에 가산할 금액				
	⑱ 세무조정 후 필요경비 (⑮-⑯+⑰)				
⑲차가감 소득금액(⑭-⑱)		5,000,000			
⑳기부금 한도초과액					
㉑기부금이월액 중 필요경비 산입액					
㉒ 해당 연도 소득금액 (⑲+⑳-㉑)		5,000,000			

「소득세법」 제70조제4항제3호 단서 및 같은 법 시행령 제132조에 따라 간편장부소득금액계산서를 제출합니다.

2019년 05월 31일

제 출 인   홍길동 (서명 또는 인)

세무대리인   (서명 또는 인)

세 무 서 장 귀하

첨부서류	총수입금액 및 필요경비명세서(별지 제82호서식 부표) 1부	수수료 없 음

210mm×297mm[백상지 80g/㎡(재활용품)]

총수입금액 및 필요경비명세서(2018년 귀속)

①주소지	서울시 OO구 OO길 300 조선아파트 101동 101호		②전화번호	05-555-5555			
③성 명	홍길동		④생년월일	1111. 01. 01.			
사업장	⑤ 소 재 지	서울시 OO구 OO길 100 허균빌딩 101호					
	⑥ 업 종	도소매					
	⑦ 주 업 종 코 드	513121					
	⑧ 사업자등록번호	999-99-99999					
	⑨ 과 세 기 간	2018.01.01.부터 2018.12.31.까지	. . .부터 . . .까지	. . .부터 . . .까지	. . .부터 . . .까지		
	⑩ 소 득 종 류	(30, 32, 40)	(30, 40)	(30, 40)	(30, 40)		
장부상 수입금액	⑪ 매 출 액	100,000,000					
	⑫ 기 타						
	⑬ 수입금액 합계(⑪+⑫)	100,000,000					
필요경비	매출원가	⑭ 기 초 재 고 액	10,000,000				
		⑮ 당기 상품매입액 또는 제조비용(㉔)	90,000,000				
		⑯ 기 말 재 고 액	15,000,000				
		⑰ 매출원가(⑭+⑮-⑯)	85,000,000				
	제조비용	재료비 ⑱기초재고액					
		⑲ 당기 매입액					
		⑳ 기말재고액					
		㉑ 당기 재료비 (⑱+⑲-⑳)					
		㉒ 노 무 비					
		㉓ 경 비					
		㉔ 당기제조비용 (㉑+㉒+㉓)					
	일반관리비 등	㉕ 급 료					
		㉖ 제 세 공 과 금					
		㉗ 임 차 료	5,000,000				
		㉘ 지 급 이 자					
		㉙ 접 대 비					
		㉚ 기 부 금					
		㉛ 기 타	5,000,000				
		㉜ 일반관리비 등계 (㉕+㉖+㉗+㉘+㉙+㉚+㉛)	10,000,000				
	㉝ 필요경비 합계 (⑰+㉜)		95,000,000				

210mm×297mm[백상지 60g/㎡(재활용품)]

051

소득세가 과세되는 소득은?

사람들은 수많은 일을 통해 소득을 얻겠지만 우리나라 소득세법은 소득세가 과세되는 소득을 다음과 같이 8가지로 열거하고 있다.

소득 구분	소득 내용
① 이자소득	예금, 적금과 같은 저축상품에 가입해 얻는 이자
② 배당소득	주식 등의 형태로 기업에 투자해 이익을 분배받는 배당
③ 사업소득	영리 목적의 사업활동을 통해 계속·반복적으로 얻는 소득(임대소득 포함)
④ 근로소득	종속적인 근로 제공의 대가
⑤ 연금소득	국민연금이나 개인연금 등을 불입해 추후 받는 연금
⑥ 퇴직소득	근로자가 퇴직하면서 받는 일시금 성격의 퇴직금
⑦ 양도소득	부동산이나 주식에 투자해 얻는 시세차익
⑧ 기타소득	일시·우발적인 각종 소득 활동을 통해 얻는 기타의 소득

여기에 열거되지 않은 소득과, 열거되었다 해도 소득별로 비과세소득이나 과세 제외 소득으로 규정되어 있으면 소득세가 과세되지 않는다. 그런데 우리는 주로 어떤 소득을 얻으며 살아가고 있을까? 부동산이나 주식으로 돈을 버는 사람들은 많을까?

사실 부동산이나 주식에 투자해 시세차익으로 소득을 얻는 것은 대부분 일시적이고 우발적인 것이다. 게다가 부동산이나 주식에 투자해 돈을 벌려면 거액의 자본이 있어야 한다. 그런 의미에서 부동산이나 주식의 시세차익을 통해 얻는 소득을 자본이득이라 한다. 자본이득은 사실상 돈이 돈을 벌어주는 유형이지 개인의 의지와 노력으로 얻는 소득이 아니다.

이자소득, 배당소득, 연금소득과 같은 금융소득도 금융자산에 대한 투자가 선행돼 그에 따른 과실果實을 얻는 것이다. 또한 사업소득 중 부동산임대소득도 먼저 부동산에 대한 투자가 이루어져 이를 빌려주고 임대료를 얻는 소득이다. 그러므로 부동산이나 주식에 투자해 시세차익을 얻는 자본이득처럼 돈이 돈을 벌어주는 소득 유형에 해당한다. 결국 이자소득, 배당소득, 사업소득 중 부동산 임대소득, 연금소득, 양도소득은 개인 스스로의 의지와 노력으로 얻을 수 있는 소득이 아니다.

위 항목을 제외하고 나면 스스로의 의지와 노력으로 얻을 수 있는 소득은 사업소득과 근로소득, 기타소득과 퇴직소득뿐이다.

그런데 기타소득과 퇴직소득은 일시적, 우발적 소득이므로 주된 소득원이 될 수 없다. 결국 개인의 의지와 노력으로 계속 얻을 수 있는 소득으로는 사업소득과 근로소득만 남는다. 즉, 창업을 하거나 취업을 해서 얻는 소득을 말한다.

대체로 은퇴 시기에 가까워질수록 자본이득이 커지고 사업소득과 근로소득의 비중은 낮아진다. 젊을 때는 사업과 근로를 통해 소득을 만들고, 그 소득이 쌓여 재산이 형성되면 이자, 배당, 부동산 임대, 연금, 양도소득이 불어가는 것이다.

052

사업을 하면 어떤 세금을 낼까?

직업이 세무사라고 하면 사람들이 많이 하는 질문 가운데 하나가 "우리가 내는 세금은 몇 개나 되나요?"이다. 우스갯소리로 이런 말도 한다. 태어나면 주민세, 살아서 재산을 주면 증여세, 죽어서 재산을 주면 상속세, 노동을 하면 근로소득세, 담배를 피우면 담배소비세, 한잔하면 주세, 저축하니 이자소득세, 집을 사니 재산세, 차를 사니 취득세, 차 번호를 따니 등록면허세, 회사를 차리니 법인세, 껌 하나에도 부가가치세, 있는 양반은 탈세, 없는 사람들은 만세…….

어쨌든 세금은 일단 과세권자에 따라 국세와 지방세로 나뉜다. '국세와 지방세의 조정 등에 관한 법률'에 따르면 국세는 소득세 등 총 16개*, 지방세는 취득세 등 총 11개**이다. 그런데 국세 가운데 소득세는 종합소득세, 퇴직소득세, 양도소득세로 나뉘고, 종합소득세는 다시 이자소득세, 배당소득세, 사업소득세, 근로소득세, 연금소득세, 기타소득세로 구분된다.

이렇게 많은 세금 가운데 사업자가 알아야 할 세금은 소득세, 법인세, 부가가치세, 지방소득세이다. 그리고 소득세 가운데서도 사업소득세, 근로소득세(원천징수), 퇴직소득세(원천징수)를 알면 충분하다. 이제 주요 세금의 신고·납부 시기를 알아보자.

1. 개인사업자의 종합소득세 신고·납부기한과 원천징수 신고·납부

개인사업자의 종합소득세 신고·납부기한은 다음 연도 5월 31일(성실신고확인 대상 사업자는 6월 30일)까지이다. 하지만 급여나 퇴직금 지급에 따른 직원의 근로소득세나 퇴직소득세 원천징수세액, 용역비 지급에 따른 인적용역 사업자의 사업소득세 원천징수세액의 신고·납부기한은 지급일의 다음 달 10일***까지이다.

---

* ① 소득세 ② 법인세 ③ 상속세 ④ 증여세 ⑤ 종합부동산세 ⑥ 부가가치세 ⑦ 개별소비세 ⑧ 교통에너지환경세 ⑨ 주세 ⑩ 인지세 ⑪ 증권거래세 ⑫ 교육세 ⑬ 농어촌특별세 ⑭ 재평가세 ⑮ 관세 ⑯ 임시수입부가세

** ① 취득세 ② 등록면허세 ③ 레저세 ④ 담배소비세 ⑤ 지방소비세 ⑥ 주민세 ⑦ 지방소득세 ⑧ 재산세 ⑨ 자동차세 ⑩ 지역자원시설세 ⑪ 지방교육세

*** 반기별 납부신청을 하면 상반기 원천징수세액은 7월 10일까지, 하반기 원천징수세액은 1월 10일까지 일괄로 신고·납부가 가능하다. 이는 법인사업자에게도 해당된다.

2. 법인사업자의 법인세 신고·납부기한과 원천징수 신고·납부

법인사업자의 법인세 신고·납부기한은 회계기간 종료 후 3개월 이내이다. 그런데 대부분의 법인사업자의 회계기간은 매년 1월 1일부터 12월 31일까지로, 법인세 신고·납부기한은 대개 다음 연도 3월 31일까지이다. 하지만 급여나 퇴직금 지급에 따른 임직원의 근로소득세나 퇴직소득세 원천징수세액, 용역비 지급에 따른 인적용역 사업자의 사업소득세 원천징수세액의 신고·납부는 지급일의 다음 달 10일까지이다.

3. 부가가치세 신고·납부기한 등

부가가치세 신고·납부기한은 개인사업자와 법인사업자가 각기 다르다. 개인사업자 중 일반과세자는 1년을 반기별로 나누어 상반기 실적은 7월 25일까지, 하반기 실적은 1월 25일까지 신고·납부 해야 한다. 다만, 간이과세자는 1년 실적을 다음 해 1월 25일까지 신고·납부한다. 그리고 법인사업자는 1년을 분기별로 나누어 1분기 실적은 4월 25일, 2분기 실적은 7월 25일, 3분기 실적은 10월 25일, 4분기 실적은 다음 해 1월 25일까지 신고·납부해야 한다. 다만, 2021년부터 직전 과세기간 과세표준 1.5억 원 미만의 법인사업자는 예정고지로 갈음할 수 있다.

한편, 부가가치세 면세사업자는 부가가치세 신고·납부의무가 없는 대신 사업장현황신고(법인은 면세수입신고)를 해야 하며, 신고기한은 다음 연도 2월 10일까지이다.

4. 지방소득세 신고·납부기한

지방소득세는 소득세의 경우 소득세 신고·납부기한에 함께 신고·납부하면 되고, 법인세의 경우 법인세 신고기한 경과 후 한 달이내에 신고·납부하면 된다.

이처럼 세목별로 세무신고기한이 다르고 복잡해서 자칫 방심했다가는 놓치기가 쉽다. 세무신고기한을 하루라도 넘기면 무신고 가산세가 붙는다. 그러니 세무 일정이 적힌 세무달력을 구해서 주요 세목의 신고·납부기한을 표시해놓는 것은 어떨까?

세목	신고납부기한
종합소득세	다음 연도 5월 31일(성실신고사업자는 6월 30일)
법인세	회계기간 종료 후 3월 이내(통상 다음 연도 3월 31일)
원천징수세액	지급일이 속하는 달의 다음 달 10일(반기별 납부 가능)
개인부가가치세	일반과세자는 반기 종료 후 25일 이내(7월 25일, 1월 25일)
	간이과세자는 1역년 종료 후 25일 이내(1월 25일)
법인부가가치세	분기 종료 후 25일 이내(4월 25일, 7월 25일, 10월 25일, 1월 25일)
지방소득세	국세의 신고납부기한 내(법인지방소득세는 1개월 추가)

세목	관할관청
종합소득세	주소지 관할세무서
법인세	본점 소재지 관할세무서
원천징수세액	각 사업장 관할세무서
개인부가가치세	각 사업장 관할세무서(사업자 단위 신고·납부 신청 시 주된 사업장)
법인부가가치세	각 사업장 관할세무서(사업자 단위 신고·납부 신청 시 주된 사업장)
지방소득세	납세의무 성립일 현재 주소지 관할 지방자치단체

053

세무신고는 어디에 해야 할까?

관할관청과 서류의 송달

2018년 현재 세무서는 전국에 125개가 있고, 국세공무원의 수는 2만 명이 넘는다. 그런데 납세자 가운데는 자신이 무슨 세금을 내야 하는지, 어디에 세금을 신고·납부해야 하는지 모르는 경우가 많다. 앞에서도 말했듯이 사업자가 알아야 할 세금은 소득세, 법인세, 부가가치세, 지방소득세이고, 소득세 가운데서도 사업소득세, 근로소득세(원천징수), 퇴직소득세(원천징수)가 중요하다. 그렇다면 이러한 세금의 세무신고는 어디에 해야 할까?

1. 개인사업자의 종합소득세 신고와 원천징수신고·납부

개인사업자 본인의 종합소득세는 신고 당시 주소지 관할세무서에 신고·납부한다. 하지만 급여나 퇴직금 지급에 따른 직원의 근로소득세 또는 퇴직소득세 원천징수세액, 용역비 지급에 따른 인적용역 사업자의 소득세 원천징수세액은 각 사업장 관할세무서에 신고·납부해야 한다.

2. 법인사업자의 법인세 신고와 원천징수 신고·납부

법인사업자의 법인세는 신고 당시 법인 본점 소재지 관할세무서에 신고·납부한다. 하지만 급여나 퇴직금 지급에 따른 임직원의 근로소득세 또는 퇴직소득세 원천징수세액, 용역비 지급에 따른 인적용역 사업자의 사업소득세 원천징수세액은 각 사업장 관할세무서에 신고·납부해야 한다.

3. 부가가치세 신고·납부

사업자의 부가가치세 신고·납부와 사업장현황신고(법인은 면세수입신고)는 신고 당시 각 사업장 관할세무서에 한다. 다만 부가가치세 사업자 단위 신고·납부 신청 시에는 주된 사업장 관할세무서에 한다.

4. 지방소득세 신고·납부

지방소득세는 납세의무 성립일 현재 주소지 관할 지방자치단체에 신고·납부하면 된다.

이러한 관할관청*은 납세자가 세금신고·납부뿐만 아니라 각종 민원신청 및 청구 행위를 할 때도 적용된다. 아울러 세무서에서 하는 각종 안내(통지), 납세고지, 독촉, 압류 등도 적법한 관할관청에서 해야 효력이 있다.

그런데 이런 내용을 잘 몰라서 납세자가 종합소득세를 예전 주소지 관할세무서에 신고하거나 부가가치세를 예전 사업장 관할세무서에 신고하면 어떻게 될까? 아예 엉뚱한 세무서에 신고를 하면 어떻게 될까? 정답은 "상관없다"이다. 납세자가 엉뚱한 세무서에 신고 등을 하더라도 법적 효력은 여전히 있다.

하지만 세무서의 경우는 상황이 다르다. 납세자의 관할세무서가 아닌데도 납세자에게 납세고지, 독촉 등 행정 처분을 한다면 그 납세고지와 독촉 등의 행정 처분은 아무런 법적 효력이 없다. 예를 들어, 영등포구에 살다가 양천구로 이사를 왔는데 종합소득세 납세고지서가 영등포세무서장에게서 왔다면 그 고지서는 아무 효력도 없는 종잇조각에 불과하다. 영등포세무서에서 양천세무서로 이첩해 양천세무서장 명의로 종합소득세 납세고지서가 와야 비로소 납세고지의 효력이 발생하는 것이다.

---

* 홈택스(국세청)나 위택스(행정자치부), 이택스(서울시)를 통한 전자신고는 상급기관에 직접 신고하는 것이므로 특별히 과세 관할을 따질 필요가 없다.

054

부가가치세는 어떤 세금일까?

부가가치세

"껌 하나 살 때도 부가가치세"라는 말이 있다. 무슨 뜻일까?

부가가치세란 이론적으로는 재화(물건) 또는 용역(서비스)이 생산·유통되는 모든 단계에서 창출된 기업의 부가가치에 대해 과세하는 세금을 말한다. 그러나 우리나라의 부가가치세는 사업자가 부가가치세가 과세되는 재화·용역을 판매할 때 그 판매금액의 10% 상당액을 매출세액으로 내고, 납부세액을 계산할 때 (매입분)세금계산서, 사업용 신용카드, 사업용 현금영수증으로 확인되는 매입세액이 있으면 이를 매출세액에서 공제해주는 거래세금에 해당한다.

따라서 부가가치세가 과세되는 재화나 용역을 판매하는 사업자는 거래를 할 때 부가가치세 부담을 매입자에게 넘기기 위해 매출액과 부가가치세(매출액의 10%)를 같이 청구해서 받는다. 이처럼 재화·용역을 판매한 사업자가 부가가치세를 신고·납부하지만 실제로 부담을 지는 쪽은 매입자이다. 이를 세금 부담의 전가轉嫁라고 하는데, 사업자 간에 수수하는 세금계산서에는 부가가치세 부담의 전가가 표시된다.

한편, 세금계산서를 발행하지 않는 소비자 상대 업종은 신용카드, 현금영수증, 현금매출의 10%를 부가가치세로 납부해야 한다. 이론적으로 소비자가격에는 부가가치세가 포함된 셈이 된다. 그래서 "껌 하나 살 때도 부가가치세"라는 말이 나온 것이다.

그런데 소비자가격을 사업자 마음대로 결정하는 것도 아니고 부가가치세를 소비자에게 별도로 청구하기도 어렵다. 그래서 직전 연도 연매출 10억 원 이하의 소비자 상대 업종 개인사업자의 부가가치세 부담을 덜어주기 위해 신용카드, 현금영수증 매출의 1.3%(연간 1천만 원 한도)를 부가가치세 납부세액에서 공제해주는 제도가 있다.

이러한 부가가치세를 개인사업자 중 일반과세자는 1년에 두 번 신고·납부한다. 상반기 실적은 7월 25일까지, 하반기 실적은 1월 25일까지가 신고기한이다. 이와는 달리 법인사업자는 부가가치세를 1년에 네 번 신고·납부한다. 1분기 실적은 4월 25일, 2분기 실적은 7월 25일, 3분기 실적은 10월 25일, 4분기 실적은 1월 25일까지가 신고기한이다. 다만, 2021년부터 직전 과세기간 과세표준 1.5억 원 미만의 법인사업자는 예정고지로 갈음할 수 있다.

참고로 부가가치세 신고·납부 시 주된 첨부서류를 살펴보면, 매출 자료에는 매출처별 세금계산서합계표, 신용카드 매출전표 발행집계표, 영세율(매출) 첨부서류가 있다. 또한 매입 자료에는 매입처별 세금계산서합계표, 매입처별 계산서합계표와 신용카드 매출전표 등 수령금액합계표가 있다.

한편, 부가가치세 과세사업자 가운데 직전 연도 매출액이 4,800만 원에 미달하는 소비자 상대 업종(전문직 제외)의 개인사업자는 간이과세자로 등록하면 업종별로 매출액의 0.5~3%를 부가가치세 납부세액으로 할 수 있다. 그런데 (최종)납부할 세액을 계산할 때 신용카드, 현금영수증 매출의 1.3%(음식점은 2.6%)를 납부세액에서 공제해주는 제도가 있고, (매입분)세금계산서, 사업용 신용카드, 사업용 현금영수증에 의한 매입세액공제도 일정액 허용되기 때문에 사실상 부가가치세를 납부하는 일은 거의 없다. 게다가 1년간 매출액이 3천만 원에 미달하면 납부의무 자체가 면제된다. 이와 같은 간이과세자의 부가가치세 신고는 일반과세자와는 달리 1년마다 한 번씩 다음 해 1월 25일까지 하면 된다.

일반과세자 부가가치세

[ ]예정 [√]확정
[ ]기한후과세표준　　신고서
[ ]영세율 등 조기환급

※ 뒤쪽의 작성방법을 읽고 작성하시기 바랍니다.　　　　　　　　(4쪽 중 제1쪽)

관리번호									처리기간	즉시

신고기간　　2019 년　제 1 기 (1 월 1 일 ~ 6 월 30 일)

사업자	상 호 (법인명)	율도국	성 명 (대표자명)	홍길동	사업자등록번호	9 9 9 - 9 9 - 9 9 9 9 9			
	생년월일	1111년 01월 01일	전화번호 05-555-5555		사업장	주소지		휴대전화 999-999-9999	
	사업장 주소	서울시 OO구 OO길 100 허균빌딩 101호			전자우편 주소				

❶　　신　고　내　용

구　　분				금　액	세율	세　액
과세 표준 및 매출 세액	과세	세금계산서 발급분	(1)	63,784,500	10/100	6,378,450
		매입자발행 세금계산서	(2)		10/100	
		신용카드·현금영수증 발행분	(3)	947,273	10/100	94,727
		기타(정규영수증 외 매출분)	(4)			
	영세 율	세금계산서 발급분	(5)		0/100	
		기　　　　타	(6)		0/100	
	예 정 신 고 누 락 분		(7)			
	대 손 세 액 가 감		(8)			
	합　　　　　　계		(9)	64,731,773	㉮	6,473,177
매입 세액	세금계산서 수 취 분	일 반 매 입	(10)	32,572,805		3,257,274
		수출기업 수입분 납부유예	(10-1)			
		고정자산 매입	(11)			
	예 정 신 고 누 락 분		(12)			
	매입자발행 세금계산서		(13)			
	그 밖의 공제매입세액		(14)	6,466,582		646,609
	합 계 (10)-(10-1)+(11)+(12)+(13)+(14)		(15)	39,039,387		3,903,883
	공제받지 못할 매입세액		(16)			
	차　　감　　계　　(15)-(16)		(17)	39,039,387	㉯	3,903,883
납부(환급)세액 (매출세액 ㉮ - 매입세액 ㉯)					㉰	2,569,294
경감 공제 세액	그 밖의 경감·공제세액		(18)			
	신용카드매출전표 등 발행공제 등		(19)	1,042,000		13,546
	합　　　　　계		(20)		㉱	
예 정 신 고 미 환 급 세 액			(21)		㉲	
예 정 고 지 세 액			(22)		㉳	2,291,000
사업양수자의 대리납부 기납부세액			(23)		㉴	
매입자 납부특례 기납부세액			(24)		㉵	
가 산 세 액 계			(25)		㉶	
차감·가감하여 납부할 세액(환급받을 세액)(㉰-㉱-㉲-㉳-㉴-㉵+㉶)			(26)			264,748
총괄 납부 사업자가 납부할 세액 (환급받을 세액)						

❷ 국세환급금 계좌신고 (환급세액이 2천만 원 미만인 경우)	거래은행	은행	지점	계좌번호	

❸ 폐 업 신 고	폐업일		폐업 사유	

❹ 과 세 표 준 명 세

업 태	종 목	생산요소	업종 코드	금 액
(27) 도소매	무역		5 1 3 1 2 1	64,731,773
(28)				
(29)				
(30)수입금액제외				
(31)합 계				

세무대리인	성 명		사업자등록번호		전화번호	

「부가가치세법」 제48조·제49조 또는 제59조와 「국세기본법」 제45조의3에 따라 위의 내용을 신고하며, 위 내용을 충분히 검토하였고 신고인이 알고 있는 사실 그대로를 정확하게 적었음을 확인합니다.

2019 년　07 월　25 일

신고인: 홍 길 동　(서명 또는 인)

세무대리인은 조세전문자격자로서 위 신고서를 성실하고 공정하게 작성하였음을 확인합니다.

세무대리인:　　　　　　(서명 또는 인)

세무서장 귀하

첨부서류　뒤쪽 참조

210mm×297mm[백상지 80g/ ㎡ (재활용품)]

※ 이쪽은 해당 사항이 있는 사업자만 사용합니다.
※ 뒤쪽의 작성방법을 읽고 작성하시기 바랍니다.

사업자등록번호 9 9 9 - 9 9 - 9 9 9 9 9 *사업자등록번호는 반드시 적으시기 바랍니다.

		구 분			금 액	세율	세 액
예정신고 누락분 명 세	(7)매출	과세	세 금 계 산 서	(32)		10/100	
			기 타	(33)		10/100	
		영세율	세 금 계 산 서	(34)		0/100	
			기 타	(35)		0/100	
		합 계		(36)			
	(12)매입	세 금 계 산 서		(37)			
		그 밖의 공제매입세액		(38)			
		합 계		(39)			
(14) 그 밖의 공제 매 입 세 액 명 세		구 분			금 액	세율	세 액
	신용카드매출전표 등 수령명세서 제출분	일 반 매 입		(40)	6,466,582		646,609
		고정자산매입		(41)			
	의 제 매 입 세 액			(42)		뒤쪽 참조	
	재 활 용 폐 자 원 등 매 입 세 액			(43)		뒤쪽 참조	
	과 세 사 업 전 환 매 입 세 액			(44)			
	재 고 매 입 세 액			(45)			
	변 제 대 손 세 액			(46)			
	외 국 인 관 광 객 에 대 한 환 급 세 액			(47)			
	합 계			(48)	6,466,582		646,609
(16) 공제받지 못할 매입세액 명세		구 분			금 액	세율	세 액
	공제받지 못할 매입세액			(49)			
	공통매입세액 면세사업등분			(50)			
	대 손 처 분 받 은 세 액			(51)			
	합 계			(52)			
(18) 그 밖의 경감·공제 세액 명세		구 분			금 액	세율	세 액
	전 자 신 고 세 액 공 제			(53)			
	전자세금계산서 발급세액공제			(54)			
	택 시 운 송 사 업 자 경 감 세 액			(55)			
	현 금 영 수 증 사 업 자 세 액 공 제			(56)			
	기 타			(57)			
	합 계			(58)			
(25) 가산세 명세		구 분			금 액	세 율	세 액
	사 업 자 미 등 록 등			(59)		1/100	
	세 금 계 산 서	지연발급 등		(60)		1/100	
		지연수취		(61)		1/100	
		미발급 등		(62)		2/100	
	전자세금계산서 발급명세 전송	지연전송		(63)		뒤쪽참조	
		미전송		(64)		뒤쪽참조	
	세금계산서 합계표	제출 불성실		(65)		1/100	
		지연제출		(66)		5/1,000	
	신고 불성실	무신고(일반)		(67)		뒤쪽참조	
		무신고(부당)		(68)		뒤쪽참조	
		과소·초과환급신고(일반)		(69)		뒤쪽참조	
		과소·초과환급신고(부당)		(70)		뒤쪽참조	
	납 부 불 성 실			(71)		뒤쪽참조	
	영세율 과세표준신고 불성실			(72)		5/1,000	
	현금매출명세서 불성실			(73)		1/100	
	부동산임대공급가액명세서 불성실			(74)		1/100	
	매입자 납부특례	거래계좌 미사용		(75)		뒤쪽참조	
		거래계좌 지연입금		(76)		뒤쪽참조	
	합 계			(77)			

		업 태	종 목	코 드 번 호	금 액
면세사업 수입금액	(78)	도소매	무역	5 1 3 1 2 1	
	(79)				
	(80)	수입금액 제외			
				(81)합 계	

계산서 발급 및 수취 명세	(82) 계산서 발급금액	
	(83) 계산서 수취금액	

055

종합소득세는
어떻게 신고하고 납부할까?

종합소득세

소득세는 개인의 소득을 과세대상으로 하는 세금이다. 과세소득이 있는 모든 개인은 원칙적으로 다음 해 5월 31일(성실신고확인 대상 사업자는 6월 30일)까지 소득세를 신고·납부해야 한다. 사업하면서 세금에 익숙해지면 "부가가치세는 매출과 매입 관리구나"라고 저절로 터득하게 되지만 소득세에 대해서는 감을 잡지 못하는 경우가 비교적 많다. 즉, 사업소득 외에도 이런저런 소득이 생겼는데 그 소득을 어떻게 관리하고 신고·납부해야 하는지 잘 모르는 것이다.

우리나라 소득세는 과세소득을 이자소득, 배당소득, 사업소득, 근로소득, 연금소득, 기타소득, 퇴직소득, 양도소득 등 총 8종으로 분류해 종합소득합산과세, 양도소득 등 분류과세, 원천징수 분리과세 방식으로 과세한다.

1. 종합과세 합산과세

종합소득 합산과세는 퇴직소득과 양도소득을 제외한 이자소득, 배당소득, 사업소득, 근로소득, 연금소득, 기타소득 총 6종을 종합소득으로 합산해 과세하는 것을 말한다. 퇴직소득이나 양도소득처럼 해당 소득만 각각 분류해 신고하는 것과는 다르기 때문에 비교적 복잡하다.

2. 양도소득 등 분류과세

양도소득 등 분류과세는 퇴직소득과 양도소득을 다른 소득과 구분해 각각 별도로 과세하는 것을 말한다. 이는 소득별 무차별 종합과세를 할 때 발생할 수 있는 세부담의 결집효과*를 제거하기 위해서이다.

3. 원천징수 분리과세

원천징수 분리과세는 종합소득 가운데 담세력撫稅力이 낮은 소득의 무차별 종합과세를 방지하기 위해 2천만 원 이하의 이자·배당소득금액, 일용근로자의 급여, 300만 원 이하의 기타소득금액,

---

* **결집효과** 장기간에 걸쳐 발생한 소득이 일시에 실현되는 경우 종합과세하면 고율의 세율이 적용돼 세부담이 증가하게 되는 효과를 말한다.

공적公的연금을 제외한 연 1,200만 원 이하의 사적私的연금 수입에 대해 원천징수한 것으로 납세의무를 종결하는 것을 말한다.

소득세 신고실무를 해보면 분리과세는 신경 쓸 필요가 없고, 분류과세는 해당 소득이 발생할 때만 따로 계산하면 된다. 그래서 소득세 신고의 주된 업무는 종합소득 합산과세 신고가 된다.

그런데 종합소득자가 종합소득세 신고 대리를 의뢰할 경우 이자소득, 배당소득, 사업소득, 근로소득, 연금소득, 기타소득 자료를 모두 가져오는 경우는 극히 드물다. 복잡한 경우라고 해도 이자·배당소득 원천징수 영수증이나 근로소득 원천징수 영수증을 가져와서 사업으로 얻은 사업소득금액과 합산해 종합소득세를 정산하는 정도가 보통이다. 그리고 대부분의 사업자는 사업소득만 있는 경우가 많으므로 사업소득금액만 계산해 종합소득세를 정산한다.

만일 자신의 과세소득 현황을 모른다면 (홈택스를 통해) 본인이 세무사를 특정해 세무대리 수임등록을 확인해주면 해당 세무사가 그 종합소득자의 각종 종합소득 현황을 홈택스에서 알 수 있다. 다만, 위임납세자에게 이자·배당소득, 근로소득, 사업소득, 기타소득 등이 있으니 확인해보라는 안내문 및 일부 정보를 보여주는 것이므로 종합소득금액 계산을 위한 소득별 원천징수 영수증은 소득자 본인이 직접 가져와야 한다.

이 경우, 종합소득자는 홈택스를 통해 자신의 원천징수 영수증을 확인하고 출력할 수 있다. 홈택스에 접속한 뒤 웹사이트 왼쪽 맨 위에 있는 'My 홈택스' 배너를 클릭해보자. 중간에 지급명세서 등 제출 내역을 조회하면 본인의 원천징수 대상 소득 및 지급명세서 내역을 확인할 수 있다. 이를 엑셀로 내려받아 세무사에게 건네주기만 하면 된다. 만약 이렇게 하는 것이 불편하다면 세무서에 가서 본인을 증명 하고 종합소득합산 대상 소득의 원천징수 영수증을 확인해달라고 요청하면 해당 자료를 출력해준다.

종합소득세를 신고할 때 가장 복잡한 업무는 사업소득금액의 계산과 최종 납부할 세액의 확정으로 이는 다음 쪽 **절세하이테크**에서 소개하기로 한다.

종합소득금액을 확정할 때 시간이 가장 많이 걸리는 업무는 사업소득금액의 계산이다. 사업소득금액은 사업자의 수입금액(매출액 개념) 규모에 따라 사업장별로 장부에 의한 방법과 추계에 의한 방법을 검토한다. 사업소득금액의 계산에서 단순경비율이나 기준경비율과 같이 추계推計에 의한 방법은 누가 계산을 하든 사업소득금액이 같다. 다만 복식장부나 간편장부와 같이 장부에 의할 경우에는 사업자가 사업 관련 경비를 얼마나 잘 관리했느냐에 따라 사업소득금액의 차이가 날 수 있다. 그래서 앞에서 경비와 관련한 증빙을 홈택스에 전자 형태로 보관하는 게 좋다고 했다.

사업소득 외에 이자소득, 배당소득, 근로소득, 연금소득, 기타소득의 소득금액 계산은 지급받은 즉시 결정된다(원천징수 영수증 확인). 다만 이자소득, 배당소득 등을 지급받기 전에 어떤 형태로 금융상품을 운용하는 것이 절세에 도움이 되는지 세무사와 상담한다면 비과세소득, 분리과세소득으로 구분해 관리할 수 있다. 이런 과정을 통해 종합소득금액이 산출되면 종합소득공제를 차감해 과세표준을 확정하고, 종합소득 과세표준이 산출되면 종합소득세율을 곱해 산출세액을 계산한다.

산출세액에서 각종 세액공제와 세액 감면을 차감한 뒤, 중간예납세액(매년 11월에 기납부)이나 원천징수세액(근로소득 등을 지급받을 때 기공제 세액)을 기납부세액으로 차감하면 최종적으로 납부할 세액이 확정된다.

여기서 절세 포인트는 각종 세액공제와 세액 감면이다.

세무사는 중소기업자이면 당연히 받는 공제·감면 항목을 검토하는 정도가 대부분이다. 그러나 사업자가 조세특례에 관한 규정을 알고 적극적으로 절세 전략을 세운다면 추가적인 공제·감면을 받아 사업소득세 부담없이 사업을 영위할 수도 있다. 중소기업자가 반드시 알아야 할 공제·감면 사항으로는 이 책의 내용 중 중소기업 조세특례부터 고용창출 세제까지 참조하기 바란다.

개인의 과세표준	종합소득세율	누진공제
1,200만 원 이하	6%	-
1,200~4,600만 원	15%	1,080,000
4,600~8,800만 원	24%	5,220,000
8,800만 원~1억 5천만 원	35%	14,900,000
1억 5천만 원~3억 원	38%	19,400,000
3억 원~5억 원	40%	25,400,000
5억 원 초과	42%	35,400,000

관리번호	-

(2018년 귀속)종합소득세 · 농어촌특별세 · 지방소득세
과세표준확정신고 및 납부계산서

거주구분	거주자1 / 비거주자2
내 · 외국인	내국인1 / 외국인9
외국인단일세율적용	여 1 / 부 2
거주지국	대한민국	거주지국코드	KR

❶ 기본사항

① 성 명	홍길동	② 주민등록번호	1 1 1 1 1 1 - 1 1 1 1 1 1 1

③ 주 소   서울시 OO구 OO길 300 조선아파트 101동 101호

④ 주소지 전화번호	05-555-5555	⑤ 사업장 전화번호	
⑥ 휴 대 전 화	999-999-9999	⑦ 전자우편주소	

⑧ 신 고 유 형   ⑪자기조정 ⑫외부조정 ⑭성실신고확인 ⑳간편장부 ㉛추계-기준율 ㉜추계-단순율 ㊵비사업자

⑨ 기 장 의 무   ①복식부기의무자   ②간편장부대상자   ③비사업자

⑩ 신 고 구 분   ⑩정기신고 ⑳수정신고 ㉚경정청구 ㊵기한후신고 ㊿추가신고(인정상여)

❷ 환급금 계좌신고 (2천만 원 미만인 경우)

⑪ 금융기관/체신관서명		⑫ 계좌번호	

❸ 세무대리인

⑬성 명		⑭사업자등록번호	- -	⑮전화번호	
⑯대리구분 ①기장 ②조정 ③신고 ④확인	⑰ 관리번호	-		⑱ 조정반번호	-

❹ 세액의 계산

구 분	종합소득세	지방소득세	농어촌특별세
종 합 소 득 금 액 ⑲	5,000,000		
소 득 공 제 ⑳	1,500,000		
과 세 표 준(⑲-⑳) ㉑	3,500,000	㊶ 3,500,000 ㉺	
세 율 ㉒	6%	㊷ 0.6% ㉻	
산 출 세 액 ㉓	21,000	㊸ 2,100 ㉼	
세 액 감 면 ㉔	2,100	㊹ 210	
세 액 공 제 ㉕	70,000	㊺ 7,000	
결 정 세 액(㉓-㉔-㉕) ㉖	0	㊻ 0 ㉾	
가 산 세 ㉗	0	㊼ 0 ㊿	
추 가 납 부 세 액 (농어촌특별세의 경우에는 환급세액) ㉘	0	㊽ 0 ⓦ	
합 계(㉖+㉗+㉘) ㉙	0	㊾ 0 ⓧ	
기 납 부 세 액 ㉚	0	㊿ 0 ⓨ	
납 부(환급) 할 총 세 액(㉙-㉚) ㉛	0	ⓢ 0 ⓩ	
납부특례세액 차 감 ㉜			
납부특례세액 가 산 ㉝			
분 납 할 세 액 2개월 내 ㉞			⑰
신고기한 이내 납부할 세액(㉛-㉜+㉝+㉞) ㉟	0	ⓣ 0	ⓤ

신고인은 「소득세법」 제70조, 「농어촌특별세법」 제7조, 「지방세법」 제95조 및 「국세기본법」 제45조의3에 따라 위의 내용을 신고하며, 위 내용을 충분히 검토하였고 신고인이 알고 있는 사실 그대로를 정확하게 적었음을 확인합니다. 위 내용 중 과세표준 또는 납부세액을 신고하여야 할 금액보다 적게 신고하거나 환급세액을 신고하여야 할 금액보다 많이 신고한 경우에는 국세기본법 제47조의3에 따른 가산세 부과 등의 대상이 됨을 알고 있습니다.

2019년   5월   31일   신고인   홍길동 (서명 또는 인)

세무대리인은 조세전문자격자로서 위 신고서를 성실하고 공정하게 작성하였음을 확인합니다. 무기장·부실기장 및 소득세법에 따른 성실신고에 관하여 불성실하거나 허위로 확인된 경우에는 세무사법 제17조에 따른 징계처분 등의 대상이 됨을 알고 있습니다. 세무대리인 (서명 또는 인)	접수(영수)일

세무서장 귀하

첨부서류(각 1부)		전산입력필	(인)

056

법인세는
어떻게 신고하고 납부할까?

법인세

법인세란 법인이 각 회계기간*에 얻은 모든 소득을 과세대상으로 하는 세금을 말한다. 소득이 있는 법인은 통상 다음 해 3월 31일(12월 말 결산법인인 경우)까지 법인세를 신고·납부해야 한다.

법인은 본점의 소재지에 따라 내국법인과 외국법인으로 구분하고 영리 목적의 유무에 따라 영리법인과 비영리법인으로 구분할 수 있다. 특히 내국법인과 외국법인의 분류, 영리법인과 비영리법인의 분류에 따라 법인세의 취급이 달라진다.

---

* 납세자가 회계기간을 임의로 정할 수 있지만, 대개 매년 1월 1일에서 12월 31일까지로 하며 이런 법인을 12월 말 결산법인이라고 부른다.

내국법인은 국내외 모든 소득에 대해 법인세를 신고·납부해야 하지만 외국법인은 국내에서 얻은 소득에 대해서만 법인세를 신고·납부한다. 또 영리법인은 모든 소득에 대해 법인세를 내야 하는 반면, 비영리법인은 수익사업에서 얻은 소득에 대해서만 법인세를 신고·납부한다.

법인의 소득금액을 계산할 때는 개인사업자처럼 소득별, 사업장별로 구분해 계산하는 것이 아니라 모든 소득을 하나의 복식장부(재무제표)로 계산한다. 복식장부(재무제표)에 따라 확정된 당기순이익에 세무조정을 거쳐 소득금액을 확정하고 이월결손금, 비과세소득, 소득공제를 차감하면 과세표준이 된다. 이 과세표준에 다음 표와 같이 법인세율을 곱해 산출세액을 구한다.

법인의 과세표준	법인세율	누진공제
0~억 원	10%	–
2~200억 원	20%	2천만 원
200~3,000억 원	22%	4.2억 원
3,000억 원 초과	25%	94.2억 원

산출세액에서 각종 세액공제와 세액 감면을 차감한 뒤, 중간예납세액(매년 8월에 기납부)이나 원천징수세액(이자·배당소득을 지급받을 때 기공제세액)을 기납부세액으로 차감해 최종적으로 납부할 세액을 확정한다.

여기서 절세 포인트는 각종 세액공제와 세액 감면이다. 세무사는 중소법인이면 당연히 받는 공제·감면 항목을 검토하는 정도가 대부분이다. 그러나 사업자가 조세특례에 관한 규정을 알고 적극적으로 절세 전략을 세운다면 추가적인 공제·감면을 받아 법인세 부담 없이 사업을 영위할 수도 있다. 중소법인이 반드시 알아야 할 공제·감면 사항으로는 이 책의 내용 중 중소기업 조세특례부터 고용창출 세제까지 참조하기 바란다.

마지막으로 일반적인 법인세 외에 토지 등 양도소득에 대한 법인세와 청산소득에 의한 법인세라는 특이한 제도가 있다. 토지 등 양도소득에 대한 법인세는 법인이 해당 법인의 사업과 관련 없는 주택이나 비사업용 토지를 양도해 얻은 양도차익에 대해서 일반적인 법인세 외에 양도차익의 10%를 추가로 납부하는 제도이다. 이는 부동산 투기억제책으로 규정한 것인데, 주택이나 비사업용 토지를 보유하지 않은 법인사업자에게는 해당되지 않는다.

청산소득에 의한 법인세는 법인이 상법에서 정한 청산 절차(법인이 소멸하는 법적 절차)를 거치면서 잔여재산이 있을 때 종종 발생한다. 이 잔여재산을 시가로 평가해 법인의 자기자본을 초과하면 그 초과액에 법인세율을 적용, 과세하는 것이다. 하지만 대부분의 법인은 상법상 청산 절차를 거치지 않고 단순히 폐업 후 무재산으로 청산 의제되기 때문에 청산소득에 의한 법인세는 실무상 흔히 접하게 되지는 않는다.

홈택스(www.hometax.go.kr)에서도
신고할 수 있습니다.

법인세 과세표준 및 세액신고서

※ 뒤쪽의 신고안내 및 작성방법을 읽고 작성하여 주시기 바랍니다.　　　　　　　　　　　　　　（앞쪽）

①사 업 자 등 록 번 호	666-66-66666	②법 인 등 록 번 호	110111-2222222
③법　인　명	(주)율도국	④전　화　번　호	03-333-3333
⑤대 표 자 성 명	홍길동	⑥전 자 우 편 주 소	
⑦소　재　지	서울시 OO구 OO길 100 허균빌딩 3층 301호		
⑧업　　　태	도소매　⑨종　목　무역, 잡화	⑩주업종코드	513121
⑪사　업　연　도	2018. 1. 1. ~ 2018. 12. 31.	⑫수시부과기간	．　．　．　~　．　．　．

⑬법 인 구 분	1.내국　2.외국　3.외투(비율　%)		⑭조 정 구 분	1. 외부　2. 자기	

| ⑮종 류 별 구 분 | 중소기업 | 일반 | | | 당기순이익과세 | ⑯외부감사대상 | 1. 여　　2. 부 | |
| | | 중견기업 | 상호출자제한기업 | 그외기업 | | | | |

	상장법인	11	71	81	91			1. 정기신고
영리법인	코스닥상장법인	21	72	82	92			2. 수정신고(가.서면분석 나.기타)
	기 타 법 인	30	73	83	93		⑰신 고 구 분	3. 기한후 신고
비영리법인		60	74	84	94	50		4. 중도폐업신고
								5. 경정청구

⑱법인유형별구분	기타법인	코드	100	⑲결 산 확 정 일	2019.03.31
⑳신　고　일	2019.03.31			㉑납　부　일	
㉒신고기한 연장승인	1. 신청일			2. 연장기한	

구　분	여	부	구　분	여	부
㉓주식변동	1	2	㉔장부전산화	1	2
㉕사업연도의제	1	2	㉖결손금소급공제 법인세환급신청	1	2
㉗감가상각방법(내용연수)신고서 제출	1	2	㉘재고자산등 평가방법신고서 제출	1	2
㉙기능통화 채택 재무제표 작성	1	2	㉚과세표준 환산시 적용환율		
㉛동업기업의 출자자(동업자)	1	2	㉜국제회계기준(K-IFRS)적용	1	2
㊼내용연수승인(변경승인) 신청	1	2	㊽감가상각방법 변경승인 신청	1	2
㊾기능통화 도입기업의 과세표준 계산방법			㊿미환류소득에 대한 법인세 신고	1	2

구　분	법 인 세	토지 등 양도소득에 대한 법인세	미환류소득에 대한 법인세	계
㉝수　입　금　액	(	8,150,000,000	)	
㉞과　세　표　준	252,330,770			
㉟산　출　세　액	30,466,154			30,466,154
㊱총　부　담　세　액	27,430,706			27,430,706
㊲기　납　부　세　액	2,430,050			2,430,050
㊳차 감 납 부 할 세 액	25,000,656			25,000,656
㊴분　납　할　세　액				12,500,328
㊵차 감 납 부 세 액				12,500,328

㊶조 정 반 번 호	1-0000	㊸조정자	성　　명	장보원
㊷조 정 자 관 리 번 호	U-0761-2		사업자등록번호	107-10-95700
			전　화　번　호	02-2606-9595

국세환급금 계좌 신고 (환급세액 2천만 원 미만인 경우)	㊹예 입 처		은행	(본)지점
	㊺예금종류			예금
	㊻계 좌 번 호			

신고인은 「법인세법」 제60조 및 「국세기본법」 제45조, 제45조의2, 제45조의3에 따라 위의 내용을 신고하며, 위 내용을 충분히 검토하였고 신고인이 알고 있는 사실 그대로를 정확하게 적었음을 확인합니다.

2019년　03월　31일

신고인(법 인)　　　(주)율도국　　　(인)
신고인(대표자)　　　홍길동　　　(서명)

세무대리인은 조세전문자격자로서 위 신고서를 성실하고 공정하게 작성하였음을 확인합니다.

세무대리인　　　　　　　　　　장보원 (서명 또는 인)

세무서장 귀하

첨부서류	1. 재무상태표　2. (포괄)손익계산서　3. 이익잉여금처분(결손금처리)계산서 4. 현금흐름표(「주식회사의 외부감사에 관한 법률」 제2조에 따른 외부감사의 대상이 되는 법인의 경우만 해당합니다)　5. 세무조정계산서	수수료 없음

210mm×297mm[백상지 80g/㎡ 또는 중질지 80g/㎡]

057

원천징수란 어떤 세금일까?

원천징수와 지급명세서

개인의 사업소득 외에 이자소득, 배당소득, 근로소득, 사업소득 중 용역소득, 연금소득, 기타소득, 퇴직소득 같은 것은 사업을 하지 않는 자의 소득으로, 사업자가 발행하는 세금계산서, 계산서, 신용카드, 현금영수증으로 파악하는 소득이 될 수 없다. 그래서 세법은 이러한 사업과 무관한 소득에 대해 그 소득을 지급하는 사업자에게 원천징수 의무를 부여한다.

원천징수란 소득을 지급하는 사업자가 소득을 지급받는 자로부터 해당 소득에 대한 세금 일부를 공제(차감)해 사업장 관할세무서에 매월(또는 반기) 단위로 신고·납부하는 제도이다. 그리고 사업자는 이렇게 원천징수한 내역을 소득자와 금액을 특정해 이듬해 지급명세서라는 이름으로 국세청에 제출하도록 되어있다.

이를테면 사장이 직원에게 급여를 줄 때 근로소득세를 공제하고, 이렇게 공제된(원천징수한) 세금을 사업장 관할세무서에 신고·납부한 이후 누구에게 얼마나 지급했는지 알려주는(지급명세서) 식이다.

원천징수제도로 인해 국세청은 세금을 미리 확보할 수 있고 비사업자의 소득을 미리 알 수 있는 장점이 있다. 또한 세금 징수를 사업자가 하므로 국가 입장에서는 징세비를 절감할 수 있어서 사업자가 지급하는 대부분의 개인소득에 광범위하게 원천징수제도가 활용된다.

원천징수는 여러 가지 사례가 있는데 대표적으로 사업자가 임직원(일용근로자 포함)에게 급여나 퇴직금을 지급할 때, 사업자등록이 없는 인적용역 사업자에게 용역비를 지급할 때, 은행이 아닌 개인에게 사채이자를 지급하거나 주주에게 배당을 지급할 때 등 다음의 경우에 원천징수 의무가 발생한다.

원천징수 대상 소득	원천징수세율(지방소득세 포함)
① 이자·배당소득	지급액의 15.4% (사채이자는 27.5%)
② 인적용역 사업소득	지급액의 3.3%
③ 근로소득	지급액에 간이세액표 적용
④ 기타소득	기타소득금액의 22%
⑤ 연금소득	지급액에 간이세액표 적용 (금융기관·연금공단 업무)
⑥ 퇴직소득	퇴직소득세 결정세액 (지방소득세 포함)

그런데 매월 단위로 원천징수 업무가 발생하는 것은 주로 근로소득(급여)을 지급할 때이므로 세무사는 "매월 급여신고를 대행한다"라는 표현으로 원천징수를 설명하기도 한다.

사업자는 이처럼 원천징수한 세금을 다음 달 10일까지 사업장 관할세무서에 신고·납부해야 한다. 다만, 상시 근로자 수가 20인 이하인 소규모 사업자는 반기납부 신청을 하면 상반기와 하반기로 나눠 반기별로 원천징수 신고·납부를 할 수 있다(7월 10일과 1월 10일).

이러한 원천징수제도를 통해 과세관청은 소득을 지급한 자와 지급받은 자를 모두 파악할 수 있다. 모든 사업자는 원천징수 신고·납부 이후에 그 세부 내역을 담은 지급명세서를 제출해야 하기 때문이다.

지급명세서 제출 기한은 근로소득·사업소득·퇴직소득 지급명세서는 다음 연도 3월 10일까지이며, 나머지 소득의 지급명세서는 2월 말일까지다. 다만, 근로소득 중 일용근로소득 지급명세서 제출 기한은 분기별 다음 달 말일이고 사업장이 휴·폐업된 경우에는 모든 소득의 지급명세서를 휴·폐업일이 속하는 분기의 다음 달 말일까지 제출해야 한다.

그리고 2019년부터 근로장려금의 반기별 지급을 확인하기 위한 납세협력 의무의 일환으로 상용근로소득, 원천징수 대상 사업소득, 비거주자

사업 관련 소득에 대해서는 반기별 다음 달 말일까지 근로소득 간이지급명세서 제출 의무가 신설되었다.

사업자 입장에서는 원천징수가 매우 번거로운 제도일 수 있다. 그러나 반드시 원천징수를 신고 · 납부해야 하는 이유는 사업자의 비용 처리 입증 방법 중 많은 업무가 원천징수 신고 · 납부와 지급명세서 제출이기 때문이다.

예를 들어, 소득을 지급하는 사업자의 입장에서 이자소득은 이자비용, 임직원의 근로소득이나 퇴직소득은 직원급여 또는 퇴직급여, 인적용역 사업자의 사업소득은 지급수수료 또는 외주비로 비용 처리가 된다. 소득을 받아가는 상대방으로부터 세금계산서나 영수증을 받을 수 없으니 원천징수로 영수증을 대신하는 것이다.

만약 원천징수 대상 소득인데도 사업자가 원천징수를 신고 · 납부하지 않으면 어떻게 될까? 일단 원천징수 대상 소득을 지급했으면서도 원천징수하지 않았다면 세무상 경비로 계상하기도 쉽지 않을 뿐만 아니라, 원천징수하지 않은 사실이 발각되면 과세관청은 소득을 얻은 사람에게 원천징수 세금을 징수하는 것이 아니라, 원천징수 의무자인 사업자에게 원천징수 세금을 징수한다. 그렇기 때문에 원천징수 세금이 사업자 본인의 세금이 아니라고 피할 수는 없는 일이다.

그래서 현실에서는 원천징수 신고·납부를 위한 원천징수 이행 상황 신고나 지급명세서의 기재 방법이 까다롭고 근로소득의 간이세액표 적용 방법도 꽤 복잡한 편이기 때문에 사업을 어느 정도 해본 중소기업인은 대부분 세무 업무를 직접 하지 않고 세무사에게 의뢰해 처리한다.

① 신고구분						[√]원천징수이행상황신고서 [ ]원천징수세액환급신청서		② 귀속연월	2019년 6월
매월	반기	수정	연말	소득 처분	환급 신청			③ 지급연월	2019년 6월

원천징수 의무자	법인명(상호)	(주)율도국		대표자(성명)	홍길동		일괄납부 여부	여 , 부
							사업자단위과세 여부	여 , 부
	사업자(주민) 등록번호	666-66-66666		사업장 소재지	서울시 OO구 OO길 100 허균빌딩 3층 301호		전화번호	05-555-5555
							전자우편주소	@

❶ 원천징수 명세 및 납부세액　　　　　　　　　　　　　　　　　　　　　　(단위: 원)

소득자 소득구분				코드	원 천 징 수 명 세							납부세액	
					소득지급 (과세 미달, 일부 비과세 포함)		징수세액			⑨ 당월 조정 환급세액		⑩ 소득세 등 (가산세 포함)	⑪ 농어촌 특별세
					④ 인원	⑤ 총지급액	⑥ 소득세 등	⑦ 농어촌 특별세	⑧ 가산세				
개 인 , 거 주 자 · 비 거 주 자	근로 소득		간이세액	A01	2	14,697,680	2,097,820						
			중도퇴사	A02									
			일용근로	A03									
		연말 정산	합계	A04									
			분납신청	A05									
			납부금액	A06									
			가감계	A10	2	14,697,680	2,097,820					2,097,820	
	퇴직 소득		연금계좌	A21									
			그 외	A22									
			가감계	A20									
	사업 소득		매월징수	A25									
			연말정산	A26									
			가감계	A30									
	기타 소득		연금계좌	A41									
			그 외	A42									
			가감계	A40									
	연금 소득		연금계좌	A48									
			공적연금 (매월)	A45									
			연말정산	A46									
			가감계	A47									
	이자소득			A50									
	배당소득			A60									
	저축해지 추징세액 등			A69									
	비거주자 양도소득			A70									
법인	내 · 외국법인원천			A80									
수정신고(세액)				A90									
총 합 계				A99	2	14,697,680	2,097,820					2,097,820	

❷ 환급세액 조정　　　　　　　　　　　　　　　　　　　　　　(단위: 원)

전월 미환급 세액의 계산			당월 발생 환급세액					⑱ 조정대상 환급세액 (⑭+⑮+⑯+ ⑰)	⑲ 당월조정 환급세액계	⑳ 차월이월 환급세액 (⑱-⑲)	㉑ 환급 신청액
⑫ 전월 미환급세액	⑬ 기환급 신청세액	⑭ 차감잔액 (⑫-⑬)	⑮ 일반 환급	⑯ 신탁재산 (금융 회사 등)	⑰ 그 밖의 환급 세액						
					금융 회사등	합병 등					

원천징수의무자는 「소득세법 시행령」 제185조제1항에 따라 위의 내용을 제출하며, 위 내용을 충분히 검토하였고 원천징수의무자가 알고 있는 사실 그대로를 정확하게 적었음을 확인합니다.

　　　　　　　　　　　　　2019년 7월 10일

　　　　　　　신고인　　　　　(주)율도국 홍길동 (서명 또는 인)

세무대리인은 조세전문자격자로서 위 신고서를 성실하고 공정하게 작성하였음을 확인합니다.

　　　　　　　세무대리인　　　　　　장보원 (서명 또는 인)

　세 무 서 장　귀하

신고서 부표 등 작성 여부		
※ 해당란에 "○" 표시를 합니다.		
부표(4~5쪽)	환급(7~9쪽)	승계명세(10쪽)

세무대리인	
성 명	장보원
사업자등록번호	107-10-95700
전화번호	02-2606-9595

국세환급금 계좌신고	
※ 환급금액 2천만 원 미만인 경우에만 적습니다.	
예입처	
예금종류	
계좌번호	

210mm×297mm[백상지 80g/㎡ (재활용품)]

058

지급명세서란 무엇일까?

지급명세서와 제출 기한

원천징수란 소득을 지급하는 사업자가 소득을 지급받는 자로부터 해당 소득에 대한 세금 일부를 공제해 사업장 관할세무서에 매월(또는 반기) 단위로 신고·납부하는 제도를 말한다. 그리고 원천징수의 후속 절차로 지급명세서 제출 의무가 있다.

지급명세서란 사업자가 원천징수 대상 소득을 지급할 때 소득자에게 발급하는 원천징수 영수증의 발행자 보고용 서식을 말한다. 따라서 원천징수 영수증 소득자용과 동일한 서식이다. 다만, 지급명세서 제출에서 유의할 것은 원천징수 의무가 없는 이자소득이나 배당소득에 대해서도 그 지급 사실이 있으면 지급명세서를 제출해야 한다는 것이다. 만일 법인주주에게 배당소득을 지급했는데 원천징수

의무가 없다고 지급명세서를 제출하지 않으면 지급명세서 미제출 가산세가 부과된다.

사업자는 매월 또는 반기별로 원천징수 이행상황 신고서에 따라 원천징수세액을 사업장 관할세무서에 신고·납부한 뒤, 지급명세서 제출 기한 내에 그 세부 내역을 담은 지급명세서를 제출해야 한다. 만일 지급명세서를 제때에 제출하지 않으면 미제출 금액의 1%(지연 제출 시 0.5%)로 가산세를 부과한다. 원천징수 대상 소득으로는 이자소득, 배당소득, 사업자등록이 없는 인적용역 사업자의 사업소득, 근로소득, 연금소득, 기타소득, 퇴직소득이 있다. 따라서 지급명세서는 각 소득별로 규정돼 있고, 지급명세서 양식도 조금씩 다르다.

지급명세서 제출 기한은 근로소득·사업소득·퇴직소득 지급명세서는 다음 연도 3월 10일까지이며, 나머지 소득의 지급명세서는 2월 말일까지이다. 다만 근로소득 중 일용근로소득 지급명세서 제출 기한은 분기별 다음 달 말일이고 사업장이 휴·폐업한 경우에는 모든 소득의 지급명세서를 휴·폐업일이 속하는 분기의 다음 달 말일까지 제출해야 한다.

그리고 2019년부터 근로장려금의 반기별 지급을 확인하기 위한 납세협력 의무의 일환으로 상용근로소득, 원천징수 대상 사업소득, 비거주자 사업 관련 소득에 대해서는 반기별 다음 달 말일까지 근로소득 간이지급명세서 제출 의무가 신설되었다.

실무를 처리하다 보면 각종 용역비나 일당 등을 지급하면서 아무런 세무신고(원천징수와 지급명세서 제출)도 하지 않은 채 "지급한 경비가 있으니 세무상 경비로 처리해서 세금을 깎아달라"라고 요청하는 소규모 사업자들이 많다.

이럴 경우 방법을 찾으면서 가장 먼저 고려하는 것은 실제 용역비나 일당 등을 지급한 사실이 금융 증빙(통장이체)으로 확인되는지 여부이다. 금융 증빙으로 확인이 가능하다면 일단 세무상 경비로 처리하고, 원천징수 불이행에 따른 원천징수세액 및 미납부 가산세와 지급명세서 제출불성실 가산세 부담이 있다고 설명해준다. 하지만 현금으로 주었다고 할 때는 애석하게도 세무상 경비로 처리할 수 없다. 왜냐하면 원천징수를 신고·납부하지 않고 실제 지급한 사실도 불분명한 경비를 세무상 경비로 처리하면 가공경비로 오인돼 탈세로 처벌받을 수 있기 때문이다.

거주구분	거주자1/비거주자2
거주지국	대한민국	거주지국코드	KR
내·외국인	내국인1/외국인9
외국인단일세율적용	여 1 / 부 2
외국법인소속 파견근로자 여부	여 1 / 부 2
국적		국적코드	
세대주 여부	세대주1, 세대원2
연말정산 구분	계속근로1, 중도퇴사2

관리 번호	

[√]근로소득 원천징수영수증
[ ]근로소득 지 급 명 세 서
([√]소득자 보관용 [ ]발행자 보관용 [ ]발행자 보고용)

징 수 의무자	① 법인명(상 호)	(주)율도국	② 대 표 자(성 명)	홍길동
	③ 사업자등록번호	666-66-66666	④ 주 민 등 록 번 호	
	⑤ 소 재 지(주소)	서울시 OO구 OO길 100 허균빌딩 3층 301호		
소득자	⑥ 성 명	홍길동	⑦ 주 민 등 록 번 호(외국인등록번호)	111111-1111111
	⑧ 주 소	서울시 OO구 OO길 300 조선아파트 101동 101호		

	구 분		주(현)	종(전)	종(전)	⑩-1 납세조합	합 계
I 근 무 처 별 소 득 명 세	⑨ 근 무 처 명		(주)율도국				
	⑩ 사업자등록번호		666-66-66666				
	⑪ 근무기간		2018.01.01-2018.12.31	~	~	~	~
	⑫ 감면기간		~	~	~	~	~
	⑬ 급 여		139,200,000				139,200,000
	⑭ 상 여		17,700,000				17,700,000
	⑮ 인 정 상 여						
	⑮-1 주식매수선택권 행사이익						
	⑮-2 우리사주조합인출금						
	⑮-3 임원 퇴직소득금액 한도초과액						
	⑮-4						
	⑯ 계		156,900,000				156,900,000
II 비 과 세 및 감 면 소 득 명 세	⑱ 국외근로	M0X	12,000,000				12,000,000
	⑱-1 야간근로수당	O0X					
	⑱-2 출산·보육수당	Q0X					
	⑱-4 연구보조비	H0X					
	⑱-5						
	⑱-6						
	~						
	⑱-25						
	⑲ 수련보조수당	Y22					
	⑳ 비과세소득 계						12,000,000
	⑳-1 감면소득 계						

	구 분			⑦⑨ 소 득 세	⑧⑩ 지방소득세	⑧① 농어촌특별세
III 세 액 명 세	⑦③ 결 정 세 액			30,859,975	3,085,997	
	기납부 세 액	⑦④ 종(전)근무지 (결정세액란의 세액을 적습니다)	사업자 등록 번호			
		⑦⑤ 주(현)근무지		30,681,090	3,068,060	
	⑦⑥ 납부특례세액					
	⑦⑦ 차 감 징 수 세 액 (⑦③-⑦④-⑦⑤-⑦⑥)			178,880	17,930	

위의 원천징수액(근로소득)을 정히 영수(지급)합니다.

　　　　　　　　　　　　　　　　　　　　　　　　　　2019년 02월 29일

징수(보고)의무자　　　　　　　　　　　(주)율도국 홍길동 (서명 또는 인)

세 무 서 장 귀하

210mm×297mm[백상지 80g/㎡(재활용품)]

IV 정산명세서						
㉑ 총급여(⑯, 다만 외국인단일세율 적용 시에는 연간 근로소득)						156,900,000
㉒ 근로소득공제						15,888,000
㉓ 근로소득금액						141,012,000
종합소득공제	기본공제	㉔ 본 인				1,500,000
		㉕ 배 우 자				1,500,000
		㉖ 부 양 가 족(1 명)				1,500,000
	추가공제	㉗ 경 로 우 대(명)				
		㉘ 장 애 인 (명)				
		㉙ 부 녀 자				
		㉚ 한 부 모 가 족				
	연금보험료공제	㉛ 국민연금보험료				2,238,300
		㉜ 공적연금보험료공제	㉮ 공무원연금			
			㉯ 군인연금			
			㉰ 사립학교교직원연금			
			㉱ 별정우체국연금			
	특별소득공제	㉝ 보험료	㉮ 건강보험료(노인장기요양보험료 포함)			45,200
			㉯ 고용보험료			
		㉞ 주택자금	㉮ 주택임차차입금원리금상환액	대출기관		
				거주자		
			㉯ 장기주택저당차입금이자상환액	2011년 이전 채입분	15년 미만	
					15년-29년	
					30년 이상	
				2012년 이후 채입분 (15년 이상)	고정금리이거나, 비거치상환 대출	
					그 밖의 대출	
				2015년 이후 채입분	15년 이상	고정금리이면서, 비거치상환 대출
						고정금리이거나, 비거치상환 대출
						그 밖의 대출
					10년~15년	고정금리이거나, 비거치상환 대출
		㉟ 기부금(이월분)				
		㊱ 계				45,200
㊲ 차 감 소 득 금 액						134,228,500
	㊳ 개인연금저축					
	㊴ 소기업·소상공인 공제부금					
	㊵ 주택마련저축소득공제	㉮ 청약저축				
		㉯ 주택청약종합저축				
		㉰ 근로자주택마련저축				
	㊶ 투자조합출자 등					
	㊷ 신용카드 등 사용액					
	㊸ 우리사주조합 출연금					
	㊹ 고용유지 중소기업 근로자					
	㊺ 목돈 안 드는 전세 이자상환액					
	㊻ 장기집합투자증권저축					
	㊼ 그 밖의 소득공제 계					
㊽ 소득공제 종합한도 초과액						

㊾ 종합소득 과세표준					134,228,500
㊿ 산출세액					32,079,975
세액감면	�51 「소득세법」				
	�52 「조세특례제한법」 (�53 제외)				
	�53 「조세특례제한법」 제30조				
	�54 조세조약				
	�55 세 액 감 면 계				
세액공제	�56 근로소득				500,000
	�57 자녀	공제대상자녀 (1 명)			150,000
		6세 이하 (명)			
		출산·입양자 (명)			
	연금계좌	�58 과학기술인공제		공제대상금액	
				세액공제액	
		�59 「근로자퇴직급여 보장법」에 따른 퇴직연금		공제대상금액	
				세액공제액	
		�60 연금저축		공제대상금액	
				세액공제액	
	특별세액공제	�61 보험료	보장성	공제대상금액	1,000,000
				세액공제액	120,000
			장애인전용 보장성	공제대상금액	
				세액공제액	
		�62 의료비		공제대상금액	
				세액공제액	
		�63 교육비		공제대상금액	3,000,000
				세액공제액	450,000
		�64 기부금	㉮ 정치자금기부금	10만원 이하 공제대상금액	
				세액공제액	
				10만원 초과 공제대상금액	
				세액공제액	
			㉯ 법정기부금	공제대상금액	
				세액공제액	
			㉰ 우리사주조합 기부금	공제대상금액	
				세액공제액	
			㉱ 지정기부금 (종교단체외)	공제대상금액	
				세액공제액	
			㉲ 지정기부금 (종교단체)	공제대상금액	
				세액공제액	
		(65) 계			570,000
		(66) 표준세액공제			
	(67) 납세조합공제				
	(68) 주택차입금				
	(69) 외국납부				
	(70) 월세액		공제대상금액		
			세액공제액		
(71) 세 액 공 제 계					1,220,000
(72) 결 정 세 액(㊿-�55-�71)					30,859,975

귀속 연도	2016년	**[√]거주자의 사업소득 원천징수영수증** **[ ]거주자의 사업소득 지급명세서** ([√]소득자 보관용 [ ]발행자 보관용)	내·외국인	내국인1 외국인9
			거주 지국 대한민국	거주지국 코 드 KR

징 수 의무자	① 사업자등록번호	777-77-77777	② 법인명 또는 상호	허생전	③ 성명	박지원
	④ 주민(법인)등록번호		⑤ 소재지 또는 주소	서울시 OO구 OO길 10 남산빌딩 401호		

소득자	⑥ 상 호		⑦ 사업자등록번호	
	⑧ 사업장 소재지			
	⑨ 성 명	홍길동	⑩ 주민등록번호	111111-1111111
	⑪ 주 소	서울시 OO구 OO길 300 조선아파트 101동 101호		

⑫ 업종구분 (940100) 저술가 ※ 작성방법 참조

⑬ 지 급			⑭ 소득 귀속		⑮ 지 급 총 액	⑯ 세율	원 천 징 수 세 액		
연	월	일	연	월			⑰ 소 득 세	⑱ 지방소득세	⑲ 계
2018	06	24	2018	01	5,000,000	3.0%	150,000	15,000	165,000
2018	06	30	2018	06	3,000,000	3.0%	90,000	9,000	99,000
2018	09	10	2018	09	4,000,000	3.0%	120,000	12,000	132,000

위의 원천징수세액(수입금액)을 정히 영수(지급)합니다.

2019 년 2월 10일

징수(보고)의무자

허생전 박지원 (서명 또는 인)

세 무 서 장 귀하

작 성 방 법

1. 이 서식은 거주자가 사업소득이 발생한 경우에만 작성하며, 비거주자는 별지 제23호서식(5)을 사용해야 합니다.
2. 징수의무자란의 ④ 주민(법인)등록번호는 소득자 보관용에는 적지 않습니다.
3. 세액이 소액 부징수에 해당하는 경우에는 ⑰·⑱·⑲란에 세액을 "0"으로 적습니다.
4. ⑫ 업종구분란에는 소득자의 업종에 해당하는 아래의 업종구분코드를 적어야 합니다.

업종코드	종목	업종코드	종목	업종코드	종목	업종코드	종목	업종코드	종목
940100	저술가	940305	성악가	940904	직업운동가	940910	다단계판매	940916	행사도우미
940200	화가관련	940500	연예보조	940905	봉사료수취자	940911	기타모집수당	940917	심부름용역
940301	작곡가	940600	자문·고문	940906	보험설계	940912	간병인	940918	퀵서비스
940302	배우	940901	바둑기사	940907	음료배달	940913	대리운전	940919	물품배달
940303	모델	940902	꽃꽂이교사	940908	방판·외판	940914	캐디	851101	병의원
940304	가수	940903	학원강사	940909	기타자영	940915	목욕관리사		

210mm×297mm[백상지 80g/㎡(재활용품)]

059

4대 보험은
어떻게 관리해야 할까?

4대 보험

사업자가 세무사에게 세금 문제 외에 가장 많이 묻는 것은 바로 '4대 보험'이다. 근로자일 때는 급여를 받을 때 국민연금, 건강보험, 고용보험, 소득세 등을 공제하고 받지만, 사업자로서 사업을 시작하고 나면 근로자의 4대 보험과 사업자 본인의 4대 보험을 직접 관리해야 하는데 이를 잘 모르기 때문이다.

4대 보험이란 국가가 강제적으로 실시하는 사회보험 제도로 국민연금, 건강보험, 고용보험, 산재보험을 말한다. 4대 보험은 사업장가입(직장가입이라고도 함)과 지역가입으로 구분되는데, 고용보험과 산재보험은 근로자만 가입되기 때문에 지역가입은 없고 사업장가입만 있다. 반면 국민연금과 건강보험은 모든 국민이 가입자가 되므로 사업장가입과 지역가입으로 나뉜다. 1인 이상의 근로자를 고용한 사업장은 모두 의무적으로 사업장가입을 해야 하고, 근로자가 아닌 경우와 근로자가 없는 사업장의 사업자는 지역가입이 된다.

사업장가입의 경우 국민연금, 건강보험, 고용보험, 산재보험의 보험료 계산은 근로자의 월급여를 기준으로 한다. 사업장가입자의 4대 보험료 부담은 사업주와 근로자가 절반씩 부담하는 것을 원칙으로 한다. 4대 보험료율을 표로 정리하면 다음과 같다.

구분	국민연금	건강보험*	고용보험**	산재보험***
사업주	4.5%	3.335%	0.8%	업종별 요율
근로자	4.5%	3.335%	0.8%	
계	9%	6.67%	1.6%	업종별 요율

 * 건강보험료 징수 시 건강보험료의 10.25%를 장기요양보험료로 추가 징수하고 사업주와 근로자가 절반씩 부담한다.
 ** 고용보험료 징수 시 고용안정 및 직업능력 개발사업 명목으로 0.25~0.85%까지 사업주에게 추가 징수한다.
 *** 산재보험료 징수 시 업종별 요율(제조업의 경우 0.85~4.35%)에 따라 근로자 부담 없이 사업주가 부담한다.

그런데 사업장의 4대 보험료 비율을 모두 합쳐보면 산재보험을 제외해도 월급여의 17.27%가 된다. 따라서 사업주나 근로자의 입장에서는 4대 보험료가 부담이 될 수도 있다. 즉, 월급이 200만 원이라 할 때 근로자가 약 16만 원을 부담하고 사업주가 약 16만 원을 부담하게 되면서, 근로자는 실수령액이 낮아져서 불만이고, 사업주는 급여 외에 보험료를 추가로 부담해야 하니 불만일 수 있다.

물론 국민연금은 국가가 연금 형태로 노후소득을 보장하는 제도이고, 건강보험은 국가가 국민의 건강권을 보호하는 제도이며, 고용보험과 산재보험은 근로자를 실업이나 재해에서 보호하기 위한 제도이지만, 현실적으로 부담되는 것은 어쩔 수 없다. 그래서 소규모 사업자는 근로자를 고용하기보다는 단기 용역(실적제)을 선호하고, 고용보장이 불안한 사업장에서는 근로자 쪽에서 오히려 '용역(실적제)'으로 일하기를 희망하는 현상이 발생한다.

근로자가 없는 사업장은 사업장가입이 아니기 때문에 사업자도 지역가입자이며, 이런 사업장에서 단기용역을 제공한 자도 지역가입자가 된다. 따라서 각자가 지역가입으로 국민연금과 건강보험료를 납부하고, 사업자가 용역비를 지급할 때는 4대 보험료를 공제하지 않고 사업소득 원천징수세액 3.3%만 공제하고 지급하면 된다.

이렇게 지역가입자가 되면 국민연금과 건강보험료의 계산은 가입자의 보유 재산 등 여러 요소를 고려해 산정한다. 이러한 지역가입의 국민연금과 건강보험료 부담은 고스란히 가입자의 몫이다. 끝으로 4대 보험과 관련해 자주 묻는 질문 2가지를 **절세하이테크**에서 소개한다.

Q 사업장가입이 돼 있는 근로자가 다른 소득이 있을 경우 급여에 대한 4대 보험 외에 추가적으로 건강보험료 부담이 있나요?

A 만일 다른 소득이 타 사업장의 급여라면 그 급여에 대해서는 타 사업장에서 4대 보험을 부담하게 됩니다. 하지만 다른 소득이 근로소득 외 소득이고 연간 3,400만 원을 넘지 않으면 추가적인 건강보험료 부담은 없습니다. 만일 다른 소득이 연간 3,400만 원을 초과한다면, 사업장가입 외에 지역가입으로 보험료를 추가적으로 부담하게 됩니다.

Q 자식이 취직해서 직장가입자가 되었는데, 제가 피부양자가 되어 건강보험 혜택을 받을 수 있을까요?

A 연간 종합소득이 3,400만 원을 넘지 않고, 사업자등록이 없는 사업소득금액이 연간 500만 원 이하일 경우 피부양자 자격 요건을 갖추게 됩니다. 자식의 피부양자가 되려는 대부분의 부모는 소득이 이처럼 많지 않겠지만, 여기서 주의할 점은 부동산임대업자처럼 사업자등록이 있고 사업소득금액이 1원이라도 있으면 피부양자 요건이 충족되지 않는다는 것입니다.

※ 보험료 부과에 적용되는 이자, 배당, 사업, 기타소득은 필요경비를 제외한 소득금액이고, 근로소득과 연금소득의 경우에는 소득공제를 하지 않은 총수입금액으로 판단합니다.

060

면세사업자의
사업장현황신고란?

사업자를 구분할 때는 구분 기준에 따라 개인사업자와 법인사업자로 구분하기도 하고, 부가가치세 과세사업자와 면세사업자로 구분하기도 한다.

개인, 법인에 관계없이 부가가치세가 과세되는 재화나 용역을 거래하는 사업자를 부가가치세 과세사업자라 하고, 부가가치세가 면세되는 재화나 용역을 거래하는 사업자를 면세사업자라 한다.

다음 쪽 표에 열거된 재화 또는 용역의 공급은 부가가치세가 면세되며, 이러한 면세 재화·용역이 아닌 재화·용역의 공급은 부가가치세가 과세된다.

구분	면세 재화 또는 용역
기초생활 필수품	① 미가공 식료품(국내산, 외국산 불문) ② 국내생산 비식용 미가공 농·축·수·임산물 ③ 수돗물 ④ 연탄과 무연탄 ⑤ 여객운송용역 중 대중교통수단 ⑥ 여성용 생리처리 위생용품 ⑦ 주택과 이에 부수되는 토지의 임대용역
국민후생 및 문화 관련 재화·용역	① 의료보건용역과 혈액 ② 정부의 인허가·등록된 교육용역(무도학원·자동차학원 제외) ③ 도서(대여 포함)·신문·잡지·방송·통신(단, 광고는 제외) ④ 공동주택 어린이집 임대용역 ⑤ 예술창작품(골동품 제외)·순수예술문화행사·아마추어 운동경기 ⑥ 도서관·과학관·박물관·미술관 및 동·식물원 입장 ⑦ 공익을 목적으로 하는 단체가 공급하는 일정한 재화·용역
생산요소	① 토지 ② 금융·보험용역 ③ 저술가·작곡가 기타 일정한 자가 직업상 제공하는 인적용역
기타	① 우표(수집용 제외)·인지·증지·복권 및 공중전화 ② 200원 이하의 제조담배와 특수담배 ③ 국가 등이 공급하는 재화·용역(일부 민간경쟁사업 부문 제외) ④ 국가 등에 무상공급하는 재화·용역

개인사업자 중 일반과세자는 부가가치세를 1년에 두 번 신고·납부해야 한다(간이과세자는 1년 단위 신고). 상반기 실적은 7월 25일까지, 하반기 실적은 1월 25일까지가 신고기한이다.

법인사업자는 부가가치세를 1년에 네 번 신고·납부해야 한다. 1분기 실적은 4월 25일, 2분기 실적은 7월 25일, 3분기 실적은 10월 25일, 4분기 실적은 1월 25일까지가 신고기한이다. 다만, 2021년부터 직전 과세기간 과세표준 1.5억 원 미만의 법인사업자는 예정 고지로 갈음할 수 있다.

이와는 달리 부가가치세 면세사업자는 매 1년의 사업실적을 다음 해 2월 10일까지 신고해야 하는데, 부가가치세를 납부하는 신고가 아니므로 이를 사업장현황신고(개인면세사업자) 또는 면세수입신고(법인면세사업자)라 한다.

그렇다면 왜 사업장현황신고 제도를 만들었을까? 이는 부가가치세 면세사업자도 매출계산서를 발행하거나 매입세금계산서를 발급받기 때문이다. 국가 전체의 세금계산서와 계산서의 교부 및 수수 현황을 파악하려면 부가가치세 면세사업자에게도 세무 자료의 신고 의무를 부여해야 한다. 따라서 부가가치세 면세사업자에게 사업장현황신고를 통해 세무 자료 제출 의무를 부여하고 이를 이행하지 않을 경우 가산세를 부과하는 것이다.

다만 종래에 사업장현황신고는 신고기한이 다소 촉박한 면이 있었다. 왜냐하면 개인면세사업자는 사업장현황신고기한인 2월 10일까지 매출과 매입 내역은 물론, 경비 등 지출 현황까지 완결적으로 보고해야 했기 때문이다. 그러나 2019년 세법 개정에 따라, 앞으로 개인면세사업자가 사업장현황신고를 할 때는 경비 등 지출 현황을 제외한 매출과 매입 내역을 신고하도록 한 바 납세협력의 편의성이 높아졌다.

홈택스(www.hometax.go.kr)에서도
신청할 수 있습니다.

사 업 장 현 황 신 고 서

※ 뒤쪽의 작성방법을 읽고 작성하시기 바라며, [ ]에는 해당되는 곳에 √표를 합니다. (앞쪽)

| 관리번호 | | | | | | 처리기간 | 즉시 |

과세기간	2018년 01월 01일 ~ 2018년 12월 31일			

사업자	상호	허생전	사업자등록번호	777-77-77777	공동사업 [ ]여 [√]부
	성명	박지원	주민등록번호	221111-1111111	
	사업장 소재지	서울시 OO구 OO길 10 남산빌딩 401호		전화번호	07-777-7777
	전화번호		휴대전화	전자우편주소	

① 수입금액(매출액) 명세

(단위: 원)

	업 태	종 목	업종코드	합 계	수입금액	수입금액 제외
(1)	정보서비스(출판)업	일반서적출판	221100	75,792,236	75,792,236	0
(2)						
(3)						
	합 계					

② 수입금액(매출액) 구성 명세

(단위: 원)

합 계	계산서발행금액	계산서발행금액 이외 매출		
		신용카드 매출	현금영수증 매출	기타 매출
75,792,236	75,792,236			

③ 적격증명(계산서·세금계산서·신용카드) 수취금액

(단위: 원)

합 계	매입 계산서		매입 세금계산서		신용카드·현금영수증 매입금액
	전자계산서	전자계산서 외	전자세금계산서	전자세금계산서 외	
26,362,646	1,000,000		24,402,646	3,960,000	

④ 기본사항(과세기간 종료일 현재)

(단위: ㎡·원·대·명)

	시 설 현 황			종업원 수
건물면적(전용면적)	임차보증금	차량	그 밖의 시설	
33	20,000,000			0

⑤ 기본경비(연간금액)

(단위: 원)

합 계	임차료	매입액	인건비	그 밖의 경비
66,387,100	3,960,000	1,678,017		60,749,083

⑥ 폐 업 신 고

폐업연월일	. .	폐업사유	

첨부서류(해당 내용 표기)	신고인은 「소득세법」 제78조 및 같은 법 시행령 제141조에 따라 신고하며, 위 내용을 충분히 검토하였고 신고인이 알고 있는 사실 그대로를 정확하게 작성하였음을 확인합니다.
매출처별계산서합계표 ■ 전자신고 □ 전산매체 □ 서면 □ 해당없음	2019 년 2 월 10 일
매입처별계산서합계표 ■ 전자신고 □ 전산매체 □ 서면 □ 해당없음	신고인: 박지원 (서명 또는 인)
매입처별세금계산서합계표 ■ 전자신고 □ 전산매체 □ 서면 □ 해당없음	세무대리인은 조세전문자격자로서 위 신고서를 성실하게 공정하게 작성하였음을 확인합니다.
수입금액검토표 □	세무대리인: (서명 또는 인)
	세무서장 귀하

세무대리인	성 명		사업자등록번호		전화번호	

210mm×297mm[백상지 80g/㎡ 또는 중질지 80g/㎡]

061

예정고지, 중간예납은
어떻게 대비해야 할까?

예정고지와 중간예납

개인사업을 하는 사람들은 국세청 마크가 찍힌 등기우편물이 날아올 때마다 왠지 심장이 떨린다고 한다. 그런데 그것이 통상 기한마다 국세청에서 기계적으로 보내는 부가가치세 예정고지세액 납세고지서와 소득세 중간예납세액 납세고지서라는 것을 알면 조금 안심이 되지 않을까? 지금부터 부가가치세 예정고지세액과 소득세 중간예납에 대해 알아보자.

1. 부가가치세 예정고지세액

개인사업자 중 일반과세자는 부가가치세를 1년에 두 번 신고·납부해야 한다(상반기 실적은 7월 25일까지, 하반기 실적은 1월 25일까지). 반면 법인사업자는 부가가치세를 1년에 네 번 신고·납부해야 한다(1분기 실적은 4월 25일, 2분기 실적은 7월 25일, 3분기 실적은 10월 25일, 4분기 실적은 1월 25일까지). 다만, 2021년부터 직전 과세기간 과세표준 1.5억 원 미만의 법인사업자는 예정고지로 갈음할 수 있다.

따라서 법인사업자가 부가가치세 예정신고·납부를 할 때 개인사업자는 직전 부가가치세 납부세액의 절반(30만 원 미만 시에는 고지 제외)을 납부할 수 있도록 관할세무서에서 납세고지서를 보내게 된다. 이를 부가가치세 예정고지세액, 줄여서 '예정고지'라 한다. 즉, 법인이 4월 25일, 10월 25일 부가가치세 예정신고를 할 때 개인은 예정고지세액을 납부해야 한다. 물론 실적이 낮을 때는(직전 과세기간 실적의 1/3 미달) 예정고지를 무시하고 예정신고·납부를 할 수도 있다.

2. 중간예납

중간예납은 사업연도가 6개월을 초과하는 법인과 종합소득이 있는 개인이 상반기 법인세 또는 종합소득세를 전년도 납세액에 준해 미리 납부하는 제도이다. 그런데 법인세 중간예납은 사업연도가 6개월을 초과하는 법인이 상반기 종료 후 2월 말까지(12월 말 법인은 8월 말까지) 상반기 가결산 기준으로 법인세를 신고·납부하거나 가결산을 하지 않는 경우에는 지난해 납부세액의 절반을 신고·납부한다.

반면 종합소득세 중간예납은 종합소득이 있는 개인에게 직전 연도 종합소득세 납부세액의 절반을 매년 11월 말까지 납부할 수 있도록 과세관청에서 미리 납세고지(30만 원 미만 시에는 고지 제외)를 하는 것이다.

다만 종합소득이 있는 개인이 상반기 실적이 좋지 않아 고지된 중간예납세액을 납부하는 것이 부담될 때는 상반기 가결산 기준으로 신고·납부할 수 있다. 이때 상반기 실적이 좋지 않다는 기준은 직전 연도 실적의 30%에 미치지 못할 때를 말하는 것으로 누구나 중간 예납고지서를 무시하고 가결산 기준으로 신고·납부할 수 있는 것은 아니다.

062

성실신고확인제도가
세금 혜택을 불러온다?

성실신고확인제도

세무사법은 "세무사는 공공성을 지닌 세무전문가로서 납세자의 권익을 보호하고 납세의무를 성실하게 이행하게 하는 데 이바지하는 것을 사명으로 한다"라고 규정하고 있다. 하지만 일반 국민이 세무사를 대할 때는 납세자의 권익보호는 당연한 것이고, 나아가 탈세의 조력자까지 원하는 경우가 있다. 세무사로서는 고민스러운 일일 수밖에 없다.

성실신고확인제도는 해당 과세기간의 수입금액이 일정 규모 이상(다음 쪽 표 참조)인 개인사업자가 종합소득세를 신고·납부할 때 세무장부를 확인한 세무사에게 그 사업자의 성실신고 여부에 대한 확인 책임을 지우는 제도이다.

업종 구분	수입금액
농업·수렵업 및 임업, 어업, 광업, 도·소매업, 부동산매매업, 기타사업	15억 원
제조업, 숙박·음식점업, 전기·가스·증기·수도사업, 하수·폐기물처리·원료재생·환경복원업, 건설업, 운수업, 출판·영상·방송통신·정보서비스업, 금융·보험업, 상품중개업	7.5억 원
부동산임대업, 부동산관련 서비스업, 임대업, 전문·과학 및 기술서비스업 등 각종 서비스업, 보건업, 가구 내 고용활동	5억 원

만약 국세청에서 성실신고 여부를 확인한 결과 부실기장이나 허위 확인 사실이 발각되면 어떻게 될까? 납세자에 대해서는 세금을 추징하고 부실 확인한 세무사에 대해서는 등록 취소, 직무 정지, 과태료 등의 처벌을 하게 된다.

성실신고확인 대상 사업자의 종합소득세 신고·납부기한은 성실신고 확인에 걸리는 시간을 고려해 매년 6월 30일까지이다. 그리고 종합소득세를 신고할 때는 반드시 사업장별로 세무사가 작성한 성실신고확인서, 성실신고확인 결과 주요 항목 명세서, 특이사항기술서, 사업자 확인사항이 포함돼야 한다. 이 경우 세무사는 종합소득세 신고대행은 물론, 성실신고확인까지 하므로 성실신고확인 수수료를 납세자에게 청구하게 된다. 그러면 어떤 사업자는 이렇게 불만을 털어놓기도 한다.

"국가에 종합소득세도 많이 내고 세무사에게 세무조정료도 지불하는데, 왜 성실신고확인제도를 만들어서 성실신고확인 비용까지 지불하게 하는지 모르겠네요."

하지만 성실신고확인 대상 사업자가 누리는 혜택도 있다. 즉, 일반사업자에게 허용하지 않는 의료비와 교육비 세액공제를 허용해주고, 성실신고확인 비용의 60%(120만 원 한도)를 종합소득세에서 공제해주는 것이다. 결과적으로 성실하게 종합소득세를 신고하면 오히려 일반사업자보다 많은 세금 혜택을 받을 수도 있다.

2018년부터는 성실신고확인제도를 더욱 확장해 소규모 법인에 대해서도 성실신고확인제도를 도입했다. 성실신고확인 대상 소규모 법인이란 소수가 지배하는 법정의 자본이득 과다법인*과 성실신고확인 대상인 개인사업자가 법인으로 전환한 후 3년 이내의 법인을 말한다. 다만, 주식회사의 외부감사에 관한 법률에 따라 감사를 받는 법인은 제외한다. 성실신고확인을 받은 법인은 법인세 신고기한을 1개월 연장받고 성실신고확인 비용 세액공제(확인 비용의 60%, 150만 원 한도)의 혜택 또한 받는다.

우리는 지금 금융실명제를 넘어 금융정보를 분석하고(금융정보분석원FIU), 신용카드 사용 내역을 일자별·사용내역별로 분류하며, 개인의 소비 수준으로 개인의 실제 소득을 추정해내는 고도의 기술이 지배하는 세상에 살고 있다. 매출 누락, 가공경비, 가사경비 등 과거의 낡은 프레임으로 탈세를 시도하고, 그에 동조하는 세무대리인에게 고액의 대가를 지불하는 것도 옛일이 되고 있다.

---

* 소수가 지배하는 법정의 자본이득 과다법인이란 ① 해당 사업연도의 상시근로자 수가 5인 미만 ② 지배주주 및 특수관계인 지분 합계가 전체의 50% 초과 ③ 부동산임대업 법인 또는 이자·배당·부동산임대소득이 수입금액의 70% 이상인 법인을 말한다.

063

세금을 안 내면
어떻게 될까?

국세징수법

"이 세상에서 세금과 죽음을 제외하고 확실한 것은 하나도 없다!"

미국 건국에 앞장선 벤자민 프랭클린의 말이다. 말하자면 죽음만큼 세금도 피할 수 없다는 것이다. 그런데 만약 대한민국에서 세금을 체납하면 어떤 일이 벌어질까?

납세자가 내야 할 세금을 내지 않으면, 과세관청은 언제까지 세금을 납부하라고 납세고지서를 보낸다. 납세고지서상의 납부기한까지 세금을 납부하지 않은 상태를 '체납'이라고 하는데, 이때부터 일이 커지게 된다.

1. 가산금 징수

체납이 발생하면 그 즉시 납세고지서에 고지된 세금의 3% 상당액이 가산금으로 붙는다. 즉, 100만 원이 고지되었는데 깜박하고 납부기한을 어겼을 경우 다음 날 납부하더라도 103만 원을 내야 한다. 게다가 체납 이후에는 1개월이 지날 때마다 고지 세금의 1.2%가 추가로 가산돼 총 60개월(5년)까지 가산된다. 이렇게 계속 가산되면 최종적으로 납부해야 할 돈은 당초 고지세금의 1.75배(=1+3%+72%)가 된다.

참고로 세금을 기한 내에 내지 않으면, 가산금 외에 납부불성실 가산세가 가산된다. 납부불성실 가산세란 납세자가 법정 신고기한 이후 미납한 상태가 지속되면 납세고지일까지 미납 일수를 계산해 당초 납부할 세금의 1일 2.5/10,000(연 9.125%)을 가산하는 것을 말한다. 이것이 납세고지가 있고 나서는 가산금으로 바뀌면서 최초 3%, 매월 1.2%씩 가산된다. 따라서 가산금이 붙는 기간에는 납부불성실 가산세가 적용되지 않는다.

그런데 2020년부터는 현행 세금 미납에 대한 금전적 제재로서 구분되는 납부고지 전 납부불성실 가산세(ⓐ)와 납부고지 후 가산금[미납세액×3%(ⓑ) + 매 1개월마다 월 1.2%(ⓒ)]을 납부지연 가산세로 통합하게 된다. 이때 지연이자 성격(ⓐ+ⓒ)의 가산세율을 납부기한의 익일부터 실제 납부일까지 연 9.125%로 인하하고, 체납에 대한 제재(ⓑ)는 현행 3%를 유지하기로 했다.

2. 납세증명서 발급 제한

세금을 체납하면 단순히 가산금이 붙는 데서 끝나지 않는다. 체납자에게는 대출을 받거나 관급공사에 입찰할 때 제출해야 하는 납세증명서가 발급되지 않는다. 딱한 사정이 있어 세무서에서 징수를 유예받은 경우에도 "징수유예액 외에는 체납액이 없다"라는 식으로 납세증명서가 발급된다.

3. 관허사업의 제한

사업 관련 세금이 체납되면 관허사업도 사실상 유지하기가 어렵다. 세무서에서 사업의 주무관서에 허가 등을 제한하도록 요구하거나 허가 취소를 요구할 수 있기 때문이다.

4. 신용불량 등록, 출국 금지, 인터넷 공개

만일 체납세액이 500만 원 이상이면 신용불량으로 등재될 수 있고, 체납세액이 5천만 원 이상이면 해외도피가 의심스러운 경우 출국 금지를 당할 수도 있다. 그리고 체납세액이 2억 원 이상이면 고액 상습 체납자로 인터넷에 공개돼 망신을 당하게 된다. 다만 체납된 국세가 억울한 세금이어서 행정쟁송으로 국가와 송사를 벌이는 중일 때는 예외이다.

5. 체납 처분 절차

과세관청에서는 체납 이후 독촉장을 보내고, 독촉 이후에도 납부하지 않으면 체납자의 재산을 조회해 압류한다. 그리고 이를 캠

코KAMCO, 즉 한국자산관리공사에 의뢰해 공매한 뒤 채권자들이
나눠 가지도록 한다.

6. 미납국세의 열람

임차인이 전세를 얻을 때는 집주인이 체납자인지 또는 체납의
여지가 있는지 확인하는 것이 중요하다. 왜냐하면 집주인이 체납
자라면 그 전셋집이 압류·공매돼 채권자들이 나누어 가질 때 후
순위 채권으로 전세금을 떼일 염려가 있기 때문이다. 그래서 상가
나 주택의 임대차계약을 하기 전에 임대인의 동의를 받아 임대인
이 납부하지 않은 국세를 열람할 수 있는 제도가 운영되고 있다.
임차인은 임대인의 동의를 얻어 임차할 건물 소재지의 관할세무
서장에게 미납국세의 열람을 신청하면 된다.

7. 고액 · 상습 체납자에 대한 감치 신청

고액·상습 체납자에 대한 제재의 실효성을 높이고자 과세관청
(세관장)은 일정 요건을 모두 충족한 자*에 대해 30일의 범위 내에
서 검사에게 감치 신청을 할 수 있다. 다만 과세관청(세관장)은 감
치 신청 전 체납자에게 소명 기회를 부여하고, 동일한 체납 사실로
인한 재차 감치 신청은 금지한다. '20.1.1. 이후 체납하는 분부터
적용한다.

---

* ① 국세(관세)를 3회 이상 체납, 체납 1년 경과, 체납액 합계 1억 원 이상일 것
　② 체납국세(관세) 납부 능력이 있음에도 불구하고 정당한 사유 없이 체납할 것
　③ 국세(관세)정보공개심의위원회 의결로 감치 필요성이 인정될 것

064

세금에도
시효가 있을까?

소멸시효와 제척기간

2011년 기준 소상공인을 포함한 중소기업자는 약 320만에 달하고, 중소기업의 평균수명은 12.3년이라 한다. 신설기업의 경우 창업해서 2년 뒤에도 생존하는 기업은 50%가 안 되고, 5년 이내에 폐업하는 비율은 76.4%나 된다는 통계가 있다. 즉, 통계적으로 볼 때 중소기업자의 5년 이상 생존 확률은 23.6%에 불과하다.*

중소기업자의 생존 확률을 높이고 그들이 강하게 진화할 수 있도록 돕는 것이 세무전문가에게 주어진 미션이므로 이런 통계를 볼 때마다 안타까운 마음이 든다. 특히 가까운 거리에서 중소상공

---

* (보도자료) '한국기업 비상구를 찾아라', (재) 재기중소기업개발원 이종락 사회부장

인을 마주하는 세무대리인은 사업자의 창업에서 폐업에 이르기까지의 모든 과정을 직접 지켜봐야 하므로 안타까움이 더하다.

그런데 폐업했던 사업자가 다시 재기하고 싶어도 체납세금이 있으면 사업을 할 수 없다. 사업자등록 자체가 불가능하기 때문이다. 사업하다 진 채무는 개인회생 등을 통해 면제되거나 감액될 수 있는데 세금은 그렇지 않다. 중소상공인이 폐업할 때 체납세금과 일반 채무를 구분하지 않고 되는 대로 빚정리를 하다가 체납세금이라는 꼬리표를 떼지 못하는 경우가 많다. 체납세금은 통상 5년이 경과하면 납세의무가 소멸된다. 다만 5억 원 이상의 국세는 10년이 경과해야 납세의무가 소멸된다.

납세자가 세금을 납부하지 않으면 과세관청에서 납세고지를 하고, 납세고지를 받고도 납부하지 않으면 독촉장을 보낸다. 만약 독촉장을 받고도 납부하지 않으면 과세관청은 사업자의 재산을 조회해 소액 통장과 심지어 보험까지 압류한다.

그런데 폐업으로 낙심해서 소액 압류에 신경을 쓰지 못하는 사이에 납세자는 체납세금이 소멸하는 5년을 놓치게 된다. 왜냐하면 체납세금이 소멸하는 5년이 시작되는 날은 압류가 해제되는 날이기 때문이다. 소액이라도 압류가 지속되는 경우에는 소멸시효가 아예 시작되지도 않는다. 그러니 세무서에 압류된 재산으로 세금을 받아갈 수 있도록 미리 조치해두어야 한다. 그렇게 해서 압류가 없는 상태, 세무서의 추가적 행정 처분이 없는 상태로 5년(또는 10년)이 지나면 납세의무가 소멸된다.

세금이란 이론적으로 말하면 '국가나 지방자치단체가 재정수입을 조달할 목적으로 납세의무가 있는 개인 또는 법인에게 반대급부 없이 부과하는 채무'이다. 그런데 세금을 '국가라는 보호 안에서 경제 주체인 개인 또는 법인이 만든 부富를 파트너십으로 국가에 나눠주는 지분'으로 생각해보면 어떨까? 체납세금을 이유로 영원히 재기 불능 상태로 만들기보다는 재기해서 성실히 세금을 납부할 수 있도록 지원해주는 것이 모두가 승리하는 길이 아닌가 생각해본다. 그런 측면에서 폐업한 영세 자영업자의 재기를 지원하기 위해 법정 요건을 갖춘 재기 자영업자의 체납세금 납부의무를 완화시키는 특례 규정*을 조세특례제한법으로 운용하고 있는 바 매우 바람직하다고 할 것이다.

앞에서 언급한 것처럼 체납된 세금은 압류 없고 추가적 행정 처분이 없는 상태로 5년(또는 10년)이 지나면 소멸한다. 그런데 아직 밝혀지지 않은 세금, 즉 납세자가 신고한 적도 없고 세무서에서 조사한 적도 없는 누락 세금은 언제까지 밝혀서 과세할 수 있을까? 이에 대해서는 **절세하이테크**에서 살펴보기로 한다.

---

* 2019.12.31. 이전 폐업하고 2020.1.1~'22.12.31. 중 사업자등록을 신청 또는 취업해 3개월 이상 근무한 자의 징수 곤란한 종합소득세·부가가치세 체납액에 대해 가산금을 면제하고 최대 5년간 체납국세의 분할 납부를 허용하는 제도(1인당 5천만 원 한도)

과세관청이 세금을 부과(과세표준 및 세액을 확정)할
수 있는 시간은 법으로 정해져 있다. 이를 '부과 시
효' 또는 '부과권의 제척기간'이라 한다. 부과 시효는 세금의 법정 신고
기한 익일부터 다음의 기간이 지나면 만료되므로 그 이후에는 세금을
부과할 수 없다.

---

① 과소신고한 경우 : 5년(역외거래의 경우 7년)
② 무신고한 경우 : 7년(역외거래의 경우 10년)
③ 납세자가 부정 행위로 국세를 포탈하거나 환급·공제받은 경우 : 10년
   (역외거래의 경우 15년)
④ 상속세·증여세의 경우 : 15년(다만 재산의 평가착오와 상속·증여 공제
   착오는 10년, 고액 포탈은 포탈 사실을 인지한 날부터 1년 이내)

일반적인 국세의 경우에는 과소신고한 경우 5년, 무신고한 경우 7년,
부정 행위를 한 경우에는 10년으로 만료기간을 정하고 있다. 예를 들
어, 개인종합소득세 세무조사가 2020년 8월에 나왔다면 조사 대상은
원칙적으로 2015년 귀속분부터 2019년 귀속분 종합소득세의 신고 적
정성 여부가 된다.

왜냐하면 2014년 귀속 종합소득세는 2015년 5월 31일까지가 법정
신고기한이고, 2015년 6월 1일부터 5년이 되는 날인 2020년 5월 31일
에 부과 시효가 만료되었기 때문이다. 조사가 나온 2020년 8월에는 특
별한 사정이 없으면 2014년 이전 종합소득세는 조사할 수가 없다. 그
러나 조사를 받다가 부정 행위가 발견되거나 상속·증여세 문제가 나
오면 2014년 이전 세무 자료까지 모두 조사받는 경우도 있다.

065

내가 안 낸 세금이
배우자나 자녀에게 승계될까?

연대납세의무와 납세의무의 승계

세금을 체납한 사업자는 자신이 안 낸 세금을 배우자나 자녀에게 추징할 수 있느냐는 질문을 종종 한다. 배우자나 자녀와 동업했다면 동업한 사업장에서 발생한 세금은 본인과 배우자 또는 자녀가 연대해 납세의무를 진다. 하지만 동업하지 않았다면 본인이 체납한 세금을 배우자나 자녀에게 추징할 수는 없다.

다만 납세자가 세금을 내지 않고 사망할 경우에는 이야기가 좀 달라진다. '납세의무의 승계'라는 세법 규정 때문이다. 이 규정에 따라 법인 간에 합병하거나 자연인이 사망하면, 합병 후 법인이 합병 전 법인의 모든 납세의무를 무제한으로 승계하거나 상속인이 사망한 자(피상속인이라 함)의 모든 납세의무를 승계하게 된다. 그렇기 때문에 본인이 세금을 체납하고 사망하면 배우자나 자녀가 체납세금을 물어내야 하는 건 아닌지 궁금해하는 것이다. 하지만 자연인의 사망으로 납세의무가 승계되려면 상속으로 인해 얻은 재산이 있어야 한다. 이때 상속으로 얻은 재산이란 상속재산에서 상속부채와 상속세를 공제하고 남은 것을 말한다.

민법상 상속에 있어서는 자산보다 부채가 많은 상태로 사망한 경우 상속을 포기하거나 상속받은 자산의 범위에서만 부채를 갚는 한정상속을 신청하지 않으면 상속인인 배우자나 자녀에게 빚도 상속되므로 주의해야 한다(이를 상속의 '단순승인'이라고 함). 하지만 납세의무의 승계는 다르다. 혹시 단순승인이 되더라도 상속으로 인해 얻은 재산을 한도로 해서 납세의무가 승계된다. 즉, 받은 재산이 없으면 승계되는 세금도 없다.

그런데 상속포기와 관련해서 재미있는 판례가 있다. 피상속인의 사망으로 상속인이 받게 되는 보험금은 비록 상속포기를 하더라도 상속인이 받을 수 있다는 것이다. 그래서 보험금도 있고 피상속인의 빚도 많은 경우 상속포기를 하고 보험금만 챙기는 일이 있다. 이런 식으로 피상속인의 세금을 피하는 일을 막기 위해 보험금을 세법상 의제상속재산으로 보도록 규정하고 있으니 주의할 필요가 있다.

반면 상속과 관련해 억울한 사례도 있다. 상속받은 재산의 범위에서만 부채를 갚는 한정상속을 한 경우라도 재산을 매각해 부채를 갚는 과정에서 양도소득세가 발생하면 상속인이 이를 납부해야 한다. 이 경우 납세자는 "상속재산을 팔아서 빚을 갚았는데 왜 양도소득세를 내야 하느냐?"라고 반문할 수 있다. 즉, 납세의무 승계의 예를 들어 실제 상속받은 재산이 없으니 승계할 세금도 없다는 식으로 주장할 수 있다.

그런데 이 경우는 납세의무의 승계 조항이 적용될 수 없다. 왜냐하면 이 양도소득세는 피상속인의 세금이 아니라 상속인 자신의 세금이기 때문이다. 따라서 상속재산을 팔아 빚을 갚고 한 푼도 남지 않을 때는 양도소득세를 내서 손해를 보느니 아예 상속포기를 하는 것이 바람직하다. 그렇게 해서 민법상으로도 면책을 받고 세법상으로도 문제의 싹을 제거하는 것이 좋다.

066

법인의 체납세금은 누가 책임질까?

출자자의 제2차 납세의무

개인사업과 법인사업의 선택에서 중요한 의사결정 요소 중 하나가 사업자의 권리와 의무에 관한 것이다. 개인사업자의 경우 사업에 대해 무한책임과 권리를 가지지만, 주식회사나 유한회사로 법인사업을 할 때는 주주(또는 사원)로서 투자한 자본만큼만 책임과 권리를 가진다. 즉 법인사업이 잘 안 돼서 망하더라도 법인의 채무에 대해 연대보증을 서지 않는 한, 개인주주나 대표이사가 법인의 채무를 변제할 의무는 없다.

하지만 세금은 예외이다. 법인을 지배한 주주(50% 초과 지분권자에 한함)에게 '출자자의 제2차 납세의무'를 부여해 법인의 체납세금을 징수한다. 법인에게 세금을 징수하는데 부족하면 그 부족액만큼의 납부책임을 출자자에게 지우는 것이다. 다만, 법인 주식에 투자했다는 이유로 출자자가 법인사업의 세금까지 떠안게 되는 만큼 출자자의 제2차 납세의무 요건은 꽤 엄격하다.

먼저, 상장·비상장 법인을 불문하고 본인과 특수관계인을 포함해 법인 지분에 50%를 초과 투자한 과점주주에게게만 제2차 납세의무를 지운다. 그러므로 50% 이하로 출자한 경우에는 출자자의 제2차 납세의무가 없다. 또한 본인과 특수관계인이라 해도 단순 투자한 사람을 보호하기 위해 과점주주 지분을 실질적으로 행사한 자, 해당 법인의 경영을 지배한 자, 그들의 배우자(사실혼 포함)와 직계가족에 대해서만 출자자의 제2차 납세의무를 지운다. 그리고 여기에 해당돼 제2차 납세의무를 지는 경우에도 법인의 체납세금 가운데 본인이 행사한 지분율만큼만 출자자의 제2차 납세의무를 지게된다.

간혹 친인척이 법인사업을 한다면서 주주 명의를 빌려달라고 하는 경우가 있다. 명의를 빌려서 지분을 분산시켜 두겠다는 것인데, 여기에 잘못 엮였다가는 출자자의 제2차 납세의무자로 지정돼 납부통지를 받게 된다. 이럴 때는 지분에 직접 투자하거나 지분권을 행사한 사실이 없다는 것과 경영에 관여한 바가 없다는 것, 배우자나 직계가족이 아니라는 것을 주장해 출자자의 제 2차 납세의무를 벗어나야 한다.

067

실수로 많이 낸 세금,
어떻게 돌려받을까?

세금 환급과 경정청구 및 불복청구

대부분의 국민은 세금에 대해 잘 알지 못하기 때문에 세금을 더 내거나 안 내도 될 세금을 잘못 내기도 한다. 이렇게 낸 세금을 '과오납過誤納 세금'이라 한다. 과세관청은 과오납 세금이나 세법상 환급할 세액이 있으면 즉시 국세환급금으로 결정해 30일 이내에 납세자에게 돌려주어야 한다. 이때 만약 체납세금이 있다면 직권으로 상계하고 잔액이 있으면 돌려주게 된다.

세법상 환급할 세액은 당초 환급해달라고 세무신고한 것이어서 바로 확정된다. 예컨대, 부가가치세를 신고할 때 매입세액이 매출세액보다 많으면 환급해달라고 신고한다.

그런데 과오납 세금은 과오납에 해당하는지 여부를 과세관청과 다투는 경우가 대부분이다. 예를 들어, 기본공제 대상자 가운데 장애인이 있어서 추가공제를 받을 수 있는 근로자가 연말정산 시 장애인증명서 등을 제출하지 않아 근로소득세를 과오납했다고 가정하자. 이 경우 납세자는 본인 또는 세무대리인을 통해 당초 소득공제신고 시 공제 누락이 있었으니 이를 입증할 장애인증명서를 첨부해 근로소득세를 돌려달라고 관할세무서에 청구해야 한다. 이것이 확인되면 과오납 세금으로서 국세환급이 결정되는 것이다.

이렇게 잘못 낸 세금을 돌려달라고 하는 청구를 '경정청구'라고 한다. 현재는 과거 5년 전 과오납 세금까지 경정청구를 할 수 있다. 그런데 경정청구를 한다고 해서 무조건 받아주는 것은 아니다. 관할세무서에서는 사실 여부를 심리해 2개월 이내에 경정청구를 받아들일지 거부할지를 결정한다.

만약 경정청구를 거부할 경우 거부 처분일부터 90일 이내에 국세청 심사청구, 조세심판원 심판청구, 감사원 심사청구 가운데 하나를 선택해 관할세무서의 행정 처분에 불복하는 청구를 할 수 있다. 심사청구나 심판청구는 이렇게 상급기관에 의뢰해 세금 구제를 받는 제도이다. 경정청구를 거부한 하급기관에 이의신청을 할 수도 있지만, 이미 거부를 결정한 만큼 별 효과는 없다. 따라서 상급기관에 불복청구를 해서 과오납 세금 여부를 다시 판단받게 된다.

이렇듯 경정청구는 당초 신고한 세금의 과오납을 다투는 것이기 때문에 경정청구 후에 불복청구에 들어가게 된다. 하지만 세무조사를 받아 추징된 억울한 세금이 있다면 경정청구 절차 없이 바로 이의신청, 심사청구 또는 심판청구를 하게 된다. 심사청구 또는 심판청구를 하면 해당 기관은 법률상으로 90일 이내에 불복을 받아줄지(인용 결정), 재조사하게 할지(재조사 결정), 불복을 거부할지(기각 결정), 아예 청구 요건이 맞지 않아 심리 자체를 하지 않을지(각하 결정) 결정해야 한다.

만약 불복청구도 기각당하면 납세자는 기각 결정일부터 90일 이내에 행정소송에 들어갈 수 있다. 경정청구, 불복청구까지는 주로 세무사의 세무대리 영역이지만 행정소송에 들어가면 변호사가 소송대리를 해야 한다. 행정소송은 1심에서 종결되는 것이 아니라 국세청이 항소하면 2심 고등법원, 3심 대법원의 최종 결정이 있어야 끝난다. 경정청구 또는 불복청구의 경우에는 세무사 수수료는 있지만 인지대와 같은 소송 실비는 없는 반면, 행정소송에 들어가면 심급이 넘어갈 때마다 변호사 수수료는 물론 인지대와 같은 소송 실비까지 부담해야 한다. 그러므로 납세자에게 최선의 상황은 경정청구를 잘 준비해 관할세무서 선에서 끝내는 것이고, 차선은 심사청구 또는 심판청구에서 인용 결정을 받아 끝내는 것이다. 행정소송에 들어가면 시간도 돈도 너무 부담되기 때문이다.

068

세금 편법의 유혹에 넘어가도 될까?

탈세의 경제학

회사가 성장해서 수익성이 좋아지면 대부분의 중소기업자는 그 이익에 따라 납부해야 할 사업소득세 또는 법인세에 부담을 느껴 세금을 줄이기 위한 방법을 모색하게 된다. 그런데 소기업은 중기업보다, 중기업은 중견기업보다 세제 혜택이 많기 때문에 회사 규모에 맞게 세법이 예정한 절세 방법tax saving을 찾아 적용하는 것이 최선이다.

만약 어느 세무대리인이 찾아와 세법이 예정하지 않은 절세 방법을 알려준다고 하면, 그는 십중팔구 세금탈루와 연결돼 구전口錢을 받으려는 사기꾼일 가능성이 높다. 세금은 '회사의 이익 극대화'라는 명제 아래 탄력적으로 조절될 수 있는 것이 아니다. 확정된 이익에 확정된 세금이 있을 뿐 확정된 이익에 임의로 조절될 수 있는 세금이란 없다.

그런데 어떤 중소기업자들은 탈세tax evasion나 조세 회피tax avoidance를 염두에 두고 세무조사 확률에 대해 묻곤 한다. 탈세를 할 경우 그 수익과 비용을 분석해보면, 탈세의 수익은 탈세액 자체이고 탈세의 비용은 본세本稅와 이에 추가되는 가산세, 탈세의 규모에 따라 부과되는 과태료, 벌금이나 징역형에 세무조사 받을 확률을 곱한 것이 된다. 언뜻 보면 탈세의 비용이 큰 것 같아도 세무조사 확률이 낮으면 중소기업자들은 탈세의 이익이 더 크다고 판단한다. 예를 들어, 1억 원(수익)을 탈세하려는데 세무조사로 걸리면 2억 원(총비용)을 내게 된다 해도, 만약 세무조사로 걸릴 확률이 30%(확률상의 비용 6천만 원)라면 탈세의 수익이 그 비용보다 크기 때문에 이익이라는 논리이다.

현실적으로 대기업의 경우 4~5년에 한 번씩 정기 세무조사를 받게 되는 반면, 중소기업의 경우에는 연간 5천여 기업이 세무조사 대상으로 선정된다. 그러다 보니 상대적으로 낮은 세무조사 확률에 기대어 세무 리스크를 키우는 중소사업자가 적지 않다. 하지만 생각해보라. 정기 세무조사를 받는 대기업도 세무조사에서 각종 쟁점이 불거져 나와 거액의 세금을 추징당하는 일이 비일비재하다. 하물며 세무 관리를 적절히 하지 못한 중소기업이 세무조사를 받게 된다면 쟁점과 추징세액이 얼마나 크겠는가!

또한 중소기업은 세무조사를 받을 확률이 낮기는 하지만 거래처 또는 임직원의 투서, 금융정보분석원FIU의 의심 금융거래정보 등에 따라 일단 세무조사가 나오면, 동종 업계에 반면교사反面教師로 삼을 수 있도록 온정주의溫情主義나 관용 없이 강력히 조사하는 것이 통례이다.

세무조사에 따른 세금 추징이 가장 무서운 이유는 최소 5년에서 최대 15년치의 탈루 세금과 가산세 등이 한꺼번에 나오기 때문이다. 당장 세금을 납부할 현금이 없어 분할 납부를 약속하고 세무서로부터 징수유예나 체납처분유예를 받는다 해도 이는 중소기업이 감내하기 어려운 수준이다. 그래서 신용 악화, 경영 악화를 불러오기도 한다.

사업이 소규모일 때 낮은 세무조사 확률에 기대어 설령 매출 누락, 가공경비를 악용해 세무신고 소득금액을 임의적으로 조절한 적이 있더라도, 사업 규모가 커지면 달라져야 한다. 사업 규모가 커지고 존속 기간이 오래되면 세무조사 확률이 한층 높아지고 조직 성장에 따른 투명성도 요구되기 때문에 세무 관리를 정확하고 합리적으로 해야 한다.

특히 매출 누락과 가공경비, 이와 연결된 가수금, 가지급금, 거짓 세금계산서, 역외탈세, 특수관계인을 통한 부당 행위, 법인의 임원과 지배주주에 대한 과다 경비는 기업의 존망과 직결될 수 있는 것으로, 절대 멀리하는 것이 상책이다.
....

　주변에서 다른 사업자들이 괜찮다고 부추기며 세금 편법에 끌
어들이려 해도 말려들어서는 안 된다. 다들 혼자 하자니 겁이 나서
그렇게 유혹하는 것인데, 여럿이 함께 탈세하다가는 오히려 더 큰
일을 겪을 수 있다. 그것을 발견해 과세하는 세무공무원은 특별승
진 대상임을 기억하자.

069

타인이 내 명의로 사업을 하면
어떻게 될까?

명의 대여와 실질과세

체납자 또는 신용불량자가 되어 자기 명의로 사업자등록을 할 수 없게 되어 배우자, 직계가족, 친인척, 심지어 친구 명의로 사업하는 사람이 더러 있다. 타인 명의로 사업해야 하는 딱한 사정은 심정적으로 이해가 가지만 그로 인해 타인에게 주는 피해는 상상할 수 없을 만큼 심각하다.

일단 사업이 잘돼서 실질사업자가 모든 세무 관계를 깔끔히 정리할 경우 언뜻 생각하기에 명의사업자에게는 큰 피해가 없어 보인다. 하지만 명의사업장의 세금 문제 외에 연금, 건강보험료, 타 소득과의 합산과세 문제는 좀처럼 깔끔하기가 어렵다.

명의를 빌려준 사람이 공무원연금 수급자라면 다른 소득금액의 신고에 따라 최대 50%의 연금이 감액될 수 있다. 또한 사업자의 건강보험료 정산이 다음 연도 6월경에 이뤄지기 때문에 명의사업장이 연중에 폐업한다면 다음 해에 건강보험료 폭탄을 맞을 수 있다.

만약 명의사업장의 폐업 이후 부실한 세금 문제가 불거지면 사업 전체 기간에 대해 추징된 세금을 명의사업자가 납부하게 된다. 게다가 거짓 세금계산서를 발급하거나 발급받은 사실이 발각될 경우에는 형사처벌도 받을 수 있다. 이런 사안들은 사업에 개입하지 않은 명의사업자로서는 알 길이 없다. 한편, 명의사업장의 사업이 잘되지 않아 세금 체납 등 문제가 생겨도 그 부담은 고스란히 명의사업자에게 돌아온다. 그뿐만 아니라 외상매입금 등 거래처 부채를 정리하지 못하면 거래처로부터 독촉을 받게 되고 명의사업자의 재산에 압류가 들어오는 등 엄청난 피해가 발생한다.

국세기본법에서는 과세대상의 귀속이 명의일 뿐이고 사실상 귀속되는 자가 따로 있다면, 사실상 귀속자를 납세의무자로 하여 세법을 적용해야 한다고 규정하고 있다. 또한 "사업자 명의등록자와는 별도로 사실상의 사업자가 있는 경우에는 사실상의 사업자를 납세의무자로 본다"라는 유권해석도 있다(기통 14-0…1). 문제는 단지 명의상 사업자라는 사실을 입증하기가 쉽지 않다는 것이다. 사업을 하려고 하면 사업용 계좌를 만들어 국세청에 등록해야 하고, 이 계좌에서 발생한 자금의 입출금이 모두 명의인으로 되어있다. 그렇기 때문에 국세청에서는 단순히 명의상 사업자라는 것을 쉽게 인정하지 않는다.

또한, 명의사업자를 인정한다 해도 조세범처벌법은 "조세 회피 또는 강제집행의 면탈을 목적으로 타인 명의로 사업자등록을 하거나 타인 명의 사업자등록을 이용한 자는 2년 이하의 징역 또는 2천만 원 이하의 벌금에 처한다"라고 규정하고 있다. 이와 함께 "그 명의를 빌려준 자도 1년 이하의 징역 또는 1천만 원 이하의 벌금에 처한다"라고 규정하고 있어 형사문제가 된다.

"부모·자식 사이에도 보증은 함부로 서지 말라"라는 말이 있다. 명의를 빌려주는 일은 사실상 보증이나 담보를 해주는 것과 다를 바 없다는 점을 명심하자.

070

동업을 할 때는
어떻게 세금을 부담할까?

공동사업과 실질과세

여러 명이 함께 사업하는 것을 '공동사업'이라고 한다. 이 경우 공동사업자의 사업자등록은 '대표공동사업자 ○○○외 ○○명'으로 하고 해당 구성원을 사업자등록증에 명시하게 돼 있다. 그런데 공동사업을 하면서 각종 세금과 공과금이 발생하면 세금과 공과금을 부담하는 방법에 대해 궁금증이 생기기 마련이다. 이럴 때 대표공동사업자가 모든 책임을 질까, 아니면 공동사업자 간 손익분배비율이나 지분별로 나누어 책임을 질까? 답은 이렇다.

먼저, 공동사업에서 발생하는 세금 가운데 사업장이 과세관할인 부가가치세, 원천징수세액과 4대 보험료 등 각종 공과금은 공동사업장을 기준으로 신고·납부한다. 따라서 사업장 기준으로 납부하는 제세공과금을 체납하면 공동사업자 전원이 연대해서 체납액을 납부할 의무가 있다. 만약 사업장에 돈이 없으면 관할관청은 돈이 있는 공동사업 구성원에게 징수하고, 공동사업 구성원 간에 덜 내고 더 낸 금액은 민사적인 방법으로 정산한다.

공동사업에서 발생한 각 구성원의 사업소득에 대한 종합소득세는 이와 다르다. 동업을 하는 이유는 사업으로 얻은 이익을 손익분배비율이나 지분별로 나누기 위해서이다. 따라서 공동사업장을 기준으로 사업소득금액 총액을 구하고, 공동사업장 기준으로 계산된 사업소득금액(또는 결손금)을 각 구성원에게 손익분배비율이나 지분율에 따라 배분한다. 이렇게 배분된 사업소득금액을 기준으로 구성원 각자가 자신의 주소지 관할세무서에 종합소득세를 신고·납부하면 된다. 결국 공동사업자 가운데 누군가가 종합소득세를 체납한다 해도 그 체납세금을 연대해서 납부할 의무는 없다.

다만 공동사업 구성원이 친족 관계이고, 손익분배비율을 거짓으로 나눠 탈세한 경우에는 주된 공동사업자에게 합산과세하고 구성원에게 연대납세의무를 부과하는 제도가 있다. 하지만 이런 경우가 아니라면 공동사업에 있어 종합소득세 연대납세의무는 없다.

공동사업장의 소득금액을 계산할 때 한 가지 주의할 점이 있다. 바로 '공동사업과 관련한 이자비용'의 세무상 처리 문제이다. 이자비용은 외부에서 자금을 빌렸을 때 발생한다. 즉, 공동사업자가 공

동사업을 하려고 초기 출자금을 빌리는 경우, 또는 출자 이후 공동
사업용 자산의 투자를 위해 공동사업장이 차입하는 경우가 이에
해당한다.

국세청에서는 출자를 위한 공동사업자의 차입금 이자는 공동사업의
세무상 경비가 아니라고 보는 반면, 공동사업을 위해 공동사업장이 차입
한 차입금의 이자는 공동사업의 세무상 경비로 본다.

간혹 이런 내용을 잘 모르고 공동사업자가 초기 출자금을 모두
빌려서 거액의 부동산을 공동으로 매입하는 경우가 있다. 이 경우
그 차입금의 이자비용이 공동사업의 세무상 경비에 해당하는지
여부가 실무상 쟁점이 된다. 그러니 이런 문제로 골치 아프지 않으
려면 아예 공동출자 약정 시 출자금을 적게 하고 공동사업장의 사
업자등록 이후 공동사업용으로 차입하는 편이 낫다. 그래야 이자
비용의 세무상 리스크를 줄일 수 있을 것이다.

071

세무공무원이 시키는 대로
세무신고를 해도 괜찮을까?

신의성실의 원칙

요즘은 홈택스에서 사업자의 사업소득세와 부가가치세 신고는 물론, 양도소득세와 증여세 신고도 할 수 있다. 게다가 영세사업자의 사업소득세와 부가가치세 신고에 대해서는 관할세무서에서 신고서 자기작성교실을 운영해 납세자 스스로 세무신고를 할 수 있도록 도와준다. 세무사업계도 불필요한 납세협력 비용을 줄이려는 국세청의 노력을 높이 평가하고 무료 세무상담 등으로 협조하고 있다.

이때 납세자가 반드시 알아야 할 것이 있는데, 스스로 세무신고를 한 내용에 대한 책임은 본인에게 귀속된다는 사실이다. 세무대리 비용을 절감하기 위해서 많은 사람이 관할세무서를 직접 방문해 세무공무원의 조언에 따라 세무신고를 한다. 그런데 만약 세법을 잘 몰라 세무신고나 신청을 잘못하면 어떻게 될까?

예를 들어, 종합소득세를 신고할 때 세무장부를 작성한 바 없어 추계방식으로 신고서를 작성했다고 하자. 이때 업종코드를 정확히 몰라 사실상의 업종과 다른 업종의 경비율을 적용했고, 이후 이 사실을 국세청이 적발한다면 어떻게 될까? 아쉽게도 본세와 가산세는 고스란히 납세자의 몫이 된다. 간혹 이런 납세자들 가운데는 "세무공무원이 일러준 대로 업종코드를 확인했는데, 왜 세금을 물어야 하느냐?"라고 불만을 제기하는 사람들이 있다. 하지만 판례는 일관되게 "세무공무원의 신고 안내 행위는 행정서비스의 한 방법으로서 과세관청의 공적인 견해 표명이 아니다"라며 모든 책임을 납세자에게 지우고 있다(조심2008서0894 외 다수).

"세무서에 갔더니 세무공무원이 그렇게 일러주었는데 왜 신의를 지키지 않느냐?"라고 반박할 수도 있다. 세법과 판례는 '신의성실의 원칙'이라고 해서 과세관청의 공적公的 견해 표시가 있고, 납세자의 신뢰에 귀책사유가 없으며, 과세관청이 당초 견해 표시에 반하는 적법한 행정 처분을 해서 납세자가 경제적 불이익을 받았다면 과세관청이 비록 적법한 행정 처분을 했더라도 그 행정 처분은 취소될 수 있게 하고 있다. 하지만 "세무공무원의 행정서비스는 공적 견해 표시가 아니다"라는 것이 판례의 일관된 내용이다. 신의성실의 원칙에 적용되는 과세관청의 공적 견해 표시란 행정예규나 행정집행 기준 같은 것을 뜻하기 때문이다.

다른 예를 들어보자. 세무서에 양도소득세 비과세 문의를 했더니 세무공무원이 비과세가 맞다고 확인해주었다. 그런데 사실은 비과세 요건이 충족되지 않아 양도소득세를 추징당했다면 어떻게 될까? 그렇다고 해도 사실 관계를 정확히 제시하지 않은 납세자의 책임이 있으므로 세금을 물어야 한다고 판단하고 있다(감심 제72호 2007. 7 12 외 다수). 사업자등록을 할 때도 마찬가지이다. 부가가치세 일반과세자인데 사업자등록 신청을 할 때 잘 몰라서 부가가치세 면세사업자로 사업자등록을 했다고 해서 부가가치세 신고납부의무가 면책되는 것은 아니다. 이런 사실이 적발돼 수년간의 부가가치세를 한 번에 추징당하는 일도 있는데, 이때 역시 신의성실의 원칙이 적용되지 않아 납세자는 구제되지 못한다(대법원 2000. 2. 11. 선고, 987누 2119).

여기서 몇 가지 예를 든 이유는 "그러니 반드시 세무사에게 대리를 맡겨 세무신고를 하라"는 말을 하기 위해서가 아니다. 스스로 세무신고를 하려면 적어도 세법을 알고 해야 한다는 뜻이다. 가끔 세무신고를 잘못 해놓고는 주변에서 누가 그렇게 하라고 했다는 둥, 아는 전문가가 그러더라는 둥, 공무원 친구가 말한 대로 했다는 둥, 안타까운 변명을 늘어놓는 사람들이 있다. 세무사는 그렇게 하라고 하지 않는다. 세무사는 직접 신고하고 신고 내용이나 금액이 맞지 않으면 가산세를 물어준다.

072

국세청은 국민의 세금을
어떻게 파악할까?

세원 관리

국세청은 어떻게 국민들이 돈을 벌고 재산을 마련하는지 알 수 있을까?

1. 세금계산서·계산서 제도와 신용카드·현금영수증 제도

사업소득의 경우, 세원税源을 파악하는 가장 대표적인 장치는 세금 계산서·계산서 제도이다. 사업자는 부가가치세 신고 또는 사업장현황신고를 통해 자신이 발행한 매출세금계산서·계산서와 다른 사업자에게 발급받은 매입세금계산서·계산서 내역을 신고한다. 이를 통해 국세청은 사업자 상호간의 매출과 매입 내역을 상호 대사cross-check한다. 이후 사업자가 종합소득세나 법인세를 신고할 때 제출한 손익계산서와 비교해 매출 증빙은 손익계산서상의 매출액과 비교하고, 매입 증빙은 손익계산서의 각종 비용 항목과 비교한다. 그런데 세금계산서, 계산서는 매출을 누락하기 위해 거래 상대방의 암묵적 승인에 따라 교부하지 않는 경우가 있다. 거래는 있는데 증빙 발행을 누락해 세무서에 보고하지 않는 것이다. 그래서 세무조사를 할 때는 이런 매출 누락을 집중적으로 조사하게 된다.

그러나 소비자 상대 업종의 경우 현금매출이 발생할 때 매출세금계산서·계산서를 발행할 의무가 없기 때문에 매출이 신고 누락될 여지가 크다. 그래서 소비자 상대 업종을 영위하는 사업자를 의무적으로 신용카드·현금영수증 가맹등록하게 하고 신용카드나 현금영수증으로 결제한 소비자에게 소득공제 혜택을 주어 사업자의 매출을 양성화하고 있다.

2. 원천징수와 지급명세서 제도

사업소득 외에 이자소득, 배당소득, 근로소득, 사업소득 중 용역소득, 연금소득, 기타소득, 퇴직소득 같은 것은 비사업자의 소득으로서 세금계산서, 계산서, 신용카드, 현금영수증으로 파악하기가 어렵다. 그래서 국세청에서는 이런 소득에 지급하는 사업자에게 원천징수 의무를 부여한다. 원천징수란 소득을 지급하는 사업자가 소득을 지급받는 자로부터 해당 소득에 대한 세금 일부를 공제한 뒤 사업장 관할세무서에 매월(또는 반기) 단위로 신고·납부하는 제도로서 추후 구체적인 소득 지급내역을 지급명세서로 보고한다.

세금계산서, 계산서, 신용카드, 현금영수증 제도가 사업자의 소득을 파악하는 장치라면 원천징수제도는 비사업자의 소득을 파악하는 장치이다. 그리고 원천징수 의무가 있는 사업자는 원천징수한 내역을 기재한 인별 지급명세서를 다음 연도 2월 말 또는 3월 10일까지 사업장 관할세무서에 보고해야 한다.

3. 등기·등록제도

상속세, 증여세, 양도소득세와 같은 재산과세에 대해서는 등기와 등록제도를 통해 세원을 파악한다. 통상적으로 등기원인이 매매냐, 상속이냐, 증여냐에 따라 양도소득세, 상속·증여세를 부과하지만, 만일 등기원인과 사실 관계가 다를 때는 실질에 따라 세금을 부과한다는 점에 유의해야 한다.

예를 들어 세금을 줄이기 위해 사실상 무상증여를 하면서 양도(매매)로 등기할 경우에도 국세청이 세금을 부과할 때는 실질에 따라 증여세를 부과한다. 따라서 등기원인을 조작하는 것은 의미가 없다. 그래서 탈세를 위해 아예 미등기로 재산을 거래하기도 한다. 이에 대해 국세청은 등기를 요하지 않는 분양권 거래 같은 것은 상시적으로 세무 정보를 수집하고, 부동산의 미등기 전매가 밝혀지면 양도소득세율을 70%로 적용해 세금을 추징한다. 재산과세 세무조사의 핵심은 미등기 거래에 있음을 기억하자.

073

세무조사를 잘 받는 노하우가 있다?

세무조사와 납세자 권리

국세기본법에 따르면, 세무조사란 국세의 과세표준과 세액을 결정 또는 경정하기 위해 질문하거나 해당 장부나 서류 또는 그 밖의 물건을 검사·조사하거나 그 제출을 명하는 활동을 말한다.

일단 세무서에서 무엇을 달라고 하고 확인을 요청하면 그게 바로 세무조사이다. 일이 더 커져서 세무조사팀이 방문조사를 나오면 통상 "세무조사 나왔다"라고 표현한다. 대기업의 경우는 정기 세무조사라고 해서 4~5년 간격으로 각 지방 국세청 세무조사팀에서 방문조사 또는 예치조사*를 나온다.

대기업의 경우, 세무 담당자가 세무조사에 익숙하고 정기 세무조사 전에 여러 방식으로 자기검증을 하기 때문에 뻔히 드러나는 탈세는 거의 없다. 그래서 대기업의 경우, 세무조사팀이 조사 결정을 한 뒤에도 납세자가 불복청구하는 일이 많고 승소 확률도 꽤 높은 편이다.

이와는 달리 중소기업은 4~5년 간격으로 정기 세무조사를 받는 일이 거의 없다. 통계적으로 연간 약 5천여 중소기업이 세무조사를 받는다고 한다. 이렇게 세무조사를 받을 일이 거의 없는 중소기업이 세무조사 대상이 되는 것은 주로 다음 항목에 해당할 때이다.

---

① 탈루 혐의가 있는 업종 전반에 대한 세무조사

② 탈세 제보가 들어온 경우

③ 의심 금융거래가 통보된 경우

④ 기타 각종 소명 의뢰를 무시하거나 불성실하게 대처한 경우

중소기업이 세무조사 대상이 되면, 조사 사안의 경중에 따라 일선 세무서 세무조사팀에서 나오거나 각 지방국세청 세무조사팀이 수시 세무조사를 나오게 된다. 기업 규모가 작은데 지방국세청 세무조사팀에서 나왔다면 사안이 상당히 중하다는 의미이다. 외형적으로는 수입금액 300~500억을 기준으로 일선 세무서와 지방국세

---

* **예치조사** 사업장을 예고 없이 방문해 대표자의 승인 하에 회사의 자료 일체를 수거하고 디지털 포렌식digital forensic 방식으로 컴퓨터 파일 및 메일서버 파일을 다운로드해 과세관청으로 가져가 조사하는 방식을 말한다.

청 세무조사가 구분된다고 하는데, 현장에서 보면 수입금액 100억 미만의 회사도 지방국세청의 세무조사를 받는 일이 허다하다.

통상적으로 정기 세무조사는 세무조사 개시 15일 전에 사전통지를 하고 사정이 있으면 연기신청을 받아준다. 그래서 회사는 연기신청을 하고 그 기간에 세무조사를 받을 사전준비를 한다. 하지만 사전통지 없이 수시 세무조사가 나오면 대부분 예치조사 방식으로 회사 자료를 모두 수거해 가기 때문에 납세자가 할 수 있는 일은 거의 없다.

그렇다면 세무조사를 잘 받는 노하우가 뭘까? 노하우라고 하면 엉뚱한 상상을 할 수도 있다. 그러나 세무조사관과 안면이 있다고 해서 세무조사를 피할 수 있는 것도 아니고, 만약 탈루 세금을 덮으려고 뇌물공여 등 엉뚱한 일을 벌이다가 상급기관의 감사 등에 걸리면 납세자와 담당 세무조사관이 망할 만큼 시달릴 수도 있다. 애초에 수시 세무조사 받을 일을 안 만드는 것이 최선이다.

다만 기술적인 노하우를 말하자면, 방문조사 시 세무조사관이 요청한 서류를 세무전문가에게 사전검토를 받아 제출하고, 예치조사 시 예치되는 세무 자료의 범위를 일부 제한적으로 막는 것**이

** 예치조사 시 회사의 메일서버 파일을 가져가므로 사생활보호의 측면에서는 공용 메일을 쓰는 것이 더 낫다.

최선이다. 하지만 그것도 사후약방문死後藥方文일 경우가 많다. 수시 세무조사가 나올 때는 이미 여러 방면으로 세금 탈루 사실을 알고 있는 경우가 많기 때문이다. 그러므로 오히려 반성하는 자세로 성실하게 세무조사를 받는 것이 더 나은 결과를 가져올 수도 있다.

그러나 세무조사가 확장되는 것을 막기 위해 납세자는 세법이 정하는 범위 내에서 최대한 보호받는 방법을 알고 있어야 한다.

첫째, 세무조사관이 제출하라는 서류를 정확히 이해하고 작성·제출할 수 있는 성실한 세무대리인을 세무조사 조력자로 선정한다.
둘째, 성실히 세무조사를 받아 세무조사 기간의 연장을 피하고 세무조사 범위의 확대나 세무조사권 남용 금지를 주장할 수 있는 환경을 만든다.
셋째, 부당한 세무조사 결과를 검토해 납세고지 전에 과세관청에 과세전적부심사課稅前適否審査의 청구를 검토한다.

참고로 개인사업자 중 간편장부대상자와 법인사업자 중 매출액 1억 원 이하인 사업자, 그리고 소비자 상대 업종을 영위하면서 매출액이 매년 10% 이상 증가하고 소득금액을 직전 연도 이상 신고하는 복식부기사업자는 특별한 사정이 없는 한 세무조사 대상에서 제외된다. 이것은 많은 소규모 사업자가 소소한 세금 탈루가 있어도 평생 세무조사를 받지 않는 이유이기도 하다.

074

세무조사의 주된 이슈는 무엇일까?

세무조사와 주요 이슈

대기업이든 중소기업이든 세무조사에서 주된 이슈가 되는 조사 항목이 있다. 바로 매출 누락과 가공경비, 이와 연결된 가수금, 가지급금, 거짓 세금계산서, 역외탈세, 특수관계인을 통한 부당한 행위, 법인의 임원·지배주주에 대한 과다 경비이다.

매출 누락과 가공경비, 이와 연결된 가수금, 가지급금, 거짓 세금계산서는 주로 중소기업에서 문제가 된다. 중소기업은 세무조사 확률이 낮은 것을 악용해 종종 실물거래를 하고도 매출을 누락하거나 가공경비를 넣어서 세금을 탈루하는 일이 있기 때문이다. 현금거래를 유도하면서 매출을 누락하는 것은 흔한 사례이며, 거짓 세금계산서(매입 자료)를 받아 가공경비를 계상하는 일도 있다.

거짓 세금계산서의 발행은 도소매업체와 같이 사업자와 소비자를 동시에 상대하는 업종에서 하는 경우가 많다. 일반 소비자에게 무자료로 물건을 판 금액만큼 매출 자료가 남기 때문에 거짓 세금계산서가 필요한 사업자에게 돈을 받고 불법적으로 발행해주는 것이다.

매출 누락과 가공경비, 이와 연결된 가수금, 가지급금은 해당 거래의 결제가 법인통장으로 오갈 때 회사 장부에 흔적을 남긴다. 매출을 하고 매출대금이 법인통장으로 들어왔는데 매출을 누락하려니 매출 항목 대신 법인 대표자로부터 받은 돈(가수금)이라고 회계 처리한 후 대표자에게 인출해주는 것이다.

> 보통예금 100 / 매출액 100 → 보통예금 100 / 가수금(대표자) 100

그러면 가공경비는 어떻게 흔적이 남을까? 예를 들어 살펴보자. 거래처 갑甲과 거래처 을乙이 있는데, 갑이 을에게서 상품을 매입한다. 이때 거래처 갑이 경비를 부풀리기 위해 실제 매입(100)보다 더 많은 매입 자료(200)를 발행해달라고 거래처 을에게 요구한다. 하지만 결제는 실제 매입만큼 해주기 때문에 그 차액(100)이 거래처 을의 대표자 가지급금으로 남게 된다.

> 보통예금 100 / 외상매출금 100 → 보통예금 100 / 외상매출금 200
> 가지급금(대표자) 100

그런데 매출 누락과 가공경비의 거래를 현금으로 하면 과세관청이 찾아내지 못할까? 찾기가 쉽지는 않지만 실물거래를 추적하거나 대표자 또는 특수관계인의 개인통장에서 그 흔적을 찾아내기도 한다. 금융기관은 이러한 의심거래내역을 금융정보분석원FIU에 통보하고, 세금 탈루와 관련되었을 경우에는 국세청으로 자료가 넘어가 세무조사 자료로 활용된다.

그런데 중소기업과는 달리 대기업에서는 매출 누락과 가공경비, 이와 연결된 가수금, 가지급금, 거짓 세금계산서를 찾아보기가 쉽지 않다. 대기업은 회계감사를 받기도 하고 법인 대표자의 횡령이 사회적으로 큰 이슈가 되므로 눈에 드러나게 탈세를 저지르는 일은 별로 없다. 하지만 가공자산이나 역외탈세를 통해 비자금을 조성하는 일은 있다. 대기업은 부동산이나 공장, 기계설비 등 대규모의 자산투자를 하는 경우가 많고, 자산투자를 할 때는 여러 업체에 의뢰해 자산을 만든다. 그런 가운데 특정 업체를 경유해 자산을 부풀리고 그 대금을 빼돌려 비자금을 조성하는 경우가 있다. 이는 앞서 경비를 부풀린 거래처 갑의 행위와 같은 것이다.

그런가 하면 조세 회피처 국가에 페이퍼컴퍼니paper company를 만들어 자신의 회사와 상거래를 한 것처럼 꾸민 뒤, 국내에서는 해외결제금액 상당액을 세무상 경비 처리해 탈세하고 해외결제금액은 빼돌려 개인이 착복하는 이른바 '역외탈세' 방식으로 비자금을 조성하는 경우도 있다. 하지만 빅데이터big data 시대에 탈세를 숨기기는 어렵다. 국가 간 공조로 해외금융계좌 정보가 교류되고 있어서 역외탈세와 연루되면 기업은 물론이고 개인까지 탈탈 털리는 시대가 도래한 것이다.

이 밖에도 대기업은 사주社主들의 영향력이 지대해 저가 양도, 고가 양수 방식 등으로 기업과 사주 일가가 부당한 거래를 통해 사주에게 이익을 분여分與하는 경우가 있다. 이것을 부당행위계산이라고 하는데, 탈세를 동반한 불법적 비자금 형성과는 달리 사법상의 거래가 합법적이면 부당행위계산으로 누락된 세금만 추징한다. 이를 '부당행위계산의 부인'이라고 한다.

또한 대기업의 임원, 특히 지배주주에 대한 과다 경비도 세무조사에서 이슈가 된다. 대기업의 임원들이 급여, 상여, 퇴직금을 부풀려서 가져가거나 사주 일가가 여비교통비, 교육훈련비 명목으로 법인에서 가져간 돈, 사외이사 명의로 부당하게 많은 급여를 가져간 사실을 찾아서 세무상 경비에서 부인해 세금을 추징한다.

세무조사 말미에는 접대비를 찾는 데 시간을 할애한다. 어떤 비용으로 어떻게 회계처리를 했든 관계 없이 거래 상대방이 불분명한 지출 항목을 찾아 그 비용이 개인 유용자금이면 상여 처리해 법인세와 소득세를 추징하며, 회사 사용자금이면 접대비로 보아 접대비 한도초과분의 법인세를 추징한다.

075

FIU가 무엇이고,
돈거래는 어떻게 해야 할까?

금융정보분석원과 의심 금융거래

돈은 쓰거나, 어디에 숨겨두거나, 땅에 묻지 않는 한 어떤 형태로든 은행으로 흘러들어가게 된다. 보통은 돈 주인의 통장에 예치하지만, 실제소득이 밝혀지는 것을 꺼리는 사람들은 가족이나 지인의 이름을 빌려 은행에 예치하기도 한다. 그런데 2010년 이후부터는 금융기관을 통해 금융정보분석원FIU(Financial Intelligence Unit)에 수집된 의심 금융거래 내역을 국세청에서 받아 탈루 세금을 추징하는 데 사용하고 있다. 그렇기 때문에 세금을 내지 않은 자금의 세탁이 어렵게 되었다.

특정금융거래보고법에 따르면, 일정 금액 이상의 돈이 입출금 및 송금될 때 금융기관은 FIU에 보고해야 한다. 즉, 금융기관은 금융거래 중 의심되는 거래STR(SuspiciousTransactionReport) 전부와 하루 동안 1천만 원 이상의 현금이 입출금되는 고액 현금거래CTR(CurrencyTransactionReport)를 의무적으로 FIU에 보고해야 한다.

이런 가운데서도 과거처럼 상속·증여세를 줄여보려고 자신의 계좌에서 하루에 수백만 원씩 수차례 출금해 자녀들에게 주는 사람들이 있다. 또 사업소득세를 줄이기 위해 매출 신고를 누락하고 받은 매출대금을 개인계좌로 입금받기도 한다. 그리고 자신이 하면 들킬까 봐 소득신고도 없는 사람의 차명계좌에 계속적으로 현금을 입금하는 행태도 여전하다.

하지만 모든 의심 금융거래는 FIU를 통해 수집되고, 수집된 금융거래 정보는 사법당국과 수사기관, 세무당국, 금융위원회 등에 제공된다는 것을 알아야 한다.

외화거래도 마찬가지이다. 의심 금융거래와 관련해 우리나라는 미국, 일본, 영국, 중국 등 40여 개 나라와 금융정보를 교류하고 있다. 그 결과 조세 회피처에 숨겨둔 외화비자금까지 찾아내는 세상이 되었다. 이렇게 밝혀진 국제 거래 조세포탈은 15년 동안 추징할 수 있고, 신고불성실 가산세만 본세의 60%에 이른다. 여기에 조세포탈죄, 해외금융계좌 신고의무위반 과태료, 외환거래 신고의무위반 과태료, 재산국외도피죄, 범죄수익은닉죄 등이 적용되면 그 처벌은 상상할 수 없을 만큼 무겁다.

2015년을 기준으로 지난 5년간 FIU가 국세청과 검찰 등에 넘긴 의심 금융거래 정보는 12만 건에 이른다. 그리고 국세청에서는 2014년을 기준으로 지난 5년간 1조 2천억 원의 세금을 추징했다. 탈세를 하고 세무조사를 받을 확률이 얼마나 되느냐고 묻는 사람들에게 이렇게 말해주고 싶다.

　　"이제는 돈에 꼬리표가 달려서 피할 길이 없습니다."

076

사전에 세금을 예측하는
방법은 없을까?

사업계획과 절세계획

　중소기업자들은 사업 관련 세금에 관심이 많지만, 사업을 영위하지 않는 대다수 국민은 연말정산과 관련된 근로소득세와 이른바 '대중세大衆稅'인 양도소득세, 상속세, 증여세에 관심이 많다.

　양도소득세는 부동산이나 주식을 매각한 뒤 양도차익이 생기면 내야 하는 소득세이다. 우리나라에서 팔리는 부동산 가운데 주택이 차지하는 부분이 상당히 많기 때문에 주택에 대한 양도소득세는 항상 이슈가 된다. 그런데 1세대 1주택자에게는 양도소득세 비과세 혜택을 주어 주택자금의 원본이 침해되지 않도록 하고 있어 1세대 1주택 비과세 (특례)규정을 이용해 다주택자도 사전에 절세 상담을 통해 합법적으로 양도소득세를 절세한다.

또한 자연인의 사망에 따라 발생하는 상속세는 상속재산이 5억 원이 넘는 경우(배우자 생존 시는 10억 원)에 주로 부과된다. 따라서 상속이 발생하기 전에 10년 단위의 사전증여 등으로 그 재산을 관리하면 상속세의 부담을 없애거나 줄일 수 있다. 아울러 재산의 무상 기부로 발생하는 증여세의 경우 증여재산의 평가나 증여재산 공제 규정을 이용해 10년 단위로 배우자나 직계존비속에게 재산을 증여함으로써 절세를 도모할 수 있다.

이 모든 행위는 세법이 예정한 절세 방법으로서 합리적이고 합법적인 행위이다(Tax saving is beautiful). 그런데 이런 절세의 특징은 사전에 적법한 절차를 통해 절세의 행동을 취함으로써 이루어진다. 따라서 이미 결정된 양도, 상속, 증여에 대해서는 누가 계산해도 똑같은 세금이 나오는 것이 옳다.

사업 관련 세금인 부가가치세, 사업소득세 또는 법인세는 어떠한가? 막상 제대로 신고하려고 하니 부가가치세 부담이 크다는 이유로 거짓 세금계산서나 계산서를 수수하고, 이미 계산이 완료된 사업소득금액을 낮춰보려고 가공경비 등을 넣어 탈세를 하고 있지는 않은가? 모든 일을 사전에 예측해 미리 준비하지 못하고 사후에 무리하게 해결하려는 잘못된 관행이 절세가 아닌 탈세를 만들고 있다.

예를 들어, 특정 해에 실적이 매우 좋아 사업소득금액이 크게 산출되었다고 하자. 당연히 사업소득세 또는 법인세의 부담이 클 것이다. 실적이 좋아서 임직원들에게 상여를 듬뿍 주었는데도, 그해 결산이 끝난 다음에 주었다는 이유로 실적이 좋은 당해 과세기간에 경비로 반영되지 않는다면 무척 억울할 것이다.

그러나 만약 사전에 노사勞使가 합의해 법인세 차감 이후 당기 순이익을 기준으로 성과배분상여금을 지급하기로 했다고 가정해 보자. 실제 지급은 결산이 확정되고(이듬해 3월 말) 이루어지겠지만, 그 성과배분상여금은 성과배분의 기준일이 속하는 연도에 비용 처리를 할 수 있다(법규-1313, 2005. 11. 29). 당초 노사간에 합의할 때는 실적 여하에 따라 지급 여부가 정해진다. 결국 성과가 좋으면 주는 것이고, 이것으로 사업소득세나 법인세가 절세된다면 금상첨화라 할 수 있다. 하지만 대다수의 중소기업은 사업실적과 인건비를 연동하는 제도를 모르기 때문에 세금을 사전에 예측하지 못하니 안타까울 수밖에 없다.

조세특례제한법이 규정한 세제 혜택을 선용善用하는 방법도 있다. 예를 들어 중소기업의 경우 기술보증기금이 보증(보증 가능 금액의 결정 포함)하거나 중소기업진흥공단에서 무담보로 자금을 대출(대출 가능 금액의 결정 포함)받을 수 있다. 그런데 그 보증(대출)액이 8천만 원 이상이면 자동적으로 벤처기업이 되고, 창업 후 3년 안에 벤처기업이 되면 5년간 사업소득세 또는 법인세의 50%를 감면받을 수 있다.

또한 연구 또는 개발을 필요로 하는 업종은 공대·미대 출신 또는 이에 준하는 경력 1인 이상으로 이루어진 연구 전담부서를 설립하거나, 공대·미대 출신 또는 이에 준하는 경력 2~5인 이상으로 이루어진 기업부설연구소를 설립해 한국산업기술진흥협회에 인정받는 방법이 있다. 만일 문화를 다루는 업종은 문화체육관광부를 통해 창작전담부서 또는 창작연구소를 설립하면 된다. 이 경우 연구 전담부서 등에 소요된 인건비 등의 25% 상당액을 사업소득세 또는 법인세에서 세액공제 받을 수 있다. 창업 초기에 이렇게 활용하면 사실상 수년간 사업소득세 또는 법인세를 낼 일이 거의 없다.

끝으로 충실한 증빙 관리도 사전에 절세하는 하나의 방법이다. 사업계획을 세워 성과 관리를 하고, 업종 특성에 맞는 조세 특례를 활용하며 충실히 세무 자료를 관리하면 절세의 테크트리tech tree가 완성된다.

어떤 세금이든 사전에 예측해서 미리 준비하면 합법적 방법으로 줄일 수 있다. 이렇게 줄인 것이 아니라면 세무사가 아니라 국세청 할아버지가 와도 절세가 아니라 탈세이거나 조세 회피이다. 모든 일이 다 끝난 뒤에 세금을 줄이려 한다면 한마디로 어불성설이다. 탈세는 부과 시효가 최대 10년이기 때문에 그 안에 적발되면 가산세까지 포함해 세금폭탄을 맞게 되고, 자칫 사업을 접어야 할 수도 있다. 이런 부조리를 조장하는 자에게 탈세수수료까지 주는 어리석기 짝이 없는 행동은 삼가야 한다.

077

회사의 인건비를 어떻게 책정할까?

인건비 개요

대부분의 중소기업은 창업 초기에 겪는 여러 가지 일을 창업자의 필요에 따라 내부 조직 또는 외주업체에 맡겨 처리한다. 그러다 보니 외형적으로 성장을 해도 조직 구조에 대해서는 명확한 기준이 없는 경우가 많다.

조직 구조에 대한 기준이 없으니 업무분장의 기준도 없어 채용과 성과 관리 체계를 제대로 잡을 수 없다. 그러다 보니 보이는 대로, 시키는 대로, 닥치는 대로 업무를 처리하게 된다. 그도 그럴 것이 중소기업자들은 대부분 경영학을 배운 적이 없고, 경영학을 배웠다고 해도 모든 것을 갖춰 창업할 수는 없기 때문일 것이다.

다음에서는 회사의 기본적 조직 형태를 알아보고, 조직구성원의 인건비 제도를 개략적으로 살펴보도록 한다.

대부분의 기업은 형태는 다르지만 영업Marketing, 생산Product, 개발R&D, 관리Support로 구분된 내부 조직이나 외주업체를 갖추고 있다. 이를 줄여서 MPRS라고 한다. 제조업을 영위하는 업체에서는 보통 영업(M), 생산(P), 개발(R&D), 관리(S)의 직군이 명확히 구분된다. 그리고 음식점도 잘 살펴보면 고객응대(M), 주방(P), 주방장(R&D), 캐셔(S) 역할로 직군을 구분할 수 있다. 서비스업인 세무사무실도 영업(M), 회계자료 생산(P), 회계프로그램 개발(R&D), 내부 관리(S)로 직군을 구분할 수 있다.

그런데 창업 초기에는 고정비용을 최소화하기 위해 창업 아이템을 구현하기 위한 직접적 업무는 대표가 하고 나머지는 외주업체에 의뢰하는 경우가 많다. 예를 들어, 1인 출판사를 창업하면 서적의 기획(R&D)과 영업(M)은 1인 대표가 맡고 편집, 디자인 등 제작(P)과 인쇄, 제본, 배본, 세무회계관리(S) 등은 외주업체에 맡긴다. 그러다가 규모가 커지면 편집자, 영업자, 기획자, 관리자를 채용해 내부 조직화를 이루게 된다.

어쨌든 MPRS를 내부 조직화할 것이냐, 외주업체에 맡길 것이냐의 문제는 비용과 관련이 있다. 외주업체에 맡기면 용역비의 산정은 용역계약에 따를 것이고, 그 경우 비용 구조는 업무량에 비례

하는 변동비로 산출된다. 반면 내부 조직으로 관리하게 되면 근로 계약을 하고 인건비를 책정해야 하는데, 고정비 구조가 된다.

이제 MPRS를 내부적으로 관리할 때 발생하는 인건비의 책정에 대해 살펴보자. 인건비 책정 방법은 조직의 특성에 따라 호봉제, 연봉제, 성과제로 구분할 수 있다.

호봉제는 행정기관이나 공기업과 같이 안정된 조직 환경에서 안정된 인력 운영이 필수적인 사업을 할 때 주로 사용되며, 기본급과 수당으로 구성된 다단계의 호봉테이블을 사용한다. 다만 근무 연차에 따라 보상을 하다 보니 우수인력의 동기부여에 어려움이 있고, 매년 인건비가 증가하는 부담이 있다.

반면 성과제는 차별화된 직무가치가 강조되는 전문직에 적합하며, 직무가치와 보상을 완전히 일치시킬 수 있을 때 사용한다. 예를 들어 펀드매니저나 보험모집인을 직원으로 둔다면 인건비 구조는 성과제와 비슷할 것이다.

연봉제는 호봉제와 성과제의 중간 정도로 볼 수 있다. 연봉제는 이론적으로 보면 연 단위로 개인의 능력과 실적, 공헌도 등을 평가해 임금을 결정하는 제도이다.

큰 틀에서 중소기업자에게 추천하고 싶은 인건비 책정 방법은

일반직 공무원과 일반직에 준하는 특정직 및 별정직 공무원 등의 봉급표
(제5조 및 별표 1 관련)

(월지급액, 단위: 원)

계급·직무등급 호봉	1급	2급	3급	4급 · 6등급	5급 · 5등급	6급 · 4등급	7급 · 3등급	8급 · 2등급	9급 · 1등급
1	3,513,000	3,162,600	2,853,200	2,445,400	2,185,400	1,802,800	1,617,800	1,442,500	1,282,800
2	3,636,100	3,279,900	2,958,800	2,545,300	2,273,700	1,886,600	1,691,600	1,512,500	1,348,600
3	3,762,400	3,398,700	3,067,500	2,646,800	2,365,300	1,973,200	1,769,700	1,586,400	1,418,300
4	3,891,500	3,518,900	3,177,000	2,750,600	2,460,500	2,061,700	1,851,800	1,661,700	1,492,200
5	4,023,700	3,640,400	3,288,300	2,855,900	2,558,300	2,152,600	1,936,800	1,740,200	1,566,700
6	4,157,500	3,762,300	3,400,700	2,962,200	2,658,100	2,246,200	2,024,000	1,820,500	1,642,900
7	4,293,400	3,885,700	3,514,300	3,069,400	2,759,500	2,340,000	2,111,800	1,901,300	1,715,900
8	4,430,500	4,009,100	3,628,300	3,177,300	2,862,000	2,434,100	2,199,900	1,978,500	1,786,300
9	4,569,200	4,133,200	3,743,300	3,285,400	2,964,900	2,528,500	2,283,800	2,052,500	1,853,700
10	4,709,000	4,257,300	3,858,200	3,393,400	3,068,600	2,617,100	2,364,000	2,122,300	1,918,400
11	4,848,500	4,381,900	3,973,200	3,502,400	3,165,200	2,701,100	2,439,600	2,190,000	1,980,300
12	4,992,500	4,510,700	4,092,600	3,604,900	3,258,500	2,783,800	2,513,700	2,256,200	2,041,600
13	5,137,400	4,640,500	4,203,500	3,701,000	3,347,200	2,861,500	2,584,200	2,319,800	2,100,500
14	5,282,800	4,757,800	4,306,300	3,790,500	3,429,900	2,935,000	2,651,700	2,380,500	2,157,600
15	5,409,800	4,866,100	4,401,100	3,874,800	3,507,900	3,005,600	2,716,000	2,438,800	2,212,300
16	5,522,400	4,965,400	4,489,600	3,954,200	3,581,400	3,071,700	2,777,000	2,495,000	2,265,200
17	5,622,400	5,056,800	4,571,800	4,028,000	3,650,500	3,134,800	2,835,500	2,547,600	2,316,900
18	5,711,600	5,140,000	4,648,200	4,097,000	3,715,800	3,194,600	2,891,400	2,598,700	2,365,100
19	5,791,300	5,217,200	4,718,900	4,161,400	3,777,300	3,251,100	2,943,900	2,647,600	2,412,400
20	5,862,800	5,287,600	4,785,000	4,221,600	3,834,800	3,304,400	2,994,100	2,694,300	2,457,400
21	5,928,600	5,351,800	4,846,200	4,277,900	3,889,000	3,355,700	3,042,000	2,738,900	2,500,000
22	5,987,300	5,410,900	4,902,900	4,330,700	3,939,900	3,403,800	3,087,100	2,781,700	2,540,900
23	6,036,800	5,464,900	4,955,400	4,380,200	3,988,000	3,449,000	3,130,800	2,822,400	2,579,800
24		5,509,000	5,004,200	4,426,700	4,032,900	3,492,200	3,172,300	2,861,700	2,617,200
25		5,551,200	5,044,500	4,469,500	4,075,300	3,533,200	3,211,500	2,898,900	2,652,800
26			5,082,700	4,505,600	4,115,300	3,571,900	3,249,100	2,935,200	2,685,000
27			5,118,400	4,539,100	4,148,500	3,608,700	3,281,000	2,965,300	2,712,800
28				4,570,900	4,180,400	3,639,500	3,310,700	2,994,400	2,739,600
29					4,209,700	3,668,400	3,339,500	3,021,800	2,765,400
30					4,238,100	3,696,900	3,366,700	3,048,500	2,790,400
31						3,723,200	3,392,600	3,074,300	2,815,000
32						3,748,200			

비고
1. 국가정보원 기획조정실장의 봉급월액은 7,127,900원으로 한다.
2. 다음 각 목의 공무원의 봉급월액은 해당 계급 및 호봉 상당액으로 한다. 다만, 제8조, 제9조 및 제11조(제61조에 따라 제8조, 제9조 및 제11조를 준용하는 경우를 포함한다)에 따라 확정한 호봉이 높은 경우에는 유리한 호봉을 적용한다.
   가. 교섭단체 정책연구위원 중 4급 상당: 4급 21호봉
   나. 국회의원 보좌관: 4급 21호봉, 국회의원 비서관: 5급 24호봉, 국회의원 비서 중 6급 상당: 6급 11호봉, 7급 상당: 7급 9호봉, 9급 상당: 9급 7호봉

생산직의 경우에는 호봉제, 그 외 직군은 성과연봉제이다.

왜냐하면 생산직은 전사적全社的 성과나 개인별 성과에 별로 영향을 받지 않고 근로시간에 주어진 업무를 계속 반복하는 경향이 있기 때문에 동일 업무의 지속적 반복으로 연차가 올라갈수록 숙련도가 높아지므로 호봉제가 적합하다. 이와는 달리 영업·개발·관리직군은 전사적 성과나 개인별 성과에 크게 영향을 받는다. 따라서 호봉제를 채택할 경우 성과에 따른 보상이 어려우므로 성과연봉제를 채택하는 것이 바람직하다.

성과연봉제는 기본급과 성과급으로 구분할 수 있고, 직급이 높은 자일수록 기본급 표준인상률을 낮게 설정하고 성과급 보상률을 높게 설정해 직군 내의 권한과 보상체계를 차별화하는 것이 중요하다.

성과연봉제와 관련해 회계법인을 예로 들어보자. 회계법인에서는 성과연봉제와 같은 구조를 선호한다. 회사 내 직급을 A(Associate, 사원), S(Specialist, 대리), M(Manager, 과장), SM(Senior Manager, 부장)과 같이 통상 4~5단계로 설정하며, 직급이 올라갈수록 기본급 인상을 억제하고 성과를 창출했을 때 높은 보상을 한다. 이렇게 하면 직급이 낮을 때는 주어진 일만 잘해도 연봉이 꽤 올라가지만, 직급이 높을 때는 성과를 내야만 충분한 보상을 받을 수 있기 때문에 팀별 성과 창출을 독려하고 책임을 지게 된다. 아울러 성과연봉제는 고정비 성격의 인건비에 변동성을 더함으로써 회사의 인건비 부담을 줄이고 성과가 좋을 때는 절세도 할 수 있어 더욱 추천할 만하다.

한 조직이 성과를 창출하려면 조직의 목표를 설정하고 그 목표를 성취했을 때 충분한 보상을 해줌으로써 MPRS의 모든 구성원이 전사적 성과를 공유하거나 책임질 수 있어야 한다. 이런 시스템이 구축되어야 회사와 조직원이 하나의 목표를 지향하게 된다.

참고로 이 같은 인건비를 포함해, 회사 운영에 기본적으로 들어가는 돈을 통제하는 방법에 대해서는 **절세하이테크**에서 살펴보자.

회사는 기본적으로 이윤을 창출하기 위해 존재한다. 그리고 회사에 이익이 발생했는지 손실이 발생했는지는 손익계산서로 판단할 수 있다. 그런데 경영을 전공하지 않은 중소기업자가 손익계산서를 바로 이해하기는 어렵다. 더욱이 1년에 한 번씩 세무신고용으로 작성하는 손익계산서는 중소기업자에게 피부에 와닿지 않는 과제일 수 있다.

많은 중소기업자들은 매우 단순하게 일별, 월별, 분기별, 반기별, 1년 단위 현금유입과 현금유출을 비교해서 남으면 이익, 부족하면 손실이라고 판단한다. 그런데 현금유입은 주로 회사의 매출에 따라 결정되는데, 회계는 현금유입이 없어도 매출로 인식하는 '인도 기준'에 따르기 때문에 이를 관리하기가 쉽지 않다. 이에 반해 현금유출, 즉 비용은 관리가 가능하고 관리할 수 있다면 이윤을 늘리는 수단이 될 수 있다.

이제 회사 운영에 기본적으로 들어가는 돈과 비용을 통제하는 방법에 대해 살펴보자. 비용은 수익과 연동되어 지출되는 변동비와 수익과 무관하게 지출되는 고정비로 구분할 수 있다. 수익과 무관하게 지출되는 고정비를 흔히 '오버헤드overhead'*라고 한다.

오버헤드의 항목은 임원급여, 직원급여, 퇴직급여, 복리후생비, 여비

---

* 회계학에서 오버헤드는 제품의 제조를 위해 지출된 원가요소 가운데 직접재료비, 직접노무비를 제외한 일체의 비용을 말한다.

교통비, 접대비, 통신비, 수도광열비, 전력비, 세금과공과, 지급임차료, 수선비, 보험료, 차량유지비, 운반비, 교육훈련비, 도서인쇄비, 사무용품비, 소모품비, 지급수수료 등 매우 다양하다. 이 가운데 제조와 관련되면 제조간접비로, 판매와 관련되면 판매비로, 회사 관리와 관련되면 일반관리비로 구분한다.

직관적으로 오버헤드란 회사를 운영하면서 (수익과 무관하게) 무조건 지출해야 하는 돈이고, 매출에서 얻은 이익, 즉 매출총이익으로써 이 오버헤드를 감당하지 못하면 회사는 적자를 보고 결국 폐업을 하게 된다. 손익계산서를 보면 주된 오버헤드가 판매비와 일반관리비(흔히 판관비라고 함)라는 항목에 기재된다. 참고로 손익계산서란 매출 및 매출원가(매출총이익 산정), 판관비(오버헤드)로 구분해 영업이익(또는 영업손실)과 당기순이익(또는 당기순손실)을 계산하는 재무제표를 말한다.

회사의 매출과 매출원가의 연도별 통계를 내보면 통상 일정 비율(매출총이익률 또는 매출원가율)로 움직인다. 예를 들어 매출이 10(100%)이고 매출원가는 7(70%)이라면 매출총이익은 3(30%)이다. 이 경우 매출총이익률은 30%, 매출원가율은 70%이다. 이 비율은 매출이 변동하고 해가 바뀐다고 해서 크게 바뀌지 않는다.

이러한 매출총이익으로 주된 오버헤드인 판관비를 충당하고 남으면 영업이익이고, 매출총이익이 판관비를 충당하지 못하면 영업손실이 발생한다. 이 구조만 이해하면 손익계산서를 보지 않아도 회사의 매출액과 매출원가율, 월별 오버헤드의 평균치를 가지고도 영업손익을 추정할 수 있다.

회사의 주된 수익과 비용이라는 측면에서 매출액과 매출원가의 관리는 매우 중요하다. 이를 매출증대나 원가절감이라고도 표현하는데, 사실 매출증대나 원가절감이 말처럼 쉬운 일은 아니다. 하지만 회사의 오버헤드를 항목별 예산시스템에 따라 관리하면 불필요한 지출을 억제할 수 있을 것이다. 지출결의서(지출 증빙)가 들어오면 무조건 결재하지 않고 항목별 예산 범위에서 체크해야 한다.

창업 초기에는 사업 관련 지출 내역을 창업자의 단순 계산으로도 가능할 수 있다. 그러나 규모가 커지면 회사의 규모에 맞는 적정 오버헤드가 얼마인지 이야기할 수 있는 창업자는 별로 많지 않다. 이럴 때 오버헤드에 대한 항목별 예산을 짜본다면 어렵지 않게 관리할 수 있을 것이다.

078

근로자가 받는 급여에는
무조건 세금이 붙을까?

비과세

　근로자가 회사에서 제공받는 각종의 대가에 대해서 모두 세금(근로소득세)이 붙는 것일까? 회사와 근로계약을 맺고 종속적 지위에서 제공하는 근로 제공의 대가는 지급 방법이나 명칭 여하에도 불구하고 근로소득으로 보는 것이 원칙이다. 하지만 세법에는 근로소득 과세에서 제외되는 소득과 비과세소득이 열거돼 있는데, 그런 소득에는 근로소득세가 붙지 않는다. 다만 근로 제공의 대가로 비과세소득 등을 지급했는지는 회사에서 입증해야 한다.

　일단 근로소득 과세에서 제외되는 소득은 다음과 같다. 이런 과세 제외 소득은 아예 급여대장에도 기재할 필요가 없다.

- 우리사주조합원의 자사주 취득 이익
- 임직원의 업무에 관련한 특정보험료 *
- 종업원에 대한 사택 제공
- 사내 근로복지기금으로부터 금품 등
- 사회 통념상 타당하다고 인정되는 범위 안의 경조금

반면 비과세소득의 경우 세금은 없지만 급여대장에 기재도 하고 원천징수이행상황신고서 및 지급명세서에 기재하는 항목이 있다. 소득세법에서 비과세소득으로 열거된 항목이 많은데, 여기에서는 빈도수가 높은 것으로 꼭 알아야 할 항목만 정리해보자.

- 실비변상적 급여
- 식사 또는 월 10만 원 이내의 식대
- 월 10만 원 이내의 보육급여
- 근로자의 업무 관련 학자금 보조금
- 국외근로소득
- 생산직 근로자 등의 연장·야간·휴일근로수당
- 근로자의 4대 보험 사업자 부담분과 4대 보험 관련 보험금 수령액

---

① 종업원의 사망·상해 또는 질병을 보험금의 지급사유로 하고 종업원을 피보험자와 수익자로 하는 보험으로서 만기에 납입보험료를 환급하지 아니하는 보험(단체순수보장성보험)과 만기에 납입보험료를 초과하지 아니하는 범위 안에서 환급하는 보험(단체환급부보장성보험)의 보험료 중 연 70만 원 이하의 금액
② 임직원의 고의(중과실 포함) 외의 업무상 행위로 인한 손해의 배상청구를 보험금의 지급사유로 하고 임직원을 피보험자로 하는 보험의 보험료
③ 퇴직급여로 지급되기 위하여 적립되는 급여(DC형)

- **실비변상적 급여** : 일직료나 숙박료, 직장 전용 제복이나 피복비, 월 20만 원 이내의 시내출장 자가운전보조금, 월 20만 원 이내의 연구직원 등에 대한 연구보조금이 대표적이다. 다만 자가운전보조금은 본인(배우자 포함) 소유의 차량이 있어야 하고, 연구직원 등은 연구 전담부서나 기업부설연구소로 인정을 받아야 한다.

- **식사 또는 월 10만 원 이내의 식대** : 근로자가 제공받는 식사(현물)나 식사 제공 없이 월 10만 원 이내의 식사대(현금)는 비과세된다. 단, 식사를 주면서 식대를 따로 주는 경우에는 식대에 과세된다.

- **월 10만 원 이내의 보육급여** : 6세 이하 자녀의 보육급여 명목으로 사용자에게 받는 급여로서 월 10만 원 이내의 금액은 비과세된다.

- **근로자의 업무 관련 학자금 보조금** : 근로자 본인이 회사 업무와 관련된 교육을 받음으로써 보조받는 학자금은 소정 요건을 갖춘 경우 비과세되지만 자녀학자금 보조액은 무조건 과세된다. 다만, 비과세 요건을 충족하지 않은 본인이나 자녀에게 지출한 학자금은 연말정산 시 교육비 세액공제가 된다.

- **국외근로소득** : 국외에서 근로를 제공하고 받은 소득은 월 100만

원(원양어선·국외건설현장 근로는 월 300만 원)까지 비과세된다.

- **생산직 근로자 등의 연장·야간·휴일근로수당** : 월정액 급여가 210만 원 이하이고 전년도 총급여액이 3,000만 원 이하인 생산직 근로자 등이 받는 연장·야간·휴일근로수당은 연간 240만 원 (광산근로자와 일용근로자는 전액) 한도로 비과세된다.

- **근로자의 4대 보험 사업자 부담분과 4대 보험 관련 보험금 수령액** : 근로자의 4대 보험료 관련 사업자 부담분과 4대 보험 관련 보험금 수령액 대부분은 비과세된다.

위와 같이 비과세소득에 대해 살펴보았는데, 여기에서 주의할 점은 이러한 비과세소득 항목이 대부분 수당 개념이라는 것이다. 연봉제를 도입한 회사의 경우 각종 수당을 포괄적으로 제 수당에 넣는다면 회사가 비과세소득 명목으로 근로의 대가를 지급했다는 것을 입증할 방법이 없다. 연봉제 하에서 각종 수당의 비과세소득 혜택을 누리려면 연봉계약서에 제 수당 산정 시 인별로 적용되는 개별적 비과세 항목을 고려하고 그 내역을 기재하는 것이 좋은 방법일 것이다.

079

급여를 줄 때 세금과 각종 공제는
어떻게 할까?

급여대장

1인 이상 근로자를 고용한 사업자가 근로자에게 급여를 줄 때 가장 머리 아픈 것은 무엇일까? 바로 사업장의 4대 보험 가입에 따른 보험료 공제, 근로소득세 공제 등 급여를 지급할 때 차감하는 각종 공제액에 관한 것이다.

일단 사업자는 4대 보험 사업장 가입을 위해 지역별 건강보험관리공단에 사업장가입신고서와 사업장가입 자격취득신고서를 송부해야 한다.

4대 보험기관은 사업자의 신고 자료를 공유하므로 국민연금관리공단이나 근로복지공단(고용보험·산재보험 취급)에는 별도로 신고서를 송부하지 않아도 된다.

4대 보험 사업장으로 가입되면 사업자는 근로자에게 급여를 지급할 때 다음 표와 같이 급여대장을 작성하고 각종 공제액을 차감한 뒤 표 아래쪽의 차인지급액을 근로자에게 지급한다.

급여 항목	지급금액	공제 항목	공제금액
기본급	2,000,000	국민연금 ③	90,000
상여		건강보험 ④	66,700
식대(비과세)	100,000	고용보험 ⑤	16,000
차량유지비(비과세)	200,000	장기요양보험료	6,830
연구개발비		기타공제	
연장근로수당		연말정산 소득세	
야간근로수당		연말정산 지방세	
국외근무수당		건강보험료 정산	
연차수당		장기요양보험료 정산	
자녀교육비		소득세 ②	19,520
		지방소득세	1,950
과세급여 ①	2,000,000	농어촌특별세	
비과세급여	300,000		
감면소득		공제액 계	201,000
지급액 계	2,300,000	차인지급액	2,099,000

급여대장을 작성할 때 공제 항목인 소득세(②)와 지방소득세(소득세의 10%)를 알려면 근로자의 과세급여(①)와 부양가족 수를 파악해 국세청에서 발급하는 간이세액표를 찾아보면 된다.

실무적으로는 주로 전산 프로그램(간이세액표 전산화)을 사용하는데, 근로자 인적사항을 쓰고 급여내역을 기본급, 상여, 각종 수당 등 항목별로 과세소득인지 비과세소득인지 구분해주면 전산 프로그램에서 자동으로 세금을 계산해준다.

또한 공제 항목인 4대 보험료 근로자 부담분(③, ④, ⑤)은 원칙적으로 과세급여(①)에 4대 보험료율을 적용해 산출한다. 즉, 국민연금 4.5%, 건강보험 3.335%(장기요양보험료는 건강보험료의 10.25%), 고용보험료 0.8% 명목으로 과세급여의 약 8%가 4대 보험료 근로자 부담분으로 공제된다. 참고로 산재보험료는 전액 사업주 부담이다.

구분	국민연금	건강보험 *	고용보험	산재보험
사업주 부담분	4.5%	3.335%	0.8%	업종별 요율
근로자 부담분	4.5%	3.335%	0.8%	
계	9%	6.67%	1.6%	업종별 요율

* 장기요양보험료는 건강보험료를 징수할 때 건강보험료의 10.25%를 추가 징수하며, 사업주와 근로자가 각각 절반씩 부담한다.

그래서 급여 항목을 과세급여와 비과세급여로 구분하는 것이 매우 중요하다. 왜냐하면 과세급여를 기준으로 근로소득세와 지방소득세, 4대 보험료 근로자 부담분을 계산해 공제하고 남은 금액을 근로자에게 실제 지급하기 때문이다. 다만 연중에 근로소득 지급액에 변동이 생기면 근로소득세와 지방소득세, 4대 보험료 근로자 부담분은 이듬해에 정산되는 바, 이에 대해서는 **절세하이테크**에서 살펴보자.

1. 건강보험료의 정산

　실무적으로 건강보험료의 근로자 부담분은 공단에
당초 신고된 과세급여를 기준으로 공제한다. 따라서 당초 제출한 과세
급여와 실제 지급한 과세급여가 다른 경우, 즉 상여금이나 수당 등이
추가된 경우 또는 지급 급여가 낮아진 경우에는 매월 건강보험료 공제
액이 달라진다.

　하지만 대개 월별로 정산하지 않고 계속 월정액으로 납부하다가 다
음 해 4월경에 건강보험관리공단에서 이를 정산해준다. 즉, 지난해에
매월 납부한 건강보험료가 과소 납부되었으면 추가 징수하고 과다 납
부되었으면 환급해준다.

2. 국민연금의 정산

국민연금의 근로자 부담분도 건강보험료와 마찬가지로 공단에 당초
신고된 과세급여를 기준으로 공제한다. 따라서 당초 제출한 과세급여
와 실제 지급한 과세급여가 다른 경우, 즉 상여금이나 수당 등이 추가
된 경우 또는 지급 급여가 낮아진 경우에는 매월 국민연금 공제액이
달라진다. 하지만 국민연금은 당초 신고된 대로 계속 월정액으로 납부
하다가 다음 해 7월경 국민연금관리공단에서 새로 신고된 과세급여를
기준으로 향후 증액 또는 감액해서 부과한다. 즉, 건강보험료와 같은
추가 징수나 환급은 발생하지 않는다.

3. 고용보험료의 정산

고용보험료의 근로자 부담분은 건강보험료와 국민연금과는 달리 매월
실제 지급하는 과세급여의 고용보험료율을 적용해 공제한다. 그렇기

때문에 근로자 부담분 보험료의 정산은 통상적으로 필요하지 않다.

4. 근로소득세와 지방소득세의 정산

근로소득세는 매월 과세급여분 소득과 부양가족 수를 고려해 매월 간이세액으로 공제한다. 하지만 근로소득세 연말정산 시 근로자별로 추가적인 소득공제 및 세액공제가 발생하므로 반드시 정산해야 한다. 통상적인 연말정산은 이듬해 2월분 급여 지급 시 근로자에게서 각종 소득공제 및 세액공제 자료를 수령받아 사업자가 근로자의 근로소득세를 정산해주는 것이다.

그런데 연말정산 시 근로자가 제출하는 소득공제 및 세액공제 자료의 내역에 따라 어떤 해에는 세금 환급이 나오고 어떤 해에는 세금 징수가 나와서 근로자의 불만이 많았다. 이에 2015년 세법을 개정해 매월 근로소득세 원천징수세액을 간이세액의 80%, 100%, 120%로 선택할 수 있게 했다.

다만 간이세액보다 적게 원천징수를 했다고 연말정산세액이 달라지는 것은 아니다. 예를 들어 간이세액 총액이 '100'이고 연말정산 후 세액이 '90'이라면, 간이세액(100)보다 적게 공제(80)했다가는 연말정산(90)을 할 때 부담할 세액(10)이 늘어나고, 간이세액(100)보다 많이 공제(120)하면 연말정산(90)을 할 때 환급세액(△30)이 발생한다.

결국 근로자가 부담하는 세금은 연말정산으로 확정된 세금이지 월별로 적게 공제하든 많이 공제하든 사실상 아무 관계가 없다. 다만 연말정산을 통해 추가 부담액이 있고, 그 추가 부담액이 10만 원을 초과할 경우 2월분부터 4월분까지 3개월 급여에서 분납할 수 있다. 그러므로 연말정산을 하는 달에 공제액이 너무 많으면 분납을 고려하는 것이 좋다.

080

인적용역 사업자에게
용역비를 줄 때 세금은?

사업소득과 기타소득

사업자가 일을 하다 보면 사업장에 사람을 써야 하고, 사람을 쓰려면 돈이 들어가며, 돈이 있는 곳에는 세금이 있다. 그래서 사업자는 어떤 방식으로 사람을 써야 하는지, 그 방식의 차이에 따라 무엇이 달라지는지 궁금해한다.

사업자는 사업장에 사람을 쓸 때 계약에 따라 종속적 인적용역人的用役과 독립적 인적용역으로 구분해 사용할 수 있다. 그리고 이것은 크게 다음 세 가지 면에서 다르다.

1. 대가 지급 시 원천징수세액과 4대 보험료의 공제

종속적 인적용역의 대표적인 예는 직원을 고용하는 것이다. 예를 들어, 학원사업자가 강사를 사용하는데 종속적 관계를 형성하려면 근로계약*을 해서 직원으로 고용한다. 그리고 학원사업자는 해당 강사에게 월정액의 급여로 보상하고, 급여를 지급할 때는 근로소득세를 원천징수하며 4대 보험료 근로자 부담분을 공제한다.

그런데 독립적 인적용역으로 사용할 때는 이와 다르다. 예를 들어 학원사업자가 강사와 상호 독립적 관계를 형성하려면 용역계약을 하고 동등한 지위에서 업무를 한다. 그리고 학원사업자는 해당 강사에게 계약에 따라 수행한 만큼만 용역비로 보상하고, 용역비를 지급할 때는 지급총액의 3.3%를 사업소득세로 원천징수한다. 또한 용역자는 근로자가 아니므로 4대 보험료 근로자 부담분을 공제할 필요가 없다.

2. 원천징수 세금의 사후정산

사업자가 근로계약에 따라 근로자에게 급여를 줄 때는 간이세액표에 따른 근로소득세와 4대 보험료 근로자 부담분을 공제해 지급하고, 이듬해 2월분 급여 지급 시 해당 근로자의 근로소득세를 연말정산해 최종 정산해줄 의무가 있다.

반면 사업자가 인적용역 사업자에게 용역비를 지급할 때는 지

---

* 근로계약의 형태에 따라서 정규직 근로계약, 기간제 근로계약, 파견근로 근로계약으로 구분할 수 있다.

급 총액의 3.3%만 공제하고 지급하면 된다. 따라서 대부분의 인적
용역 사업자는 이듬해 5월 말(성실신고확인 대상 사업자는 6월 말)까
지 본인의 사업소득에 대한 종합소득세 신고·납부의무를 스스로
이행해야 한다. 다만 간편장부대상자인 보험모집인·방문판매원·
음료계약배달판매원은 대가를 지급하는 사업자가 사업소득세 연
말정산을 해야 한다.

3. 퇴직금의 지급 의무

사업자는 1년 이상 근속한 근로자가 퇴직할 때 근로기준법상
퇴직금을 지급할 의무가 있다. 하지만 사업자가 용역자와 독립적
인적용역으로 계약한 경우에는 용역자를 해촉解囑할 때 퇴직금을
지급할 의무가 없다.

그런데 사업자가 종속적 인적용역 또는 독립적 인적용역을 사
용할 때라도 사용 기간이 일시적이면 원천징수하는 세금의 종류
가 달라진다. 이에 대해서는 **절세하이테크**에서 알아보자.

1. 일용근로소득의 지급

종속적 인적용역으로 근로계약을 한 경우에도 그 사용 기간이 세법상 3개월(건설근로자는 1년) 미만의 일용근로자라면 사업자는 일당 지급 시 다음의 (일용)근로소득세를 원천징수 신고·납부하는 것으로 모든 납세의무를 종결시킨다. 연말정산도 없고 1년 미만 근속자의 퇴직금도 없다.

---

① 일용근로자 과세표준 : 일급여액 − 15만 원
② 산출세액 : 과세표준×6%
③ 결정세액 : 산출세액 − 산출세액의 55%
④ 일용근로자 원천징수세액(지방소득세 포함) : 결정세액×1.1

---

2. 기타소득의 지급

독립적 인적용역으로 용역계약을 한 경우에도 용역 제공자가 일시적·우발적인 소득이라면 사업자가 용역비를 지급할 때 기타소득금액(지급액의 40%)의 22%를 기타소득세(지방소득세 포함)로 원천징수하면 된다.

이 경우 기타소득금액이 300만 원 이하이면 기타소득자는 기타소득에 대한 종합소득세 신고·납부를 하지 않아도 무방하다(선택적 분리과세). 선택적 분리과세는 일반적으로 기타소득자에게 유리하지만, 기타소득 외에 소득이 없는 경우에는 기타소득에 대한 종합소득세를 자진 신고·납부하는 것이 좋다.

예를 들어, 한 대학생이 사업자에게 일시적·우발적인 용역을 제공해 기타소득으로 연 750만 원을 받았다고 가정해보자. 일시적 인적용역의 기타소득금액 계산 시에는 수입금액의 60%를 세무상 경비로 간주한다. 따라서 기타소득금액은 300만 원(=750만 원-450만 원)이고, 원천징수된 기타소득세(지방소득세 포함)는 66만 원(=300만 원×22%)이다.

기타소득밖에 없다면 대학생은 기타소득에 대한 종합소득세 신고·납부의무를 이행하는 것이 좋다. 선택적 분리과세를 하면 원천징수된 66만 원으로 납세의무가 종결되지만, 종합소득세를 자진신고하면 다음과 같이 561,000원이 환급되기 때문이다.

	구분	금액	비고
	종합소득금액	3,000,000	기타소득금액
(−)	종합소득공제	1,500,000	기본공제 1명
	과세표준	1,500,000	
(×)	기본 세율	6%	과세표준 1,200만 원까지
	산출세액	90,000	
(−)	세액공제감면		
(+)	가산세		
	총부담세액	90,000	
(−)	기납부세액	600,000	원천징수세액
	차가감납부세액	△510,000	세무서에서 환급
	지방소득세	9,000	
(−)	기납부세액	60,000	원천징수세액
	차가감납부세액	△51,000	구청에서 환급

081

보험모집인 등 프리랜서가
사업소득세를 신고하는 방법은?

인적용역 사업자

프리랜서freelancer(인적용역 사업자)란 흔히 회사에 고용되지 않은 상태로 일하는 특정 분야의 전문가를 말한다. 프리랜서의 수입금액(용역비)은 고정적으로 결정되지 않고, 용역계약에 따라 자신이 제공한 용역의 가치만큼 결정된다.

프리랜서는 대개 작가, 미술가, 음악가, 무용수, 감독, 직업 운동선수, 번역가, 배우, 성우, 프로그래머, 아나운서, 편집자와 같이 특정 분야에서 전문성을 인정받고 있는 사람으로서 소속이 고정되지 않은 상태로 일하는 경우가 많다.

그런데 여기에는 보험모집인, 방문판매원, 음료계약배달판매원

(이하 보험모집인 등)과 같이 특정 회사에 소속돼 있으면서 개인사업 형태로 판매 실적에 따라 보상을 받는 직업도 포함된다.

세법은 프리랜서가 인적용역을 제공하고 받은 대가를 사업소득으로 분류한다. 그런데 대부분의 사업소득자는 사업자등록을 하고 사업을 하지만, 프리랜서는 사업자등록을 내는 일이 거의 없다. 왜냐하면 대부분의 프리랜서는 별도의 사업장이 없고 근로자를 고용하지 않은 상태로 업무를 수행하기 때문이다.

세법은 사업장이 없고 근로자를 고용하지 않은 프리랜서를 부가가치세 면세사업자로 규정하고 있다. 따라서 프리랜서가 인적용역을 제공하고 대가를 받을 때는 세금계산서를 발행하지 않고 대가를 지급하는 사업자가 그 지급액의 3.3%를 원천징수(공제)한 뒤 지급하게 된다. 이런 원천징수제도를 두는 이유는 프리랜서의 수입금액을 국세청에서 미리 파악하기 위한 것이다. 그리고 프리랜서도 사업자이기 때문에 다음 해 5월 31일(성실신고확인 대상 사업자는 6월 30일)까지 종합소득세를 신고·납부해야 하고, 이미 원천징수된 세액은 납부할 종합소득세에서 차감된다.

프리랜서의 사업소득금액은 여느 사업자와 마찬가지로 장부에 의한 방법과 추계에 의한 방법이 있다. 하지만 프리랜서의 경우에는 사업 관련 비용을 장부에 의해 확정하기가 쉽지 않다. 왜냐하면 별도의 사업장이 없고 고용한 근로자도 없기 때문이다.

따라서 대부분의 프리랜서는 추계에 의한 방법으로 사업소득금액을 확정하는데 단순경비율(기본율과 초과율), 기준경비율, 배율을 모두 고려해야 하기 때문에 가장 복잡하다. 구체적인 사례는 **절세하이테크**를 참고하기 바란다.

이때 간편장부대상자인 보험모집인 등은 예외로 한다. 보험 모집수당 등을 지급하는 자가 다음 해 2월분 사업소득 지급 시 '연말정산 사업소득률(1-단순경비율)'을 적용해 보험모집인 등의 사업소득금액을 확정하고 연말정산을 해주는 것으로 납세의무가 종결된다. 따라서 보험모집 수당 등 외에 다른 소득이 없는 경우에는 보험모집인 등이 별도로 종합소득세를 자진신고할 필요가 없다. 하지만 복식부기의무자(직전 연도 수입금액 7.5천만 원 이상)인 보험모집인 등과 연말정산을 한 자라도 다른 소득이 있는 경우에는 종합소득세를 자진신고·납부해야 한다.

인세印稅 수입을 얻는 작가로서 기준경비율 대상자의
추계사업소득금액 확정 방법에 대해 알아보자. 사업
자의 업종별 단순경비율은 홈택스에 로그인해 조회/발급 메뉴의 기타
조회란을 참고한다. 작가의 업종코드는 940100이고, 2018년 귀속 기
준경비율(일반율)은 19.6%, 단순경비율 기본율은 58.7%, 단순경비율
초과율은 42.2%로 고시돼 있다.

어느 작가의 국세청 종합소득세 신고안내문을 보니 2018년 귀속
수입금액이 6천만 원이고, 해당 사업자가 기준경비율 대상자이며 간
편장부대상자로 확인되었다. 세무장부를 하려고 하니 확인되는 경비
가 별로 없었다. 다만 기준경비율 적용을 위해 연간 임대료, 재료 매입
비용, 인건비를 확인했지만 프리랜서이기 때문에 아무런 경비도 없었
다. 그러면 이 작가의 2018년 귀속 기준경비율에 의한 사업소득금액은
48,240,000원이 된다.

추계사업소득금액=수입금액-(임차료+매입비용+인건비)-수입금액×기준경비율
48,240,000원 = 6천만 원 - (0 + 0 + 0) - 6천만 원×19.6%

그런데 이것이 끝이 아니다. 반드시 배율법에 의한 사업소득금액과
비교해야 한다. 배율법에 의한 사업소득금액은 단순경비율 소득금액에
배율(2.6배 또는 3.2배)을 곱하는 것인데, 인적용역 사업자의 단순경비
율 소득금액 계산은 단일 기준이 아니라 수입금액 4천만 원까지는 기
본율(58.7%), 4천만 원 초과액은 초과율(42.2%)을 적용한다는 데 주의
해야 한다.

먼저 이 작가의 단순경비율 소득금액을 계산해보자.

	일반율(4천만 원까지)	초과율(4천만 원 초과)	계
수입금액	40,000,000	20,000,000	60,000,000
경비율	58.7%	42.2%	
단순경비	23,480,000	8,440,000	31,920,000
추계사업소득금액	16,520,000	11,560,000	28,080,000

이 작가는 간편장부대상자이기 때문에 단순경비율 소득금액에 2.6배를 곱하면 73,008,000원이 비교소득금액으로 산출된다.

추계사업소득금액 = 단순경비율 소득금액 × 배율
73,008,000원 = 28,080,000원 × 2.6배

이것은 기준경비율에 의한 사업소득금액 48,240,000원보다 크니 배율법을 포기하고 기준경비율에 의해 사업소득금액을 선택해야 한다.

결국, 사례의 작가는 기준경비율로 약 1.2천만 원 정도의 경비를 공제받은 셈이다. 그런데 만일 작가의 1년간 활동 실비가 1.2천만 원을 상회한다면 장부기장을 하는 것이 절세의 길이다.

082

세무장부를 만들지 않고
세금을 신고하는 방법은?

추계신고와 근거과세

　사업자가 법인세나 종합소득세를 신고·납부하기 위해서는 원칙적으로 세무장부를 만들어야 한다. 그런데 개인사업자 중 상당수가 세무장부를 만들지 않고 종합소득세를 추계推計로 신고하고 있다. 원칙적으로 종합소득세는 실제 소득금액을 기준으로 신고 또는 결정하는 것이지만, 납세자가 영세해서 세무장부가 없는 등 실제 수입금액 또는 실제 경비를 밝힐 수 없다면 추계로 신고하거나 결정할 수 있기 때문이다.

　다만, 세무장부를 하는 것이 원칙이므로 사업자의 수입금액(매출액 개념) 규모에 따라 추계경비로 인정하는 비율을 단순경비율과 기준경비율로 차등 적용함으로써 세무장부에 의한 신고가 유리하게끔 유도하고 있다. 다음에서 세무장부를 만들지 않고 세금을 추계로 신고하는 방법을 알아보자.

1. 단순경비율에 의한 종합소득세 신고

신규 사업자*, 그리고 직전 연도 수입금액이 다음 표에 미달하고 당해 연도 수입금액이 간편장부대상자에 해당하는 개인사업자는 단순경비율이라는 방법으로 사업소득금액을 확정해 종합소득세를 신고할 수 있다.

업종 구분	수입금액
농업·수렵업 및 임업, 어업, 광업, 도·소매업, 부동산매매업, 기타사업	6천만 원
제조업, 숙박·음식점업, 전기·가스·증기·수도사업, 하수·폐기물처리·원료재생·환경복원업, 건설업, 운수업, 출판·영상·방송통신·정보서비스업, 금융·보험업, 상품중개업	3,600만 원
부동산임대업, 부동산관련 서비스업, 임대업, 전문·과학 및 기술서비스업 등 각종 서비스업, 보건업, 가구 내 고용활동	2,400만 원

단순경비율은 통상 수입금액의 70~90% 내외로 국세청에서 매년 업종별로 고시한다. 업종이 매우 다양하기 때문에 업종별 단순경비율과 기준경비율 고시는 책 한 권으로 나온다. 해당 사업자의 업종별 단순경비율은 홈택스에 로그인해서 조회/발급 메뉴의 기타조회란을 참고하면 된다. 단순경비율에 의한 소득금액 계산은 사업자의 수입금액과 업종별 단순경비율을 이용해 다음과 같이 계산한다.

---

* 해당 과세기간의 수입금액이 간편장부 대상 수입금액에 미달하는 신규 사업자에 한한다.

추계사업소득금액 = 수입금액 − (수입금액×단순경비율)

예를 들어보자. 도서를 출간하는 출판사의 경우 업종코드는 221100이고, 2018년 귀속 단순경비율은 95.6%로 고시돼 있다. 이 출판사의 2018년 귀속 수입금액이 1억 원이고, 해당 사업자가 단순경비율 대상자로 확인되었다면 이 출판사의 2018년도 귀속 추계 사업소득금액은 440만 원이다.

추계사업소득금액 = 수입금액 − (수입금액×단순경비율)		
440만 원	1억 원	1억 원×95.6%

이 예를 보고 해당 연도 수입금액이 1억 원이니 단순경비율 대상자(수입금액 3,600만 원 미만)가 아니라고 착각하는 사람이 많다. 그런데 단순경비율 대상자를 판단하는 기준은 해당 연도 수입금액이 아니라 직전 연도 수입금액이다. 다만, 해당 연도 수입금액이 복식장부 의무자 기준 금액(출판업은 1.5억 원) 이상인 경우에는 단순경비율 적용을 배제한다. 하지만 이 문제를 따로 고민할 필요가 없는 것이, 국세청에서 종합소득세 신고안내문을 통해 단순경비율 대상자 여부를 알려주기 때문이다.

2. 기준경비율에 의한 종합소득세 신고
복식장부 또는 간편장부를 작성하지 않은 경우로서 수입금액이 단순경비율 대상자가 아닌 개인사업자는 기준경비율이라는 방법으로 종합소득세 (추계)신고를 할 수 있다. 기준경비율은 통상 수입금액의 10~30% 내외로 국세청에서 매년 업종별로 고시하는데, 기준경비가 매우 낮기 때문에 기준경비와 더불어 실제 지출한 고정자산의 임차료·재화의 매입비용(외주비, 운송업의 운반비 포함)·인건비를 경비 처리할 수 있다.

> 추계사업소득금액
> = 수입금액 − (임차료 + 매입비용 + 인건비) − 수입금액×기준경비율

하지만 장부를 하지 않은 사업자는 실제 비용을 입증하기가 매우 곤란한데, 이 경우 단순경비율과 기준경비율의 차이가 수십 배이기 때문에 기준경비율로 사업소득금액을 계산하면 엄청나게 큰 소득금액이 산출될 수 있다. 이에 세법은 '배율법*'이라는 비교소득금액 계산 방식과 비교해서 선택하도록 규정하고 있다. 따라서 다음의 배율법 방식으로 계산해서 비교한 뒤 적은 소득금액을 선택해야 한다. 배율법에 의한 구체적인 사례는 **절세하이테크**에서 살펴보기로 한다.

> 비교소득금액 = 단순경비율 소득금액×배율

---

* 배율은 복식부기의무자는 3.2배, 간편장부대상자는 2.6배로 한다.

음식점 중 제과점을 하는 어느 기준경비율 대상자의

추계사업소득금액 확정 방법에 대해 알아보자. 음식
점 중 제과점의 업종코드는 552301이고, 2018년 귀속 기준경비율은
7.9%, 단순경비율은 89.9%로 고시돼 있다.

이 사업자의 국세청 종합소득세 신고안내문을 보니 2018년 귀속 수
입금액은 2억 원이고, 해당 사업자는 기준경비율 대상자이며 간편장부
대상자로 확인되었다. 세무장부를 하려고 하니 확인되는 경비가 별로
없었다. 다만 연간 임대료, 재료 매입비용, 인건비는 확인되었다.

확인 결과, 연간 임대료는 2천만 원, 재료 매입비용은 5천만 원, 인건
비는 2천만 원이었다. 그렇다면 이 제과점의 2018년 귀속 기준경비율
에 의한 사업소득금액은 9,420만 원에 해당한다.

> 추계사업소득금액=수입금액-(임차료+매입비용+인건비)-수입금액×기준경비율
> 9,420만 원 = 2억 원 -(2천만 원+ 5천만 원+ 2천만 원)- 2억 원×7.9%

하지만 이것으로 끝이 아니다. 반드시 배율법에 의한 사업소득금액
과 비교해야 한다. 배율법에 의한 사업소득금액은 단순경비율 소득금
액에 배율(2.6배 또는 3.2배)을 곱하는 것이다.

이 제과점의 단순경비율 소득금액은 2,020만 원$\left(= \frac{수입금액}{2억 원} - \frac{수입금액}{2억 원} \times \frac{단순경비율}{89.9\%} \right)$이고, 이 제과점 사업자가 간편장부대상자이기 때문에 여기
에 2.6배를 곱하면 5,252만 원이 비교소득금액으로 산출된다.

> 비교소득금액 = 단순경비율 소득금액 × 배율
> 5,252만 원 = 2,020만 원 × 2.6배

따라서 기준경비율에 의한 사업소득금액 9,420만 원보다 적은 비교소득금액 5,252만 원을 사업소득금액으로 선택하면 된다.

이와 같은 사례에서 많은 사람들이 헷갈려 하는 것이 해당 연도 수입금액이 2억 원이면 간편장부대상자(직전 연도 수입금액 1억 5천만 원 미만)가 아닌, 복식부기의무자가 아니냐는 것이다.

그러나 간편장부대상자를 판단하는 기준은 해당 연도 수입금액이 아니라 직전 연도 수입금액이기 때문에 국세청의 종합소득세 신고안내문과 직전 연도 수입금액을 확인해 파악하면 된다.

(2018년 귀속) 종합소득세·지방소득세
과세표준확정신고 및 납부계산서
(단일소득-단순경비율적용대상자용)

관리번호	-

거주구분	거주자1 /비거주자2
내 외국인	내국인1 /외국인9
거주지국	거주지국코드

❶ 기본사항

① 성 명	허균	② 주민등록번호	001111-1111111
③ 상 호	허균빌딩	④ 사업자등록번호	888-88-88888
⑤ 주 소	서울시 ○○구 ○○길 100 허균빌딩	⑥ 전자우편주소	
⑦ 주소지 전화번호		⑧ 사업장 전화번호 08-888-8888	⑨ 휴대전화번호

⑩ 신고유형	32 추계-단순율	⑪ 기장의무	2 간편장부대상자	⑫ 소득구분	30 부동산임대업의 사업소득 40 부동산임대업외의 사업소득
⑬ 업종코드	701201	⑭ 단순경비율(%)	일반율 41.5% 자가율	⑮ 신고구분	10 정기신고, 20 수정신고, 40 기한후신고

❷ 환급금 계좌신고 | ⑯ 금융기관/체신관서명 | | ⑰ 계좌번호 |

❸ 종합소득세액의 계산

구 분	금 액
㉛ 총수입금액: 매출액을 적습니다.	30,000,000
㉜ 단순경비율에 의한 필요경비: ㉛ 총수입금액 ×⑭ 단순경비율(%)	12,450,000
㉝ 종합소득금액: ㉛-㉜	17,550,000
㉞ 소득공제: 소득공제명세(㉟~㊺)의 공제금액 합계를 적습니다.	4,500,000

소득공제명세

관리코드	계속	성 명	내외국인코드	주민 등록 번호		구 분	인원	금 액
0		허균	1. 내국인	001111-1111111	기본공제	㉟ 본 인	1	1,500,000
						㊱ 배 우 자		
						㊲ 부 양 가 족		
					추가공제	㊳ 경 로 우 대 자	1	1,000,000
						㊴ 장 애 인	1	2,000,000
						㊵ 부 녀 자		
						㊶ 한 부 모 가 족		

㊷ 기부금(이월분) 소득공제: 3쪽의 작성방법을 참고하여 기부금 지출액 중 공제액을 적습니다.	
㊸ 연금보험료공제: 국민연금보험료를 납부한 금액을 적습니다.	
㊹ 개인연금저축공제: 개인연금저축 납입액에 40%를 곱한 금액과 72만원 중 적은 금액을 적습니다	
㊺ 소기업소상공인 공제부금	
㊻ 과세표준: ㉝-㉞ ("0"보다 적은 경우에는 "0"으로 합니다)	13,050,000
㊼ 세율: 3쪽의 작성방법을 참고하여 세율을 적습니다.	15%
㊽ 산출세액: ㊻×㊼-누진공제액(3쪽 작성방법 참고)	877,500
㊾ 세액공제: 세액공제명세(㊿~57)의 합계금액을 적습니다.	70,000

세액공제명세

50 전자계산서 발급전송세액공제: 전자계산서 발급건수에 200원을 곱한 금액과 100만원 중 적은 금액을 적습니다.			
51 자녀세액공제	기본공제 자녀(입양자, 위탁아동 포함) ※ 2명 이하: 1명당 15만원, 자녀 2명 초과: 30만원 + 2명 초과 1명당 30만원		명
	6세 이하 자녀(6세 이하 자녀가 2명 이상인 경우) ※ 2명: 15만원, 2명초과: 15만원 + 2명 초과 1명당 15만원		명
	출산·입양 세액공제: 첫째 30만원, 둘째 50만원, 셋째 이상 70만원		명
52 연금계좌세액공제: 연금계좌 납입액(400만원 한도, 단, 종합소득금액 1억원 초과자는 300만원 한도)의 12%(단, 종합소득금액 4천만원 이하자는 15%)	공제 대상금액		

(3쪽 중 제2쪽)

구분				금액
세액공제명세	(53) 기부금세액공제: 연말정산대상 사업소득자의 기부금지출액 중 공제액의 15% (2천만원 초과분은 30%)	법정기부금공제 대상금액		
		지정기부금공제 대상금액		
		우리사주조합기부금공제 대상금액		
	(54) 표준세액공제: 7만원			70,000
	(55) 납세조합공제: 납세조합영수증상의 (36)납세조합공제액을 적습니다.			
	(56) 전자신고세액공제: 납세자가 전자신고 방법에 의하여 직접 신고하는 경우 2만원을 공제합니다.			
	(57) 정치자금기부금 세액공제: 「정치자금법」에 따라 정당에 기부한 기부금 중 10만원까지는 100/110을 세액공제합니다.			
(58) 중소기업에 대한 특별세액감면 금액을 적습니다.				
(59) 결정세액: (48)−(49)−(58)("0"보다 적은 경우에는 "0"으로 합니다)				807,500
(60) 가산세액: 가산세액명세((61)~(68))의 합계금액을 적습니다				

가산세액계산명세	구분		계산기준	기준금액	가산세율	가산세액
	(61) 무 신 고	부 정 무 신 고	무신고납부세액		40/100 (60/100)	
			수 입 금 액		14/10,000	
		일 반 무 신 고	무신고납부세액		20/100	
			수 입 금 액		7/10,000	
	(62) 과 소 신 고	부 정 과 소 신 고	과소신고납부세액		40/100 (60/100)	
			수 입 금 액		14/10,000	
		일 반 과 소 신 고	과소신고납부세액		10/100	
	(63) 납부(환급)불성실	미 납 일 수		( )	3/10,000	
		미 납 부 (환 급) 세 액				
	(64) 보 고 불 성 실	지급명세서	미제출(불명)	지급(불명)금액	1/100	
			지 연 제 출	지 연 제 출 금 액	0.5/100	
	(65) 공동사업장 등 록 불 성 실	미 등 록 · 허 위 등 록	총 수 입 금 액		0.5/100	
		손익분배비율 허위신고 등	총 수 입 금 액		0.1/100	
	(66) 무 기 장		산 출 세 액		20/100	
	(67) 신용카드거부	거 래 거 부 · 불 성 실 금 액			5/100	
		거 래 거 부 · 불 성 실 건 수			5,000원	
	(68) 현금영수증 미 발 급	미 가 맹	수 입 금 액		1/100	
		미 발 급 · 불 성 실 금 액			5/100	
		미 발 급 · 불 성 실 건 수			5,000원	

구분		금액
(69) 총결정세액: (59)+(60)		807,500
기납부 세 액	(70) 중간예납세액	
	(71) 원천징수세액 및 지급처사업자등록번호 (사업자등록번호)	
(72) 납부할 세액 또는 환급받을 세액: (69)-(70)-(71)		807,500

❹ 지방소득세액의 계산

구분	금액
(73) 과세표준: 종합소득세의 (46) 과세표준란의 금액을 옮겨 적습니다.	13,050,000
(74) 세율: 3쪽의 작성방법을 참고하여 세율을 적습니다.	1.5%
(75) 산출세액: (73)×(74)−누진공제액(3쪽 작성방법 참고)	87,750
(76) 세액공제 감면: ((49)+(58))×10%	7,000
(77) 가산세액: (3쪽 작성방법 참고)	
(78) 기 납부한 특별징수세액: (71)×10%	
(79) 납부할 세액 또는 환급받을 세액: (75)-(76)+(77)-(78)	80,750

신고인은 「소득세법」 제70조 및 「지방세법」 제95조와 「국세기본법」 제45조의3에 따라 위의 내용을 신고하며, **위 내용을 충분히 검토하였고 신고인이 알고 있는 사실 그대로를 정확하게 적었음을 확인합니다.** 위 내용 중 과세표준 또는 납부세액을 신고하여야 할 금액보다 적게 신고하거나 환급세액을 신고하여야 할 금액보다 많이 신고한 경우에는 「국세기본법」 제47조의3에 따른 가산세 부과 등의 대상이 됨을 알고 있습니다.

2019 년 05 월 31 일 신고인 허균 (서명 또는 인)

세무서장 귀하

첨부서류	1. 장애인증명서 1부(해당자에 한정하며, 종전에 제출한 경우에는 제외합니다) 2. 기부금명세서(별지 제45호서식) 및 기부금납입영수증 각 1부(기부금공제가 있는 경우에 한정합니다) 3. 가족관계등록부 1부(주민등록표등본에 의하여 공제대상 배우자, 부양가족의 가족관계가 확인되지 않는 경우에만 제출하며, 종전에 제출한 후 변동이 없는 경우에는 제출하지 않습니다) ※ 이 신고서는 5월 31일까지 세무서로 우송해야 합니다.

210mm×297mm[백상지 80g/㎡(재활용품)]

⓲ 추계소득금액계산서(기준경비율 적용대상자용)

가. 소득금액 계산

① 소 득 구 분 코 드	(40)	( )	계(40)
② 일 련 번 호	1		
③ 사 업 장 소 재 지	서울시 OO구 OO길 20		
④ 과 세 기 간			2018.01.01.부터 2018.12.31.까지
⑤ 상 호	김작가		김작가
⑥ 사 업 자 등 록 번 호	000-00-00000		000-00-00000
⑦ 업 태 / 종 목	서비스/작가	/	서비스/작가
⑧ 업 종 코 드	940100		940100
⑨ 총 수 입 금 액	60,000,000		60,000,000
기준소득금액 / 필요경비 / 주요경비 / ⑩ 기초재고자산에 포함된 주요경비			
기준소득금액 / 필요경비 / 주요경비 / ⑪ 당기에 지출한 주요경비(＝㉞)			
기준소득금액 / 필요경비 / 주요경비 / ⑫ 기말 재고자산에 포함된 주요경비			
기준소득금액 / 필요경비 / 주요경비 / ⑬ 계(⑩＋⑪－⑫)			
기준소득금액 / 필요경비 / 기준경비율에 의하여 계산한 경비 / ⑭ 기준경비율(%)	19.6%		19.6%
기준소득금액 / 필요경비 / 기준경비율에 의하여 계산한 경비 / ⑮ 금액(⑨×⑭)	11,760,000		11,760,000
기준소득금액 / 필요경비 / ⑯ 필요경비 계 (⑬＋⑮)			11,760,000
기준소득금액 / ⑰ 기준소득금액 (⑨-⑯)("0"보다 작은 경우 "0"으로 적음)			48,240,000
비교소득금액 / 단순경비율에 의하여 계산한 소득금액 / ⑱ 단순경비율(%)	초과율 (58.7%, 42.2%)		초과율 (58.7%, 42.2%)
비교소득금액 / 단순경비율에 의하여 계산한 소득금액 / ⑲ 금액[⑨×(1－⑱)]	28,080,000		28,080,000
비교소득금액 / ⑳ 비교소득금액 (⑲×기획재정부령으로 정한 배율)	73,008,000		73,008,000
㉑ 소득금액 (⑰ 또는 ⑳ 중 적은 금액)			48,240,000

나. 당기 주요경비 계산명세(소득구분별 · 사업장별)

구 분	계(A) (＝B＋C＋D)	정규증명서류 수취금액 (B)	주요경비지출명세서 작성금액(C)	주요경비지출명세서 작성제외금액(D)
매입비용	㉒	㉓	㉔	㉕
임 차 료	㉖	㉗	㉘	㉙
인 건 비	㉚	㉛	㉜	㉝
계(㉞＝⑪)	㉞	㉟	㊱	㊲

첨부자료	주요경비지출명세서 1부

083

직원 퇴직금의 계산 방법과 사후 관리는?

퇴직금과 퇴직연금

근로자퇴직급여보장법에서는 "사용자는 퇴직하는 근로자에게 급여를 지급하기 위해 퇴직급여제도 중 하나 이상의 제도를 설정해야 한다. 다만, 계속근로기간이 1년 미만인 근로자, 4주간을 평균해 1주간의 소정근로시간이 15시간 미만인 근로자에 대해서는 그렇지 않다"라고 규정하고 있다.

이 조항에 관해 2010년까지는 5인 이상 사업장에만 퇴직금 지급을 의무화했지만, 2010년 12월 1일부터 모든 사업장으로 확대·적용되었다. 따라서 근로계약에 따라 고용한 근로자가 1년 이상 근속하고 퇴사하면 사업자는 근로자의 근무 연수 1년을 기준으로 월평균임금 상당액의 퇴직금을 반드시 지급해야 한다.

예를 들어 퇴직하는 근로자의 월평균임금이 300만 원이고 근속연수가 만 3년이라면 월평균임금에 3년을 곱한 900만 원을 퇴직금으로 주어야 한다. 이러한 평균임금 계산에는 정기 상여나 연차수당이 포함되지만, 부정기 상여와 부정기 수당은 제외된다. 참고로 근로자퇴직급여보장법에 명기된 퇴직금 산식(일 단위 기준)은 다음과 같다. 실무적으로는 일 단위와 월 단위 가운데서 선택적으로 사용하는데, 월 단위가 조금 더 많이 산출된다.

퇴직금 = 1일 평균임금 × 30(일) × (재직 일수 / 365)

*1일 평균임금 = 퇴직일 이전 3개월간 지급받은 임금총액 / 퇴직일 이전 3개월 간의 총 일수

그런데 이와 같은 퇴직금의 계산도 중요하지만, 근로자가 퇴직할 때 정산을 고려해야 할 사항은 다음 세 가지이다.

1. 퇴직하는 달의 급여신고 시 연말정산

사업자는 근로자가 퇴직하면 퇴직한 달의 급여신고 시 해당 월까지의 지급 급여에 대해 연말정산을 해야 한다. 이때는 근로자의 소득공제 및 세액공제 자료가 홈택스에서 조회되지 않기 때문에 최소한의 연말정산만 하게 된다.

그리고 근로자는 퇴직하는 연도에 다른 회사에 입사하면 그 회사가 다음 해 연말정산을 할 때 전 근무지에서 퇴직 시 연말정산을 한 근로소득원천징수 영수증과 소득공제 및 세액공제 자료를 제출해 다시 연말정산을 한다. 만약 근로자가 그 해에 다른 회사에

입사하지 않았을 때는 본인이 다음 해 5월 말까지 퇴직 시 연말정
산할 때 공제받지 못한 소득공제 및 세액공제를 추가해 관할세무
서에 종합소득세를 자진신고하면 된다.

2. 퇴직으로 인한 건강보험료 정산

사업자는 근로자가 퇴직하면 건강보험관리공단에 해당 근로자
의 사업장 가입자격상실신고서를 제출해야 한다. 그러면 건강보
험 관리공단은 해당 연도에 지급한 실제 급여에 대한 건강보험료
정산액을 수일 내에 알려주고 다음 달에 사업장으로 정산보험료
를 부과한다. 따라서 사업자는 퇴직하는 달의 급여에서 근로자 부
담분 정산보험료를 차·가감하거나, 퇴직금 정산 시 근로자 부담분
정산보험료를 차·가감한다. 또한 법규상 퇴직금 지급은 퇴직 후
14일 이내에 지급하도록 돼 있다.

3. 퇴직소득세의 원천징수와 지급명세서의 제출

사업자는 퇴직금을 지급할 때 퇴직소득세를 정산해 원천징수
(공제)한 뒤 지급해야 한다. 그리고 다음 해 3월 10일까지 관할세
무서에 퇴직소득 지급명세서를 제출해야 한다. 그런데 '확정기여
형(DC형) 퇴직연금'에 가입하면 퇴직소득세의 원천징수와 지급명
세서 제출 의무가 없다. 퇴직소득세의 계산과 퇴직연금에 대해서
는 **절세하이테크**에서 살펴보기로 하자.

1. 퇴직소득세의 정산

퇴직소득세의 정산은 어떻게 할까?

계산이 워낙 복잡해서 세무사들도 전산 프로그램에 의존한다.

아래 (1)에서 (6)의 순서에 따라 퇴직소득세를 계산한다. (사례 참조)

(1) 퇴직급여 = 퇴직소득금액
(2) 퇴직소득금액 (−) 근속연수공제액

근속연수	근속연수공제액
5년 이하	30만 원×근속연수
5~10년 이하	150만 원+50만 원×(근속연수 − 5년)
10~20년 이하	400만 원+80만 원×(근속연수 − 10년)
20년 초과	1,200만 원+120만 원×(근속연수 − 20년)

(3) 차등공제를 위한 환산급여 계산(= (2)÷근속연수×12)
(4) 환산급여에 의한 차등공제액 산출

환산급여	차등공제액
8백만 원 이하	환산급여의 100%
7천만 원 이하	8백만 원+(8백만 원 초과분의 60%)
1억 원 이하	4천520만 원+(7천만 원 초과분의 55%)
3억 원 이하	6천170만 원+(1억 원 초과분의 45%)
3억 원 초과	1억 5천170만 원+(3억 원 초과분의 35%)

(5) 1년치 퇴직소득세 = (환산급여−차등공제)×기본 세율(6~42%)÷12
(6) 퇴직소득액 = (5)×근속연수

퇴직소득세 계산	금액	비고
1. 퇴직소득금액(=퇴직급여)	400,000,000	
2. 근속연수공제	3,000,000	8년 근속 가정
3. 환산대상퇴직소득(=1−2)	397,000,000	
4. 연분된 과세대상 (=3÷근속연수)	49,625,000	근속연수로 나눔
5. 환산급여 (=4×12)	595,500,000	12를 곱함

---

6. 환산급여에 따른 차등공제	255,125,000	환산공제표 참조
7. 과세표준 (=5-6)	340,375,000	
8. 1년치 산출세액	9,229,167	세율 적용 후 12로 나눔
9. 총 퇴직소득 산출세액 (=8×근속연수)	73,833,333	근속연수 곱함

　사업자가 퇴직근로자에게 퇴직금을 직접 지급할 때는 퇴직소득세의 원천징수와 지급명세서 제출 의무를 반드시 고려해야 한다. 그런데 '확정기여형 퇴직연금'에 가입하면 퇴직소득세의 원천징수와 지급명세서 제출 의무가 없다. 그러면 확정기여형과 확정급여형으로 구분되는 퇴직연금제도에 대해 알아보자.

2. 퇴직연금제도

1) 확정기여형Defined Contribution 퇴직연금

확정기여형 퇴직연금(DC형이라 함)은 매년도 모든 사원의 퇴직금을 중간정산해서 금융기관에 예치하는 제도이다. 따라서 사업자는 근로자가 퇴직할 때 퇴직금을 별도로 지급할 필요가 없다. 이미 금융기관에 퇴직금 전액을 예치했기 때문이다. 이에 따라 근로자의 급여가 지속적으로 상승해도 근로자 급여 상승에 따른 퇴직금 누적 증가를 신경 쓰지 않아도 된다.

　또한 매년도 예치금액이 사업자의 당기경비로 처리되고 퇴직금의 지급과 정산을 금융기관에서 책임지기 때문에 근로자가 퇴사해도 퇴직금 지급 및 퇴직소득세 정산을 신경 쓸 필요가 없다. 아울러 퇴직소득세 원천징수가 없기 때문에 퇴직급여 지급명세서를 세무서에 제출할 필요도 없다.

2) 확정급여형Defined Benefit 퇴직연금

확정급여형 퇴직연금(DB형이라 함)은 회사가 매년도 퇴직금 재원의 60% 이상을 금융기관에 예치하는 제도이다. 근로자가 퇴직하게 되면 사업자는 퇴직금을 지급해야 하는데, 일부는 금융기관에서 지급하고 나머지는 사업자가 지급하게 된다. 퇴직금은 근로자퇴직급여보장법의 산식으로 계산하므로 최종 3개월 임금이 크면(임금은 매년 상승함) 총 근속연수를 곱한 퇴직금이 DC형보다 커지게 된다.

그러나 매년도 예치금액은 사업자의 자산으로 처리될 뿐 당기경비로 처리될 수 없으며(세무상 손금산입은 가능함), 퇴직금의 경비 처리는 실제 퇴직일이 속하는 연도에 이루어진다. 따라서 근로자가 퇴사할 때 퇴직금 지급 및 퇴직소득세를 정산해야 하고, 퇴직소득세 원천징수가 있기 때문에 퇴직급여 지급명세서를 세무서에 제출해야 한다.

그런데 확정급여형 퇴직연금에 가입한 사업자는 근로자에게 퇴직금을 지급할 때 근로자가 개설한 IRP계좌(개인형 퇴직연금)로 지급하는 것이 원칙이다. 이 경우 퇴직소득세가 과세이연되기 때문에 퇴직소득 지급명세서 작성이 실무적으로 가장 복잡하다.

참고로 '퇴직소득세 과세이연'이란 근로자가 퇴직금을 IRP계좌로 받으면 퇴직소득과세를 미루는 제도로 퇴직급여 지급명세서에 이 사실을 기재해야 한다.

084

법인에서 임원의 상여금과 퇴직금은
어떻게 산정할까?

임원의 보수

간혹 개인사업자에게서 "저도 직원들과 같이 일하는데, 저는 상여금과 퇴직금이 없나요?"라는 질문을 받는다. 또 "직원들에게 상여금과 퇴직금을 줬는데, 저도 같은 방법으로 받을 수 있습니까?"라고 묻는 법인대표도 있다.

개인사업자의 경우에는 개인사업으로 남은 돈이 모두 본인의 것이므로 별도의 상여금이나 퇴직금 개념이 있을 수 없다. 만약 개인사업자가 상여금 및 퇴직금 명목으로 돈을 인출한다고 해도 이는 세무상 근로소득이나 퇴직소득으로 구분되지 않을뿐더러 세무상 경비로 처리할 수도 없다.

반면 법인으로 사업을 영위하는 경우 법인대표는 임직원으로서 상여금과 퇴직금을 지급받을 수 있다. 다만 임원(직원은 아님)이 그 직위를 이용해 과다하게 상여금과 퇴직금을 가져가는 것을 규제하기 위해 세법은 임원 보수 지급에 대한 적법 절차를 규정하고 있다. 따라서 이 적법 절차를 무시하고 임원이 임의적으로 상여금과 퇴직금을 가져가면 세무상 경비에서 부인한다.

먼저 임원의 급여와 상여에 대해 알아보자. 상법 제388조를 보면 "임원(이사와 감사)의 보수는 정관에 그 액을 정하지 아니한 때에는 주주총회의 결의로 정한다"라고 되어있다. 따라서 임원의 보수, 즉 임원의 급여와 상여는 매년 주주총회를 할 때 정해야 한다. 그런데 대다수의 중소법인은 주주총회를 생략하는 경우가 많다. 가족기업과 다를 바 없는 중소기업의 경우 주주총회를 생략해도 소유와 경영의 권리의무관계(주주가 경영을 간섭하는 일)에 미치는 영향이 거의 없기 때문이다.

그러나 주주총회를 생략한 것을 세무상 문제로 접근하면 불이익이 매우 크다. 왜냐하면 주주총회가 없으면 과세관청은 회사가 임원의 보수를 임의 책정한 것으로 보아 세무상 경비를 부인하는 등 세무상 불이익을 줄 수 있기 때문이다.

이는 임원 퇴직금의 경우에도 마찬가지이다. 법인세법은 임원 퇴직금을 '정관'에 정하거나, 정관에 임원 퇴직금이 정해지지 않은 경우에 세법상 특정 계산식(근로자의 법정퇴직금 규모와 유사)에 따른 퇴직금만 세무상 경비로 인정하도록 규정하고 있다. 그렇다면 법인의 정관을 한번 살펴보자. 통상적으로 임원 퇴직금의 지급은 "주주총회의 결의를 거친 임원 퇴직금 지급 규정에 의한다"라고 규정돼 있을 것이다. 만일 이런 규정 자체가 없다면 정관을 변경해 법원에 다시 신고해야 한다. 그리고 이후로는 매년 주주총회의사록을 작성하고 임원의 보수와 퇴직금에 관한 사항을 넣어두어야만 세무상 불이익을 제거할 수 있다.

그런데 법인사업을 하는 대다수의 중소기업자는 주주총회를 할 때 어떤 안건을 다루는지 모르는 경우가 많다. 통상적으로 주주총회 때는 전년도 재무제표 승인의 건, 임원 보수에 관한 건, 임원 퇴직금에 관한 건, 임원 상여에 관한 건, 배당금 지급에 관한 건, 기타 안건을 다룬다. 이에 대해 참고할 수 있도록 주주총회의 주요 안건에 따른 주주총회의사록 및 이사회의사록 견본을 **절세하이테크**에서 소개한다.

제7기 정기주주총회 의사록

일 시 : 2020년 3월 31일(목) 오전 09:00~09:20

장 소 : 본점 회의실

출석사항 : 주주총수 21명 발행주식 총수 373,862주

출석주주수 : 4명, 출석주주의 주식수 : 287,445주(정○○, 박○○, 김○
○, 장○○)

의장인 대표이사 정○○은 의장석에 등단해 출석주주와 주식수 보고
를 마친 후 의결정족수에 달하였으므로 본 총회가 적법하게 성립되었
음을 알리고 개회를 선언하다.

제1호 의안 : 제7기 재무제표 승인의 건

의장은 당회사의 2019년도 결산기가 12월 31일자로 종료됨에 따라 그
에 따른 당해 별첨의 재무제표 승인의 건을 상정하고 이에 따른 그 승
인을 구한 바, 참석 주주들의 상호간 토론이 있은 후 출석주주 전원의
일치로 이를 승인가결하다.

설명 : 상법상 주주총회를 통해 재무제표 승인을 구하는 절차이다.

제2호 의안 : 이사 보수한도 승인의 건

의장은 정관 제39조에 근거해 2020년도 회계기간의 이사의 보수한도 액을 책정하고 아래와 같은 범위 내에서 적절하게 집행하겠다는 제안 설명을 하고 동의를 구한 바, 출석 주주 전원의 동의와 재청이 있었다. 이에 의장은 아래와 같이 승인되었음을 선포하다.

이사의 보수한도액 금 1,200,000,000원

> 설명 : 상법상 이사의 보수는 주주총회에서 정한다고 규정하고 있다. 그리고 세법은 원칙적으로 이러한 임원 보수를 기초로 손비로 인정하고 있다. 보수의 범위는 급여, 상여를 말하며 퇴직금에 관해 정관에 규정이 없는 경우 퇴직금까지 포함해서 해석할 수 있다. 따라서 보수와 퇴직금을 명확히 구분하는 것이 좋다.

제3호 의안 : 감사 보수 한도 승인의 건

의장은 2020년도 회계기간의 감사의 보수 한도액을 책정하고 아래와 같은 범위 내에서 적절하게 집행하겠다는 제안 설명을 하고 동의를 구한 바, 출석 주주 전원의 동의와 재청이 있었다. 이에 의장은 아래와 같이 승인되었음을 선포하다.

감사의 보수 한도액 금 60,000,000원

> 설명 : 상법상 감사의 보수는 이사의 보수규정을 준용한다고 규정하고 있다. 그리고 세법은 원칙적으로 이러한 임원 보수를 기초로 손비로 인정하고 있다. 보수의 범위는 급여, 상여를 말하며 퇴직금에 관해 정관에 규정이 없는 경우 퇴직금까지 포함해서 해석할 수 있다. 따라서 보수와 퇴직금을 명확히 구분하는 것이 좋다.

제4호 의안 : 임원 퇴직금 지급 규정 승인의 건

의장은 정관 제39조 이사의 보수와 퇴직금 규정 및 정관 제51조 감사의 보수와 퇴직금 규정에 따라 주주총회에서 임원 퇴직금 규정을 다음과 같이 승인 필요성을 소상히 설명하고 이에 대해 의견을 물어 이의 없이 원안대로 승인하다.

- 다 음 -

대표이사 : 직원의 법정퇴직금 상당액의 3배

전무이사 : 직원의 법정퇴직금 상당액의 2배

상무이사 : 직원의 법정퇴직금 상당액의 1.5배

이   사 : 직원의 법정퇴직금 상당액의 1.5배

> 설명 : 세법상 임원 퇴직금에 대해 정관에 규정한 퇴직금을 손비로 인정하고 있다. 통상 정관은 주주총회에서 퇴직금에 대해 위임규정을 마련해 구체적으로 정하도록 하고 있으나 주주총회에서 직접 규정해도 무방하다.

제5호 의안 : 임원 상여금 지급 규정 승인의 건

의장은 주주총회에서 임원 상여금 규정을 일반 직원의 급여 대비 상여비율의 3배 범위 내에서 대표이사가 정함에 승인 필요성을 소상히 설명하고 이에 대해 의견을 물어 이의 없이 원안대로 승인하다.

> 설명 : 세법상 임원 상여에 대해 주주총회 등으로 마련된 규정에 따른 상여금은 손비로 인정하고 있다. 임원 보수와 연관해서는 임원 보수는 다소 충분히 정하고 구체적으로 이사회의사록에서 개별적으로 임원 급여와 임원 상여를 정하면 될 것이다.

제6호 의안 : 배당금 지급 승인의 건

의장은 주주총회에서 회사 유보금 현황에 대해 소상히 설명하고 배당금 지급이 없는 것에 대해 의견을 물어 이의 없이 승인하다.

> 설명 : 상법상 주주총회를 통해 배당 등 이익을 배분하는 절차를 규정한 것이다. 배당이 있는 경우에는 배당률과 배당총액을 적시하면 될 것이다. 다만 배당금 지급이 장기간 지연될 경우에도 배당소득세 및 지방소득세는 늦어도 주주총회 결의 후 3개월이 되는 때에 지급된 것으로 간주해 익월 10일까지 납부해야 한다.

의장은 이상으로서 회의 목적인 의안 전부의 심의를 종료했으므로 폐회한다고 선언하다(회의 종료 시간 오전 9시 20분).

위 의사의 경과 요령과 결과를 명확히 하기 위해 이 의사록을 작성하고 의장과 출석한 이사가 기명날인하다.

2020년 3월 31일

주식회사 AAAA

의장 대표이사 정○○(인)

이 사 박○○(인)

주주총회가 끝나면 주주총회에서 결의한 사항 가운데 임원 보수에 대한 내용을 이사회를 열어 구체적으로 정하는 것이 좋다. 왜냐하면 통상적으로 주주총회에서는 임원 보수를 총액으로 정하는데, 이사회가 직급별로 개별 규정을 해야 과세 관청이 임원 보수에 대한 문제를 제기할 수 없기 때문이다.

이 사 회 의 사 록

일 시 : 2020년 3월 31일(목) 오전 10:00~10:20

장 소 : 본사 회의실

이사 총수 : 3명, 참석 이사 수 : 2명(정○○, 박○○)

회 의 진 행

의장 대표이사 정○○은 의장석에 등단해 위와 같이 성원이 되었음을
알리고 개회를 선언한 후 의안을 부의하다.

제1호 의안 : 이사 보수 결정의 건

의장은 금번 제7기 주주총회에서 2020년도 회계기간 이사 보수 한도
를 금 1,200,000,000원으로 정했음을 알리고, 이에 따라 각 이사에게
아래와 같이 보수를 지급함이 상당하다고 설명하고 그에 대한 의견을
구한 바 출석한 이사 전원일치의 찬성으로 이를 승인가결한다.

대표이사	정○○	금 400,000,000원 이내
이 사	박○○	금 150,000,000원 이내
이 사	한○○	금 150,000,000원 이내

설명 : 상법상 이사의 보수는 주주총회에서 정한다고 규정하고 있다. 그리고 세법은 원칙적으로 이러한 임원 보수를 기초로 손비로 인정하고 있다. 보수의 범위에 관해서는 급여, 상여, 정관에 규정이 없는 경우 퇴직금까지 포함해서 해석할 수 있으니 명확히 구분하는 것이 좋다. 끝으로 이사회에서는 그 보수액을 구체적으로 정하는 것이 좋다.

제2호 의안 : 이사 상여금 결정의 건

의장은 금번 제7기 주주총회에서 이사 상여금 지급 한도를 일반 직원의 급여 대비 상여 비율의 3배 범위 내에서 대표이사가 정할 것임을 알리고, 이에 따라 각 이사에게 상여금을 지급함이 상당하다고 설명하고 그에 대한 의견을 구한 바 출석한 이사 전원일치의 찬성으로 이를 승인가결한다.

설명 : 세법상 임원 상여에 대해 주주총회 등으로 마련된 규정에 따른 상여금은 손비로 인정하고 있다. 임원 보수와 연관해서는 임원 보수는 다소 충분히 정하고 구체적으로 이사회 의사록에서 개별적으로 임원 급여와 임원 상여를 정하면 될 것이다.

상기 결의 사항을 명확히 하기 위해 의사록을 작성하고 출석한 이사 전원이 아래와 같이 기명날인한다.

2020년 3월 31일

주식회사 AAAA

의장 대표이사 정○○(인)

이 사 박○○(인)

감 사 장○○(인)

085

연말정산에서 절세하는 방법은?

연말정산과 종합소득공제

2014년 기준 통계청 전국사업체 조사자료에 따르면 대한민국에는 약 380만의 사업자가 있고, 이러한 사업체에 종사하는 사람이 근로자를 포함해 약 2천만 명에 이르며, 이 가운데 중소기업에 약 1,700만 명이, 대기업에 약 270만 명이 종사하고 있다.

종합소득세나 법인세는 자진신고·납부를 원칙으로 하지만, 이 많은 근로자의 종합소득세 확정신고 의무를 덜어주기 위해 그를 고용한 사업주에게 연말정산 의무를 부여한다. 이에 사업주는 다음 연도 초에 근로자의 근로소득세를 확정해 근로자의 2월분 급여 지급 시 정산해야 하고, 근로자와 정산한 세액을 세무서에 납부하거나 환급받아 연말정산을 마무리하는 것이다.

따라서 연초가 되면 근로자들은 전년도 근로소득세를 정산받기 위해 국세청의 홈택스를 통해 소득공제 및 세액공제 자료를 취합해 사업주에게 전달한다. 사업주는 근로자별 정산세액을 2월분 급여 지급 시 가산(환급이 발생한 경우)하거나 차감(세금이 발생한 경우)하고 근로자에게 지급한다. 정산세액을 환급받게 되면 급여가 많아지는데 이른바 '13월의 보너스'라고 말하는 이유가 바로 이 때문이다.

그리고 사업주는 근로자 전체로 보아 근로소득세가 납부할 금액으로 나오면 3월 10일까지 이를 사업장 관할세무서에 납부하고, 환급할 금액이 있으면 향후 납부할 원천징수세액에서 차감 납부한다. 예를 들어 연말정산을 통해 근로자 A는 20 환급, 근로자 B는 30납부가 나오면 사업주는 근로자 A의 2월분 급여에 20을 얹어주고, 근로자 B의 급여에서 30을 차감한다. 그러면 근로자 전체로 정산된 근로소득세가 10만큼 납부할 금액이 나오기 때문에 이를 3월 10일까지 사업장 관할세무서에 납부하는 것이다. 반대로 근로자 A는 30 환급, 근로자 B는 20 납부가 나오면, 사업자는 근로자 A의 2월분 급여에 30을 얹어주고, 근로자 B의 급여에서 20을 차감한다. 그러면 근로자 전체로 정산된 근로소득세가 10만큼 환급할 금액이 나오기 때문에 사업자는 향후 월별로 납부하는 원천징수세액에서 10만큼 차감하고 납부한다.

이처럼 사업주 입장에서 연말정산은 근로소득세 정산을 대리하는 것일 뿐 손해가 있거나 이익이 있는 것은 아니다. 그럼에도 불구하고 2월 분 급여 지급 시 환급세액을 급여에 더해 지급하면서 사업주는 마치 자신이 직원급여를 더 많이 주는 것으로 오인하기도 한다. 하지만 연말정산의 손해나 이익은 전적으로 근로자에게 있다. 그렇다면 근로자는 어떻게 해야 연말정산을 통해 13월의 보너스를 많이 받을 수 있을까?

연말정산의 절세 포인트는 근로자 각자의 소득공제 및 세액공제 자료의 정확한 취합이다. 소득공제액이 100만 원 추가될 경우 근로소득세가 적게는 6만 원(최저 세율인 6% 적용 시)에서 많게는 42만 원(최고 세율인 42% 적용 시)이 절세된다. 먼저 소득공제에 대해 알아보자. 소득공제는 종합소득자 전체 또는 근로자만 적용되는 것으로 구분된다는 점에 유의하자.

1. 소득공제
1) 인적공제
종합소득이 있으면 누구나 적용되는 다음의 인적공제가 있다.

---

① 기본공제(인당 150만 원) : 본인공제, 배우자공제, 부양가족공제(연령 및 소득금액 고려)
② 추가공제 : 경로우대자(100만 원), 장애인(200만 원), 부녀자(50만 원), 한부모가족(100만 원)

---

2) 연금보험료공제

종합소득이 있으면 국민연금 등 공적公的연금의 납입액은 전액 소득공제한다.

3) 특별소득공제

근로자에 한해 적용되는 특별소득공제로 본인 부담분 건강보험료·고용보험료공제(전액 공제), 주택자금공제(조건별로 300만 원, 500만 원, 1,500만 원, 1,800만 원 공제)가 있다.

4) 조세특례제한법상의 소득공제

조세특례제한법상의 소득공제로는 소기업·소상공인공제(노란우산공제부금공제, 소득금액별 200~500만 원 한도)와 신용카드 소득공제(총급여액의 25% 초과 사용액의 15%, 30%를 200~300만 원 한도 공제)가 대표적이며, 주택청약 종합저축공제(불입액의 40% 공제), 투자조합출자공제(출자액의 10~50% 공제), 장기집합투자증권 저축공제(납입액의 40% 공제), 우리사주조합 출연금공제(400만 원 한도) 등이 있다. 이 가운데 신용카드 소득공제, 주택청약 종합저축공제, 장기집합투자증권 저축공제, 우리사주조합 출연금공제는 근로자에게만 적용된다.

매년 연말정산을 소개하는 미디어에서 강조하는 것이 바로 이런 소득공제 대상 금융상품의 가입이다. 다만 연말정산 시 혜택이 있다고 해서 소비나 투자의 위험을 간과해서는 안 된다.

다음으로는 세액공제에 대해 알아보자. 세액공제도 종합소득자 전체 또는 근로자만 적용되는 것으로 구분된다는 점에 유의하자.

2. 세액공제

1) 자녀세액공제

종합소득이 있으면 누구나 적용되는 다음의 자녀세액공제가 있다.

---

① 자녀공제 : 1인당 15만 원, 3명부터는 30만 원

② 출산·입양공제 : 첫째 30만 원, 둘째 50만 원, 셋째 이상 70만 원

＊자녀공제는 2019년부터 만 7세 이상의 자녀부터 적용된다.

2) 연금계좌세액공제

연금저축 납입액과 DC형/IRP형 퇴직연금 근로자불입액은 세액공제가 된다. DC형/IRP형 퇴직연금은 근로자에게 귀속되는 것으로 회사의 퇴직연금 불입액 외에 근로자가 추가 불입할 수 있으며, 근로자 추가 불입금이 세액공제 대상이다.

반면 DB형 퇴직연금은 회사에 귀속되는 것이기 때문에 근로자가 추가 불입하는 대상이 아니다. 연금저축의 납입액은 납입액(400만 원 한도. 단, 총급여 1.2억 원 또는 종합소득금액 1억 원 초과자는 300만 원)의 15%(총급여 5,500만 원 또는 종합소득금액 4천만 원 초과자는 12%) 세액공제하고, 추가로 DC형/IRP형 퇴직연금 근로자 불입액이 있는 경우 불입액 300만 원까지 15%(총급여 5,500만 원 또는 종합소득

금액 4천만 원 초과자는 12%) 세액공제한다.

3) 특별세액공제

근로자에 한해 다음에 해당하는 지출액(한도 있음)에 대해 특별 세액공제를 한다.

---

① 보장성보험료 세액공제 : 100만 원 한도 내 12%, 장애인보장성보험료 는 추가 100만 원 한도 내 15% 세액공제

② 의료비세액공제:본인과 기본공제 대상자의 의료비(총급여액의 3%초과 분) 지출액에 대해 15%(난임시술비는 20%) 세액공제. 다만 기본공제 대상자 판정 시 연령과 소득 불문

③ 교육비세액공제 : 본인 교육비는 전액, 기본공제 대상자 대학생 900만 원·고등학생 이하 300만 원 한도 내 15% 세액공제. 다만 기본공제 대상자 판정 시 연령 불문

④ 기부금세액공제 : 법정기부금, 지정기부금, 종교단체기부금 개별 한도 내 기부금액의 15%, 1천만 원 초과분 30% 세액공제

⑤ 월세세액공제 : 총급여액 7천만 원 이하 무주택근로자, 종합소득금액 6천 만 원 이하인 무주택성실사업자 등의 월세지출액에 대해 월세액 연 750 만 원 한도로 10%(총급여액 5.5천만 원 이하인 근로자, 종합소득금액 4 천만 원 이하인 성실사업자 등은 12%) 세액공제

⑥ 표준세액공제 : 특별세액공제와 주택자금공제가 없는 근로자는 연 13만 원 세액공제

참고로 인적공제와 자녀세액공제 등은 주민등록등본 등으로 확 인하며, 각종 소득공제 및 세액공제와 관련된 지출내역은 대부분 국세청 홈택스에서 제공된다. 다만 국세청 홈택스에서 확인되지 않는 의료비·교육비·기부금·월세액 등 다음 쪽 내역은 별도로

확인해 지출증빙을 제출해야 한다.

- 취학 전 아동 학원비
- 중·고생 교복 구입비용(1인당 연간 50만 원), 초·중·고생 체험학습비 (1인당 연간 30만 원)
- 안경, 콘택트렌즈 구입비용(연간 50만 원)
- 보청기, 휠체어 등 장애인보장구 구입비용
- 종교단체기부금, 사회복지단체 및 시민단체 등의 지정기부금
- 주민등록번호를 알려주지 않은 신생아 의료비
- 난치성질환 등 중증환자의 의사소견서
- 월세세액공제를 위한 임대차계약서, 월세액 지급 증명서류(고시원도 가능)
- 자녀나 형제자매의 국외교육비

이하 연말정산 시 일반적으로 유의해야 할 사항은 **절세하이테크** 에서 알아보자.

연말정산 시 일반적으로 유의해야 할 사항

1. 주민등록표상 동거하지 않는 경우의 기본공제 여부

대부분의 기본공제 대상은 주민등록등본으로 확인되지만, 주민등록이 같이 되어 있지 않은 자녀와 부모님도 인적공제 대상이다. 심지어 형제자매 등 동거 가족 가운데 취약, 요양, 근무상 형편으로 일시 퇴거를 한 경우에도 기본공제 대상이다. 가족관계증명서나 취학, 질병으로 인한 요양 등 일시 퇴거 사유를 증명하는 서류를 사업주에게 제출하면 된다.

2. 소득이 있는 자의 기본공제 대상 여부

기본공제 대상 판정 시 해당 연도의 소득금액이 100만 원 이하인 사람(총급여액이 500만 원이하의 근로소득만 있는 배우자 포함)만 기본공제 대상이지만, 비과세소득이나 분리과세소득은 소득금액에 합산되지 않는다.

3. 기본공제 대상자의 연말정산 간소화 서비스 이용

근로자가 받을 수 있는 각종 소득공제 및 세액공제는 근로자뿐만 아니라 기본공제 대상자가 지출한 내역도 포함된다. 본인 외 부양가족의 연말정산 간소화 서비스를 일괄적으로 조회하려면 부양가족이 공인인증서, 휴대폰, 신용카드, 팩스, 우편 등으로 정보 이용에 동의하면 된다.

4. 장애인공제 유의사항

장애인공제의 경우 통상적으로 장애인증명서를 제출하는 방법으로 추가 공제를 받는다. 그런데 항시 치료를 요하는 중증환자(소견서 제출)와 국가유공자인 상이자 또는 이에 준하는 자도 공제 대상이라는 점에 유의해야 한다.

5. 부녀자공제 유의사항

종합소득이 있는 자가 부녀자인 경우 모두 50만 원의 추가 공제 혜택이 있는 것이 아니라, 종합소득금액이 3천만 원 이하인 거주자에 한정된다. 그리고 배우자가 없는 여성으로서 부양가족이 있는 세대주이거나 배우자가 있는 여성인 경우에만 적용된다.

6. 보장성보험료 세액공제 유의사항

보장성보험료 세액공제는 자동차보험, 질병·상해보험, 암보험 등 보장성보험의 보험료 불입액에만 적용되는 것으로 저축성보험료 불입액은 해당되지 않는다. 다만 일반보장성보험의 보험료는 아무리 불입액이 많아도 100만 원 한도 내 12%를 세액공제하고, 장애인보장성보험의 보험료가 있다면 추가적으로 100만 원 한도 내 15%를 세액공제한다.

7. 의료비세액공제 유의사항

의료비세액공제(의료비 지출액의 15%)는 근로자가 소득공제신고서에 공제 대상 부양가족으로 기재한 자(연령과 소득금액 불문)에게 지출한 의료비에 한한다. 따라서 그 부양가족이 다른 사람의 기본공제 대상자로 중복 기재된 경우에는 의료비세액공제를 받을 수 없다.

참고로 진찰, 치료, 예방, 요양을 위한 의료비가 아니라 미용, 성형수

술 비용과 건강 증진을 위한 의약품 구입비용은 의료비세액공제 대상이 아니다.

8. 교육비세액공제 유의사항

교육비세액공제(교육비 지출액의 15%)는 근로자가 소득공제신고서에 공제 대상 부양가족으로 기재한 자(연령 불문)에게 지출한 교육비에 한한다. 따라서 그 부양가족이 다른 사람의 기본공제 대상자로 중복 기재된 경우에는 교육비세액공제를 받을 수 없다. 또한 직계존속의 교육에 지출한 교육비는 공제 대상이 아니다.

통상적으로 교육비 납입액을 공제 대상으로 하지만 근로자 본인의 학자금대출 원리금상환액도 포함되며, 방과 후 학교수업료와 급식비와 교재비, 학교에서 구입한 교과서대금, 중·고생의 교복구입비(1인당 50만 원 한도), 체험학습비(1인당 30만 원 한도)도 공제 대상이 된다.

9. 주택자금소득공제 유의사항

연말정산 시 소득공제 혜택이 가장 큰 항목은 아마도 주택자금소득 공제일 것이다. 왜냐하면 대출조건별로 최저 300만 원에서 최대 1,800만 원까지 이자상환액을 소득공제하기 때문이다. 따라서 주택자금대출 시 소득공제 혜택 여부와 금액을 반드시 확인해야 한다.

10. 신용카드 소득공제 유의사항

신용카드 소득공제의 공제 대상에는 본인과 배우자, 직계존비속, 배우자의 직계존비속과 동거입양자가 포함된다. 다만 그 밖의 기본공제 대상자의 신용카드 등 지출액은 제외된다.

11. 정치자금의 세액공제와 소득공제

합법적으로 지출한 정치자금은 10만 원까지는 전액 세액공제되고, 그 초과분은 15%가 세액공제(3천만 원 초과분 25% 세액공제)된다.

12. 연말정산 소득공제 및 세액공제 누락 시 구제 방법

연말정산 소득공제 및 세액공제를 누락한 경우에는 과거 5년치 근로소득세를 경정청구해 환급받을 수 있다.

086

회사를 위한 비용은
모두 세무상 경비일까?

세무상 경비와 접대비

회사에서 지출하는 모든 비용*이 세무상 경비(손비)로 인정될 수 있다고 생각하는 사업자들이 아주 많다. 물론 업무와 관련이 있는 지출은 대부분 세무상 경비로 인정되지만 자본·출자의 환급, 이익잉여금의 배당, 세법에서 비용을 부인하거나 세무상 한도를 설정한 항목은 제외한다. 세법에서 비용을 부인(손비 부인)하거나 세무상 한도를 설정한 항목은 다음 쪽 표와 같다.

---

* 세무상 경비는 세금을 절감시키기 때문에 업무 관련성 및 비용 지출 여부의 입증 책임은 납세자에게 있다.

① 대손금의 손금불산입 : 채권 중 회수 불가능 채권을 비용 처리할 때는 엄격한 요건 적용

② 자본거래 등으로 인한 손비의 손금불산입 : 배당 등 잉여금의 처분, 주식 할인발행차금 항목

③ 제세공과금의 손금불산입 : 벌금, 과태료, 가산금, 체납처분비, 의무불이행 제재 공과금

④ 자산의 평가손실의 손금불산입 : 회사 보유 자산을 감액평가해 손실 처리할 때 엄격한 요건 적용

⑤ 감가상각비의 손금불산입 : 고정자산의 감가상각비에 대해 세법상 한도 적용

⑥ 기부금의 손금불산입 : 공익기부금이라도 소득금액의 일정 비율 범위 안에서 손비 인정

⑦ 접대비의 손금불산입 : 접대비는 신용카드 등 사용액만 인정하고 총액 한도 안에서 손비 인정

⑧ 과다 경비 등의 손금불산입 : (주로) 임원에 대한 상여금, 퇴직금 한도에 대해 엄격한 요건 적용

⑨ 업무와 관련 없는 비용의 손금불산입 : 업무와 무관한 비용은 손비 부인

⑩ 업무용 승용차 관련 비용의 손금불산입 : 업무용도 미입증 시 승용차 관련 비용 손비 부인

⑪ 지급 이자의 손금불산입 : 채권자 불분명 사채이자, 가지급금에 대응되는 차입금이자 손비 부인 등

　복잡해 보이지만 각 항목별로 세무상 경비 처리가 되는 요건이나 세무상 한도는 세무사가 알아서 법대로 처리해준다. 다만 접대비에 대해서는 실무적으로 애매한 경우가 많다.

예를 들어, 회사에서 명절에 상품권을 구입했다고 하자. 이 상품권을 임직원에게 배포하면 복리후생비, 거래처에 배포하면 접대비가 된다. 회사가 접대비로 회계처리하고 접대비의 세무상 한도에 걸리면 그 초과분은 세무상 경비가 부인되어 세금 부담이 생긴다. 반면 복리후생비라면 접대비보다는 세금 부담이 낮아질 것이다. 물론 회사가 접대비를 복리후생비 등으로 회계처리했다고 해서 세금이 달라지는 것은 아니다. 당장은 숨길 수 있지만 세무조사에서 적발되면 지출의 실질에 따라 접대비로 보아 세금이 추징될 수 있기 때문이다.

다음으로 접대비와 비교될 수 있는 여러 비용 항목을 알아보자.

1. 접대비와 기부금

접대비는 사업자가 사업을 위해 지출한 비용 가운데 상대방이 사업 관계자들이고, 지출의 목적이 접대 행위(무상)를 통해 사업 관계자들과의 친목을 두텁게 해 거래 관계의 원활한 진행을 도모하기 위한 비용이다.

반면 기부금은 사업자의 사업과 관련 없는 지출액으로, 업무 무관 경비로 손비 부인되어야 하지만 공익 목적의 기부를 장려하기 위해 법정 한도 내에서 손비로 인정되는 항목이다. 따라서 지출의 업무 관련성 여부로 접대비와 구분된다.

2. 접대비와 광고선전비

광고선전비는 광고선전을 목적으로 불특정 다수에게 무상으로 지출한 비용이다. 따라서 접대비와의 구분은 불특정 다수에 대한 광고 효과를 의도하느냐의 여부에 달려있다.

3. 접대비와 판매부대비

판매부대비는 해당 사업자의 제품, 상품 등의 판매와 직접 관련 있는 거래처 또는 불특정 고객을 상대로 지급하는 보상금 및 사은 품 등의 증정에 따른 지출액을 말한다. 따라서 접대비와의 구분은 판매와 직접 관련해 지급 요건이 충족되면 누구나 동일 조건으로 지급하느냐의 여부에 있다. 만일 특정인에게 유리한 조건으로 지 급된다면 접대비가 된다.

4. 접대비와 복리후생비

복리후생비는 임직원의 복리증진과 원활한 노사관계를 위해 지 출하는 비용이다. 따라서 접대비와의 구분은 지급 상대방이 해당 사업자의 임직원이냐의 여부에 있다. 1인 사업자의 경우 직원이 없는데도 식대가 발생하면 실무상 복리후생비로 처리하곤 한다. 그런데 이 식대는 직원에게 지출한 것이 아니므로 복리후생비가 될 수 없다. 즉, 개인적으로 밥을 먹은 것으로 보아 업무 무관 경비 가 될 수 있고, 거래처와 식사를 했다고 하면 접대비가 될 수도 있다.

5. 접대비와 회의비

회의비는 정상적 업무를 수행하기 위해 지출하는 비용으로서 사내 또는 통상 회의가 개최되는 장소에서 제공하는 다과 및 음식물 등의 비용을 더한 금액에서 사회통념상 인정될 수 있는 범위 안의 금액을 말한다. 따라서 접대비와의 구분은 지출 장소와 지출 내역으로 판단한다.

예를 들어 사업자가 회식을 했다고 할 때, 일단 저녁식사 비용은 복리후생비로 처리할 수 있을 것이다. 그런데 늦은 시간에 유흥주점에서 고급 양주를 마셨다면 어디까지가 복리후생비일지 구분이 애매해진다. 통상적으로 회사는 이것을 접대비로 처리하고 끝낸다. 그렇다면 과세관청의 관점은 어떨까? 통상적으로 저녁 회식 식사 비용 정도는 복리후생비로 인정한다. 하지만 유흥주점 사용액은 잘 봐주면 접대비이고, 금액이 크고 임원이 함께했으면 임원 개인의 사적인 지출로 보아 세무상 경비를 부인하는 동시에 임원 상여금으로 소득세를 부과할 수 있다.

요즘은 국세청 전산망에서 사업용 카드의 주말분 사용액까지 걸러내서 사업자에게 통보하는 세상이다. 복리후생비이든 접대비이든 세무상 경비로 인정받으려면 비용의 사용 내역을 정확히 입증할 수 있어야 한다.

087

업무용 승용차 관련 비용은 세무상 경비일까?

업무용 승용차 관련 비용

과거에는 업무용 승용차 관련 비용에 특별히 세무상 한도를 두지 않았다. 그런데 고소득 자영업자나 대기업의 사주社主가 스포츠카 등 사실상 업무에 사용하지 않는 차량을 매입하고 감가상각을 통해 그 차량을 회사 경비로 처리하거나, 고액의 보험료 등 차량 유지비용을 회사 경비로 처리하는 잘못된 관행이 생기다 보니 2016년 세법을 개정해 업무용 승용차 관련 비용의 손금불산입 규정을 마련했다.

개정된 내용에 따르면 회사의 승용차 관련 비용을 세무상의 경비로 처리하려면 사업자가 실제로 업무에 사용된 비율을 입증해야 하고, 업무 사용분에 한해서만 세무상 경비로 인정한다. 이 규정이 도입되면서 사업자가 궁금해하는 것은 크게 다음 세 가지이다.

1. 적용 대상 업무용 승용차

제일 먼저 궁금해하는 사항은 회사의 모든 차량이 이 규정의 적용을 받느냐는 것이다. 그렇지는 않다. 승용차에 한해 규제하는 것이기 때문에 경차, 승합차, 화물차와 같이 개별소비세가 과세되지 않고 부가가치세 매입세액공제도 받을 수 있는 차량은 규제 대상에서 제외된다. 필자도 이참에 9인승(승합차) SUV를 사서 업무용으로 사용할까 생각 중이다.

2. 적용 대상 승용차 관련 비용

두 번째는 승용차 관련 비용이 무엇이냐는 것이다. 사업자 자신의 차량이면 차량의 감가상각비, 유류비, 보험료, 수리비, 자동차세, 통행료 등 승용차를 취득·유지함에 따라 발생하는 비용을 말한다. 그리고 승용차를 리스하거나 렌트하는 경우에는 리스료나 렌탈료도 승용차 관련 비용에 해당한다. 다만 종업원 소유의 차량은 자신의 차량도, 리스 차량도, 렌탈 차량도 아니기 때문에 규제 대상이 아니다.

3. 업무 사용의 범위

세 번째는 업무 사용의 범위가 어떻게 되고, 업무용임을 어떤 방식으로 입증하느냐는 것이다. 일단 업무용의 첫 번째 관문은 자동차보험이다. 개인사업자는 자기 명의로 차량보험에 가입하는 것이 당연하고, 법인사업자는 반드시 임직원 전용 자동차보험에 가입해야 한다. 타인이 운행해도 보험이 가능한 자동차보험(누구나보험)에 가입하면 아예 업무용으로 보지 않는다. 또한, 업무 사용의 범위와 입증 방법은 출퇴근 포함, 회사 업무에 해당하는 운행 활동을 차량운행기록부*에 작성해 업무 사용 비율을 파악한다.

이처럼 적용 대상 승용차의 관련 비용을 집계해 업무용 승용차 관련 비용 중 비업무용 사용액을 세무상 경비부인하는 것이 이 제도의 골자이지만, 업무용 사용액으로 인정된 경비라 해도 감가상각비 한도(대당 연간 800만 원, 부동산임대업을 주업으로 하는 특정법인은 400만 원)를 재차 적용하는 등 실무적으로 매우 어려운 내용이 있으므로 이는 **절세하이테크**에서 따로 설명하기로 한다.

그런데 감가상각비를 포함한 승용차 관련 비용이 (1대당) 1.5천만 원 이내인 경우에는 차량운행기록부를 작성하지 않아도 100% 업무용으로 간주한다. 감가상각비를 포함한 승용차 관련 비용이 (1대당) 1.5천만 원 이내로 산출돼 차량운행기록부를 작성하지 않아도 100% 경비 인정이 되는 차량이 많이 팔릴 것이라는 예상이 가능하다. 필자의 경우 9인승 SUV가 불편해서 세단을 산다면 신차보다 중고차로 갈아탈까도 생각 중이다.

---

* 인터넷에 운행기록 앱과 엑셀시트가 넘쳐난다. 국세청에서 고시한 서식이 아니라도 자동차등록 번호, 사용자, 사용 목적, 사용 일자, 운행 내역만 포함되면 된다.

업무용 승용차 관련 비용을 세무상 경비로 인정
받으려면 출퇴근을 포함한 회사 업무에 해당하는
운행 활동을 차량운행기록부에 작성해 업무 사용
비율을 파악해야 한다. 이후 업무용 승용차 관련 비용 중 비업무용 사
용액을 세무상 경비부인하고, 업무용 사용액으로 인정된 경비라도 감
가상각비 한도(대당 연간 800만 원)의 사후 관리 문제가 발생한다. 이에
대해서는 사례를 통해서 알아보자.

Step 1 업무용 경비와 비업무용 경비의 구분

업무용 승용차 한 대의 감가상각비가 1,500만 원이고, 보험료를 포함
한 차량 관련 비용은 연간 500만 원이 발생했으며(총 2천만 원), 차량운
행기록부상 업무 사용 비율을 계산해보니 80%라고 가정해보자.

　1차적으로 업무용 승용차 관련 비용 1,600만 원(총 2천만 원×80%)
이 세무상 업무용 경비로 인정된다. 따라서 비업무용 경비 400만 원을
세무상 경비에서 부인하는데, 개인사업자의 경우에는 단순히 경비만
부인하지만 법인사업자는 세무상 경비부인(상여 등)과 더불어 그 차량
의 사용자에게 상여 등으로 소득처분해 소득세를 부과한다.

Step 2 업무용 경비 내에서 감가상각비의 연도별 한도 처리

업무용 승용차 관련 비용의 세무상 처리에서 가장 어려운 것은 차량의
업무용 감가상각비를 대당 800만 원 한도(월할 계산)로 한다는 것이다.
이에 세법은 차량의 감가상각비 계산을 간단히 하기 위해 5년간 정액
법으로 무조건 감가상각한다(2016년 이후 취득분부터 적용).

　Step 1에 따라 세무상 업무용 경비로 인정되었더라도 차량의 감가

상각비가 연간 800만 원을 초과하면 초과액을 세무상 경비부인(유보)하고 감가상각이 종료된 뒤 매년 800만 원까지 추가로 세무상 경비 처리한다. 이처럼 세무상 업무용 경비로 인정되었지만 감가상각비 연간 한도에 걸려 2차적으로 부인되는 감가상각비는 언젠가는 세무상 경비로 인정받게 된다. 이를 실무상 '유보', '△유보'라는 표현으로 관리한다.

앞 사례에서 업무상 경비 1,600만 원 중 감가상각비는 1,200만 원(1,500만 원×80%)이 인정된 것이다(그 외의 차량 관련 비용은 400만 원 인정). 그런데 감가상각비의 연간 한도가 800만 원이므로 2차적으로 400만 원을 세무상 경비부인(유보)하다가 차량의 감가상각이 끝나면 매년 800만 원까지 추가로 세무상 경비(△유보)로 사후 인정한다.

그런데 운용리스 차량이나 렌탈 차량은 사업자 소유의 차량이 아니므로 차량의 감가상각비가 없다. 그러면 리스료나 렌탈료가 전액 세무상 경비로 될 수 있는데, 자기 차량과의 형평성을 맞추기 위해 리스 차량은 리스료에서 자동차세, 보험료, 수선유지비를 차감한 금액을 감가상각비로 간주하고, 렌트 차량은 렌트료의 70%를 감가상각비로 보아 위 규정을 적용한다.

Step 3 업무용 차량의 매각 시 처분 손실의 연도별 한도 처리

그런데 만일 업무용 차량을 처분하고 처분 손실이 발생했다면 그 차량의 처분 손실도 감가상각비 한도와 마찬가지로 연간 800만 원까지만 세무상 경비로 인정해 처분한 해에 큰 감세減稅 효과가 없도록 개정했다.

5천만 원 상당의 승용차를 구입해 100% 업무용으로 사용하고, 첫해 1천만 원을 회계상 감가상각비로 처리했다고 가정하자. **Step 2**에서 본 바와 같이 연간 800만 원을 초과한 200만 원의 감가상각비가 세무상 경비부인(유보)된다.

그런데 다음 해에 즉시 이 승용차를 3천만 원에 매각해 회계상 장부가액 4천만 원(=5천만 원-1천만 원)에 비해 1천만 원의 차량 처분 손실이 발생했다고 가정하자. 이때 업무용 승용차 처분 손실은 연간 800만 원까지만 세무상 경비 처리가 되기 때문에 차량 처분 손실 중 200만 원을 세무상 경비부인(유보)한다. 그리고 그다음 해에 감가상각비 당초 유보액 200만 원과 차량 처분 손실 유보액 200만 원을 합한 400만 원을 세무상 경비(△유보)로 사후 인정한다.

Step 4 차량운행기록부 미작성 시 세무상 처리

그런데 만일 차량운행기록부를 작성하지 않았다고 치자. 그러면 차량운행 거리로 업무 사용 비율을 환산할 수 없기 때문에 다음과 같은 계산식으로 업무 사용 비율을 계산한다.

$$\text{차량운행기록부 미작성 시 업무 사용 비율} = \frac{1.5천만\ 원}{\text{업무용 승용차 관련 비용}}$$

예를 들어 업무용 승용차의 감가상각비가 1,500만 원이고 보험료를 포함한 차량 관련 비용은 연간 500만 원이 발생해 총 2천만 원인데, 차량운행기록부를 작성하지 않았다고 가정하자. 그러면 업무 사용 비율은 75%(=1.5천만 원/2천만 원)로 산출된다. 따라서 비업무용 경비 500만 원을 세무상 경비에서 부인하는데, 개인사업자는 단순히 경비만 부인하지만 법인사업자는 세무상 경비부인(상여 등)과 더불어 그 차량의 사용자에게 상여 등으로 소득처분해 소득세를 부과한다.

이때 Step 2에 따라 업무용으로 세무상 경비로 인정된 1.5천만 원을 감가상각비와 그 외 경비로 구분해본다.

사례의 경우에는 감가상각비 1,500만 원 가운데 75%인 1,125만 원이 세무상 업무용 경비로 인정된 것이고, 그 외 경비는 375만 원이 세무상 업무용 경비로 인정된 것이다. 그러나 감가상각비가 연간 한도 800만 원을 초과하는 바 한도 초과액 325만 원을 손금불산입(유보)으로 세무조정하고 사후 관리한다.

그런데 만일 차량운행기록부를 작성하지 않고 업무용 승용차 관련 비용이 1.5천만 원 이하가 될 경우에는 업무 사용 비율이 100% 이상이 된다. 따라서 감가상각비를 포함한 승용차 관련 비용이 1대당 1.5천만 원 이내이고 차량의 감가상각비가 800만 원 이하라면 차량운행기록부를 작성하지 않아도 세무상 100% 업무용으로 간주되는 것이다. 그래서 연식이 조금 오래된 차량은 차량운행기록부를 작성할 필요가 별로 없을 것이다.

088

법인에서 개인적으로 돈을 가져가면 어떻게 될까?

소득처분

어떤 사업자가 법인세율이 소득세율보다 낮아서 법인으로 사업을 시작했다고 가정해보자. 법인사업으로 많은 소득도 얻고 법인세도 적게 냈으니 매우 만족스러웠을 것이다. 그런데 법인통장에 쌓인 돈을 사업주의 주머니로 가져가려니 생각이 복잡해진다. 왜냐하면 대표이사의 지위를 이용해 급여·상여로 가져가면 높은 세율의 근로소득세를 부담해야 할 것이고, 주주의 지위를 이용해 고액의 배당금을 가져가면 금융소득 종합과세(금융소득이 2천만 원을 초과할 때)로 배당소득세를 부담해야 할 것이기 때문이다.

그래서 복리후생비, 회의비, 접대비, 판매부대비용 등 각종 경비 명목으로 법인의 돈을 회사 업무가 아닌 개인 용도로 사용했다면 세금은 어떻게 될까?

1. 법인세 추징과 소득처분에 의한 소득세 징수

만일 이러한 사실을 과세관청이 알게 되면 일단 법인의 경비를 부인해 법인세를 과세하고 법인의 소득이 외부로 유출된 것으로 보아 이 유출금액의 귀속자를 찾아 소득세를 과세한다. 이를 '소득처분'이라고 한다. 소득처분은 그 귀속자에 따라 임직원은 상여(근로소득), 주주는 배당(배당소득), 그 외의 자는 기타소득, 소득세 과세가 불필요한 경우에는 기타 사외유출로 한다.

그런데 만일 세무사가 법인세를 신고할 때 이런 항목을 찾으면 "사장님, 복리후생비 항목을 살펴보니 사장님이 개인적으로 쇼핑하신 금품을 법인카드로 결제한 것이 있군요. 이것은 법인세법상 손비 부인하고 사장님의 상여금으로 처리하겠습니다"라고 말할 수 있을까? 물론 세법은 법인세 과세표준 신고 및 수정신고 시 납세자(세무대리인 포함)가 스스로 이를 확인하도록 하고 있지만 현실적으로 이렇게 하기는 쉽지 않다. 따라서 대부분은 과세관청에 의해 발각되어 세무상 경비부인(임의적인 임원 상여)에 따른 법인세 추징과 임원 상여 소득처분(인정상여) 통지를 받는 것이 보통이다.

그런데 만약 직원이 주말에 개인적으로 쇼핑한 물건을 법인카드로 결제하고 이를 회사가 승인한 뒤 복리후생비로 처리했다면 어떻게 될까? 이것은 임원 상여가 아니라 직원에 대한 현물상여가 될 것이다. 단지 회계처리를 직원 급여가 아니라 복리후생비로 처리한 것일 뿐이다. 이 경우에는 직원의 상여금으로 처리돼 근로소득세만 추징할 뿐 세무상 경비부인해 법인세를 추징할 수 없다. 왜냐하면 직원의 상여금은 임원의 상여금처럼 세법상 손비의 제약(임원 상여 지급 규정)이 없기 때문이다.

다만 이와 같은 사례에서 실제로 누가 쇼핑을 했는지 분명히 밝히기는 쉽지 않다. 직원이 사장의 지시를 받고 사장을 위해 쇼핑을 했는지, 아니면 직원 자신을 위해 쇼핑을 했는지는 둘러대기 나름이기 때문이다. 이렇게 귀속자가 불분명한 경우에는 대표자에게 귀속된 것으로 보아 상여 처분한다. 대표자 상여인 만큼 법인세를 추징하고 임원 상여에 따른 소득세도 추징한다. 다만 대표자 상여에 따른 소득세를 회사가 대납해도 법인세법은 이를 문제 삼지 않도록 규정하고 있다.

다시 한번 정리해보자. 사외유출액이 대표자를 포함한 임원 귀속이면 법인세도 추징되고 임원 상여금으로 인한 근로소득세도 징수한다. 임직원이 아닌 주주에게 귀속된 경우라면 배당으로 처리해 배당소득세를 징수하고(인정배당), 임직원이나 주주가 아니라면 기타소득으로 처리해 기타소득세를 징수한다(인정기타소득). 반면 직원 귀속이면(현물급여로 보아) 법인세 추징은 면하고 직원 상여금으로 근로소득세만 징수한다.

2. 소득처분의 사후 관리

위와 같은 소득처분의 사후 관리 절차에 대해 알아보자. 과세관청은 세무조사에 따라 밝혀진 과세 사실로 법인세를 추징할 때 납세고지서를 보내서 징수한다. 하지만 소득처분에 따른 근로소득세 등의 징수는 '소득금액 변동통지'라는 안내문을 보낸다. 이 소득금액 변동통지를 수령한 법인은 소득금액 변동통지서를 수령하고 다음 달 10일까지 귀속자의 근로소득세 등 원천징수세액을 납부해야 한다.

그리고 귀속자가 종합소득세 신고·납부를 별도로 하는 자일 경우에는 종합소득세 정산을 귀속자 스스로 해야 한다. 소득금액 변동통지서 수령일 다다음달 말일까지 소득처분 사항을 반영한 종합소득세를 정산해 추가로 신고·납부하면 애초부터 정상적으로 신고·납부한 것으로 간주한다.

예를 들어 2016년 귀속 사업연도에 대표자가 1천만 원 상당의 상품권을 법인카드로 매입하고 개인적으로 유용하면서 이를 복리후생비로 처리한 사실이 세무서에 발각되었다고 가정하자. 일단 대표자는 이 상품권을 접대 목적으로 활용했다고 주장하고, 이를 입증할 수 있으면 접대비로 보아 법인세만 추징한다. 왜냐하면 접대비 사용액은 귀속자를 별도로 밝혀 과세하지 않기 때문이다(기타 사외유출).

하지만 대표자가 접대 목적으로 사용했다는 것을 입증하지 못하고, 과세관청은 법인세를 추징함과 동시에 대표자 인정상여로 처리해서 법인에 소득금액 변동통지를 2020년 6월 20일에 했다고 하자. 이 경우 법인은 추징된 법인세(가산세 포함)를 납세고지서상 납부기한까지 납부한다. 그리고 2016년 귀속 대표자 연말정산 내역에 인정상여 1천만 원을 추가해 재정산한 뒤, 추가로 나온 근로소득세를 2020년 7월 10일까지 사업장 관할세무서에 납부해야 한다. 이때 연말정산을 다시 정산한 것에 대한 가산세는 없다.

만일 대표자가 연말정산으로 납세의무가 종결되는 근로소득 외에 신고해야 할 다른 소득이 없다면 이것으로 모든 세무 관리는 종결된다. 반면 근로소득 외에 다른 소득이 있다면 대표자는 2020년 8월 31일까지 소득처분 사항을 반영해 종합소득세를 정산해 추가 신고하고 자진 납부해야 한다.

089

가지급금 넌 도대체 누구니?

가지급금과 세무상 규제

가지급금假支給金이란, 쉽게 말하면 회삿돈을 임직원, 주로 대주주나 대표이사가 인출해 가면서 별도의 사용처를 밝히지 않고 회사로부터 빌려간 돈으로 처리해달라고 할 때 쓰는 계정과목을 말한다.

회계 원리를 배울 때에는, 현금지급은 이루어졌으나 어디에 어떻게 쓰일지 몰라서 회계처리상 용도를 명시하지 않은 지출금을 회계처리할 때 가지급금이라는 계정과목을 사용한다고 배운다.

그러나 출장비 같이 먼저 현금지급이 이뤄져 가지급금으로 회계처리한 후, 출장 이후 지출영수증을 가지고 오면 복리후생비, 여

비교통비, 접대비 등으로 사후에 정식 회계과목으로 분류하는 경우도 있지만, 실무상 가지급금은 대주주와 임원 등 특수관계인이 용도 지정 없이 업무와 무관하게 빌려간 돈을 의미하는 경우가 대부분이다.

이렇듯 업무와 관련한 가지급금은 업무 종료 후 곧바로 해당 계정과목으로 처리돼 소멸되지만, 업무와 무관한 가지급금은 오랫동안 가지급금으로 남아있는 게 보통이며, 주로 기업자금을 유용流用하는 수단으로 이용되기 때문에 세법상 여러 규정에 의해 규제된다.

하지만 세법상 규제 대상이 되는 업무 무관 가지급금은 주식회사나 유한회사 등 법인 형태로 사업하는 경우로, 그 차입 상대방이 대주주 또는 임직원 등 특수관계에 있는 경우에 한한다. 반대로 해석하면, 개인사업자가 자신이 운영하는 사업장에서 인출하는 금전이나 법인사업자가 특수관계 없는 자에게 빌려주는 자금은 세법상 규제 대상 가지급금이 아니다.

세무상 규제 대상이 되는 경우에는 법인이 특수관계인에게 업무 무관 가지급금을 대여했다면, 그 대여액에 대해 반드시 이자를 받을 것을 규정하고, 이자를 받지 않는 경우 특수관계인이 이자만큼의 소득을 얻은 것으로 간주하며, 게다가 대출금이 있는 법인이 업무 무관 가지급금을 지급한 경우에는 해당 대출금의 이자비용을 세무상 경비에서 제외한다.

그런데 최근 몇 년간 대다수 중소법인이 가지급금이 있음을 이유로 이른바 경영○○단 혹은○○컨설팅이라는 단체에서 중소법인사업자를 방문해 가지급금을 없애는 작업을 무상으로 진행해주겠다고 하면서 그 대가로 고액의 보험가입을 유도하는 영업이 지속되고 있다. 그럼 왜 중소법인은 가지급금을 없애고 싶어 하는지 그 이유에 대해 알아보고 가지급금을 없애는 방안에 대해서는 **절세하이테크**에서 살펴보고자 한다.

법인이 특수관계인에게 업무와 관련 없이 자금을 대여하면(가지급금) 다음의 5가지 세무상 규제가 있다.

1. 가지급금 인정이자에 대한 법인세 증가

가지급금이 있는 법인은 약정에 의해 이자 또는 당좌대출이자율과 가중평균차입이자율 중 선택한 이율에 따라 계산한 인정이자수익에 따라 법인세가 증가하게 된다.

2. 소득처분에 의한 소득세 증가

법인이 특수관계인에게 금전을 무상 또는 낮은 이율로 대부한 경우 다음과 같이 계산한 인정이자와 회사가 계상한 이자와의 차이를 익금산입하고 귀속자에 따라 소득처분해야 한다. 따라서 소득처분에 따른 소득세가 증가하는 부담이 있다.

인정이자 = 가지급금 등의 적수 × 이자율 × 1/365(윤년의 경우 1/366)

3. 가지급금에 대응하는 지급이자 손금불산입

지급이자는 순자산 감소의 원인이 되는 손비 항목이나, 업무 무관 자산 및 업무 무관 가지급금에 대한 지급이자에 대해서는 손금불산입하고 기타 사외유출 처분한다. 이는 법인이 대출을 받아 가지급금으로 사용하고서 대출이자를 비용 처리하는 행위를 규제하기 위함이다.

4. 대손충당금 설정채권 제외, 대손금 채권 제외

내국법인이 보유하고 있는 특수관계인에게 업무와 관련 없이 지급한 가지급금 등에 대해서는 대손충당금을 설정할 수 없고 채무자의 무재산 등으로 회수할 수 없는 경우에도 이를 손금에 산입할 수 없으며, 그 처분 손실도 손금에 산입하지 않는다.

5. 기업진단 등 기업자산 평가 시 자산성 부인

기업진단 등 기업자산 평가 시 특수관계인에 대한 가지급금 및 대여금은 부실자산으로 본다.

그러면 경영○○단 혹은 ○○컨설팅이 제시하는 가지
급금의 해소 방안은 무엇이고 실제로 어떻게 활용할
수 있을까?

우선, 가지급금의 해소 방안을 대략 다음 8가지 정도로 제시한다. 이하
각각의 방안에 대한 개념과 활용 가능성에 대해 판단해보자.

---

① 직무발명보상제도의 이용
② 배당의 활용. 특히 차등배당의 활용
③ CEO 급여소득의 극대화
④ 자기주식 거래 활용
⑤ 개인 소유 산업재산권의 양도와 대여 활용
⑥ 퇴직금 중간정산 활용
⑦ 유상감자의 활용
⑧ 재산의 양도 활용

---

1. 직무발명보상제도

직무발명보상제도란 발명진흥법에 따라 종업원 등이 직무발명에 대한
특허권 등을 계약이나 근무 규정에 따라 사용자 등에게 승계하거나 전
용실시권으로 설정한 경우 정당한 보상금을 받을 권리를 말한다. 세법
은 회사가 직원에게 지급하는 직무발명보상금에 대해 손비 처리가 됨
과 아울러 연구·인력개발비 세액공제 대상으로 규정하고 있으며, 종
업원 등이 받는 직무발명보상금은 종전 소득세 비과세대상이었다. 따
라서 기업의 임직원이 직무발명보상제도에 의해 개발한 특허 등에 대
해 법인이 직무발명보상금을 지급하고 이를 소유 또는 사용하게 하면
임직원의 보상액에 대해서는 종합소득세를 비과세하고, 법인은 연구
및 인력개발비 세액공제를 받을 수 있기 때문에 고액의 직무발명보상

금을 설정해 세금 없이 임직원의 가지급금 변제 수단으로 활용할 것을 강조했다.

그러나 이러한 직무발명보상금이 절세수단 내지 가지급금 변제 수단으로 활용되려면 상당한 금액의 평가를 수반해야 한다. 따라서 실제보다 과다계상해 개인소득세 부담 없이 가지급금을 해소하고 연구비 공제를 받으려는 부분이 있을 수 있겠으나, 2017년부터 직무발명보상금을 연 300만 원(현행 연 500만 원)까지 비과세하므로 활용 가능성이 매우 낮아졌으며, 기획재정부가 발표한 개정 이유에서는 통상적인 등록 보상액이 연 100만 원 수준임을 명시하고 있어 전문연구기관 외 일반 기업이 직무발명보상금을 가지급금의 상환 수단으로 활용하는 것은 매우 어려울 것으로 사료된다.

2. 배당 활용(특히 차등배당)

정기배당과 중간배당을 통해 주주의 안정적인 자금 확보가 가능해 배당을 통한 가지급금 상환 재원 마련은 괜찮은 아이디어가 된다. 다만 배당을 통해 가지급금을 상환한다는 것은 배당소득세의 부담이 가지급금을 상여 등으로 변제하는 것보다 실효 세금이 더 낮아야 유효하기 때문에 배당으로 지급하는 금액은 종합소득세 실효 세율이 배당소득 원천징수세율 15.4%를 크게 웃돌지 않는 수준에서 결정될 수밖에 없다. 따라서 배당소득이 가지급금을 상환하는 것은 금액적인 한계가 있다.

배당을 통한 가지급금 상환 재원 마련은 일정 부분 유효하다. 그러나 상당한 금액의 가지급금을 상환하기에는 어려움이 있다. 이는 배당소득세 실효세율이 높아지면 배당하지 않으려는 경향 때문이다. 그런데 이 문제점을 주주 간 차등 배당을 통해 해소할 수 있다고 주장한다. 그러나 주주 간 차등배당은 가지급금 상환 재원의 마련 수단이 되기보다는 증여세 부담 없이 배우자 및 자녀에게 부富를 이전하는 수단이라 볼 수 있다.

배당포기(또는 과소배당) 주주	초과배당 받은 주주
• 개인주주 : 과세하지 않음 　(법인주주는 부당행위계산부인 적용)	• 배당에 대한 소득세과세 • 초과배당 받은 주주가 포기·과소배당한 주주로부터 증여받은 것으로 보아 증여세 과세하되, 증여세가 소득세를 초과하는 경우에 한정(증여세 계산 시 소득세 상당액 공제)

3. CEO 급여소득 극대화

CEO 급여소득을 높여 가지급금을 상환하는 것은 통상적인 방법으로 활용됐세. 다만 급여소득의 증가에 따른 근로소득세 및 건강보험료 부담 문제는 여전히 존재한다. 왜냐하면 고율의 누진세율을 부담하면서까지 당장의 CEO 급여소득을 극대화시키는 것은 현실성이 없고, 점증적으로 소득을 높이는 전통적인 방식이 현실적이어서 가지급금의 전부 또는 상당 부분을 상환하는 방법으로의 활용 가능성이 떨어지기 때문이다. 장기적으로 퇴직금을 증가시킬 수 있다고 보는 점도 (DC형 퇴직금을 제외하고) 퇴직 전 3개월의 평균임금에 근속연수를 곱하는 퇴직금 산정 방식에 의한다면 크게 유의미한 수단이 되지도 못한다.

4. 자기주식 거래 활용

상법의 개정에 따라 2012년 4월 15일부터 비상장법인도 (특정 사유 없이) 자기주식의 취득이 가능해짐으로써 법인이 이를 활용할 수 있는 범위가 확대되었다. 다만, 최대주주가 법인에 자기주식을 양도함으로써 그 양도대금으로 가지급금을 상환할 수 있는 것으로 활용되기에는 무리가 있다. 현행 세법의 해석과 판례에 의하면 자기주식의 취득이 주식소각 외에 경영권 분쟁 방지 또는 외부투자 유치 등 합리적인 사유에 의한 것이라면 과세관청은 동 자기주식 거래에 대해 큰 문제 삼지 않고, 양도자는 주식양도소득세, 취득법인은 특별한 쟁점 없이 처리되고 있으나(법규법인2013-171,2013.08.01), 만일 자기주식거래가 법인 보유자금을 자기주식거래를 가장해 대표자가 인출하는 방식으로 활용하는 경우에는 이를 실질상 업무 무관 가지급금 거래로 보기 때문이다(조심 2016서1700, 2016.07.07).

특히, 법인 보유 자금을 자기주식거래를 가장해 대표자가 인출하는 방식으로 활용하는 경우가 아님을 주장하려면 자기주식과 관련한 상법 규정을 적법하게 따랐는지 아닌지가 사실 관계 확정의 기초가 되고, 이해관계를 달리하는 여타 주주가 같이 참여하거나 동의하는 경우 등 자기주식거래를 객관화할 수 있는 사실이 있어야 할 것으로 판단된다. 따라서 현실적으로 대표이사와 그 특수관계인이 100% 지배하는 법인에 대해서는 활용 가능성이 크게 떨어질 것으로 예상된다.

5. 특허 등의 양도와 대여 활용

임원 개인 소유의 산업재산권을 법인에게 양도 혹은 대여함으로써 그 매매대금이나 사용대금으로 임원의 자금 확보가 가능하다. 특히 개인의 산업재산권 양도에 대해서는 기타소득세로 과세하고 그 양도대금의 60%를 필요경비로 공제하는 규정을 적용받을 수 있으므로 절세가 가능하며, 법인은 산업재산권을 양수 혹은 임차함으로써 감가상각비 또는 사용료 명목으로 비용 처리가 된다는 장점이 있다.

다만 이러한 산업재산권의 양수, 양도가 절세 수단 내지 가지급금 변제 수단으로 활용되려면 상당한 금액의 평가를 수반해야 한다. 현행 세법체계에 의하면 상속세 및 증여세법상 평가 원칙에 따라 감정평가업자의 평가를 통해 무체재산권의 시가를 확정할 수 있다. 감정평가에 관한 규칙 제23조(무형자산의 감정평가)에 따르면 감정평가업자는 영업권, 특허권, 실용신안권, 디자인권, 상표권, 저작권, 전용측선이용권, 그 밖의 무형자산을 감정평가할 때에 수익환원법을 적용해야 한다고 규정하면서, 감정평가 실무 기준(국토교통부 고시)에서는 수익환원법으로 감정평가하는 것이 곤란하거나 적절하지 않은 경우에는 거래사례 비교법이나 원가법으로 감정평가할 수 있다고 규정하고 있다. 다만, 형식적 시가 감정이 조세 회피의 수단으로 악용된다면 이는 매우 우려스러운 일이다.

6. 퇴직금 중간정산 활용

2015년까지는 임원의 연봉제 전환으로 인한 중간정산이 가능했으므로 임원의 퇴직금 중간정산을 통해 가지급금을 상환할 수 있었다. 그러나 임원 퇴직금 중간정산은 2015년 말로 종결된 바 장기요양, 주택 구입 등 정당한 중간정산 사유가 있는 경우와 현실적 퇴직이 발생하는 경우 외에는 퇴직금 중간정산을 통한 가지급금의 상환은 어렵다.

그럼에도 불구하고 퇴직금 정산을 통해 가지급금 상환 재원을 마련할 수 있다고 보는 것은 법정퇴사 후 고문으로 취임하는 등 편법을 고려하는 것으로 예상된다. 다만 국심 2005서3309, 2005.12.27에 의하면 세법상 "법인의 임원이라 함은 직책 및 명칭 여하에 불구하고 사실상 임원의 직무에 종사하는 자"를 의미하기 때문에 법정퇴사 후 재차 법인의 사실상 임원이 되는 경우는 현실적인 퇴직이 아니라 할 것이므로 편법은 무의미하다고 판단된다.

7. 유상감자

유상감자의 경우 감자한 주주의 주식취득가액과 유상감자의 대가와의 차액을 (의제) 배당소득으로 보아 과세한다. 따라서 보유주식의 취득가액이 높고 취득가액과 감자 대가의 차액이 적어서 감자 시 의제배당소득으로 납부해야 할 배당소득세가 낮은 경우 유상감자를 통해 개인자금을 확보할 수 있다. 그러나 당초 납입자본금이 적고 주식취득가액이 낮은 대다수의 중소기업에서는 조세 부담 없는, 유상감자를 통한 자금 확보는 비현실적인 수단이라고 사료된다.

8. 재산의 양도 활용

보험, 차량, 수익형 부동산, 각종 회원권 등 임원 명의의 재산이 있는 경우로서 환금성이 높지 않은 경우에는 시가 감정을 통해 법인에 유상 양도해 자금을 확보할 수 있다. 특히 보험, 차량, 수익형 부동산, 각종 회원권 등 임원 명의의 재산이 있는 경우 시가 감정을 통해 법인에 유상 양도하면 자금도 확보하면서 계속적으로 사용수익을 유지할 수 있어 큰 장점이 된다. 다만 법인에 고가로 양도할수록 개인의 양도소득세 부담이 커지는 경우가 발생할 수 있다.

앞서 제시한 여러 가지 대안 중에서 기업의 현실과 맞물려 실무상으로 활용될 방안이 있다면 합법적이고 합리적인 방법에 따라 주체적으로 업무를 수행하기를 바란다.

090

해외 가공회사를 만들어
세금을 줄인다?

역외탈세

수년 전 선박왕, 완구왕 등 각종 탈세왕이 신문지상에 오르내린 적이 있다. '조세 회피처'라고 불리는, 세금이 없거나 적은 나라, 주로 작은 섬나라에 명목상의 회사, 즉 페이퍼컴퍼니를 만들고 우리나라 회사가 이 페이퍼컴퍼니로부터 물건이나 용역을 구입한 것처럼 꾸며 우리나라에서는 세무상 경비로 처리하고 결제금액은 해외 페이퍼컴퍼니에 빼돌려 개인적으로 취하는 이른바 '역외탈세'로 세금 추징을 받은 사람들의 이야기이다.

필자는 탈세 목적이든 아니든 우리나라 사람들이 조세 회피처에 페이퍼컴퍼니를 꽤 많이 만들었다는 이야기를 주변 사람들에게 들었다.

예전에는 해외에 있는 소득을 찾기 어렵다는 점 때문에 역외탈세가 꽤 유용했던 모양이다. 하지만 지금은 국가 간에 정보 교류, 특히 금융계좌 정보 교류가 광범위하게 이루어지고 있다. 일례로 우리나라는 2015년 미국과 조세정보 자동교환협정을 체결하고 2016년부터 시행 중이다. 따라서 역외탈세가 밝혀지는 것은 이제 시간문제가 되었다.

만일 역외탈세가 발각되면 세금 추징은 물론이고 조세포탈죄, 해외금융계좌 신고의무 위반 과태료, 외환거래 신고의무 위반 과태료, 재산국외도피죄, 범죄수익은닉죄 등 매우 강력한 처벌이 기다리고 있으니 나쁜 마음을 먹어서는 안 된다.

우리나라에서는 역외탈세 방지를 위해 2011년부터 '해외금융계좌 신고제'를 도입해 운영하고 있다. 이에 따르면 해외금융기관에 계좌를 보유한 거주자나 내국법인을 대상으로 해외금융계좌 금액의 합이 월말 기준 5억 원이 넘으면 이듬해 6월 말까지 관할세무서에 이를 신고해야 한다. 만약 신고하지 않거나 줄여서 신고할 경우에는 해당 계좌금액에 20% 이하의 과태료가 부과되며, 해당 계좌금액이 50억 원을 초과할 때는 2년 이하의 징역 또는 13~20% 이하의 벌금(병과 가능)에 처할 수도 있다.

해외금융계좌 신고제에 대해서는 비교적 많은 사람들이 알고 있다. 간혹 "해외에 숨겨둔 돈이 5억 원이나 되면 좋겠다"라고 농담을 하는 이들도 있다. 해외금융계좌는 미미하거나 없다는 말인데, 이런 사람들에게는 혹시 해외에 페이퍼컴퍼니나 부동산을 가지고 있는지 물어본다. 왜냐하면 2014년 귀속분부터 해외 현지 법인에 투자했거나 해외 부동산을 보유한 경우에는 종합소득세 또는 법인세 신고기한에 해외 현지 법인명세서 등을 제출해야 하고, 이를 누락하면 수백만 원 이상의 과태료를 물어야 하기 때문이다. 페이퍼컴퍼니에 투자만 했어도 이 현황을 신고하지 않으면 과태료 적용대상이라는 것이다.

또한 2015년 귀속분부터 '해외특수관계인'과 국제거래를 할 때는 종합소득세 또는 법인세 신고기한에 국제거래명세서를 제출해야 한다. 이를 누락하면 수백만 원 이상의 과태료를 물어야 한다. 혹시 적용대상이면 지금이라도 수정신고를 하자. 그러면 감경 대상이 된다.

091

해외 법인·해외 부동산 투자를 신고하지 않으면 어떻게 될까?

해외 현지 법인명세서

해외 법인에 직간접으로 투자하거나 해외 부동산을 취득·운용한 사실이 있는 거주자나 내국법인은 종합소득세 또는 법인세 법정신고기한까지 국세청에 해외 현지 법인명세서 등을 제출해야 한다. 제때에 제출하지 않으면 세금을 추징당하는 것은 물론 과태료도 물어야 한다.

해당 과세기간 말 현재 해외 법인에 직간접으로 투자한 거주자나 내국법인, 해당 과세기간 중에 해외 부동산이나 권리를 취득·운용·처분한 사실이 있는 거주자나 내국법인이 신고의무자가 된다. 해외 법인 투자의 경우에는 투자 규모에 따라 해외 현지 법인명세서, 해외 현지 법인 재무상황표 손실거래명세서, 해외영업소 설치현황표를 제출해야 한다. 해외 부동산을 취득·운용·처분한 경우에는 해외 부동산 취득·투자운용(임대)·처분명세서를 제출해야 한다.

만일 해외 현지 법인명세서 등을 법정신고기한까지 제출하지 않거나 거짓으로 제출하고, 미제출 또는 거짓 제출한 자에 대해 관할세무서장이 추가로 자료 제출(보완)을 요구했는데 정당한 사유 없이 추가 요구 기한까지 미제출 또는 거짓 제출을 한다면 연 5천만 원 한도로 개인은 건별 500만 원, 법인은 건별 1천만 원 이하의 과태료를 부과한다. 또한 2억 원 이상의 해외 부동산 취득·투자운용(임대)·처분명세서를 제출하지 않거나 거짓으로 제출하면 취득·운용·처분한 가액의 10%(1억 원 한도)를 과태료로 부과한다.

글로벌 시대에 해외 법인 및 해외 부동산에 대한 투자가 많아지는 것은 어쩌면 당연한 일일 것이다. 하지만 국세청이 세원稅源 확인을 하기 어렵다는 점을 악용해 해외 법인이나 해외 부동산에 투자하고도 이를 세무당국에 신고하지 않는 일이 꽤 많은 것이 사실이다. 거주자와 내국법인은 국내외 모든 원천소득에 대해 종합소득세 또는 법인세를 신고·납부해야 하는데 해외소득을 탈루하는 일이 잦다는 이야기이다. 하지만 지금은 국가 간에 정보 교류, 특히 금융계좌 정보 교류가 원활하고 광범위하게 이뤄지고 있으며, 우리나라 등기부를 누구나 인터넷으로 조회할 수 있는 것처럼 해외 부동산도 주소만 있으면 바로 소유주를 확인할 수 있다.

2014년 이전까지는 해외 법인 투자와 해외 부동산 취득 및 운용에 관해 세금 탈루 혐의가 있는 자에게 국세청이 협조 형식으로 자료 제출을 요구하고 이에 비협조할 때만 과태료를 부과했다. 하지만 개정된 법에 따르면, 종합소득세 또는 법인세 법정신고기한까지 해외 현지 법인명세서 등을 제출해야 한다. 이 법은 매년 강화되고 있어 이 자료들을 제때 제출하지 않으면 수백만 원의 과태료를 부과해야 한다.

해외투자에 대한 성실납세를 확립하고 세원을 양성화하기 위한 이런 조치는 환영할 만하다. 다만 이 제도를 잘 몰라서 제때 신고하지 못한 사람들에게는 누적 과태료가 매우 큰 부담이 될 것이다.

092

결산할 때 추가적으로 세무상 경비로 처리할 수 있는 항목은?

결산조정

세무사들이 종합소득세 또는 법인세를 신고·납부하기 위해 결산하면서(재무제표를 작성·마감하는 일을 말함) 가장 마지막에 검토하는 항목이 있다. 이른바 '결산조정 항목'이다. 이것은 특정한 자산을 법정 요건에 따라 세무상 경비로 처리하는 항목과 장래에 발생할 손실이나 비용을 미리 당겨서 세무상 경비로 처리하는 항목으로 나눌 수 있다.

이런 결산조정 항목은 당초 경비 명목으로 지출한 비용이 아니기 때문에 반드시 납세자가 결산할 때 해당 결산조정 항목(감가상각비 등)을 회계상 비용 처리해야만 세무상 경비로 인정된다. 그러므로 재무제표를 마감하면서 결산조정 항목을 가장 마지막에 검토한다.

결산조정의 의미는 없어졌다.

그리고 비영리법인에 한해 적용되는 고유목적사업 준비금은 비영리법인의 수익사업에서 발생한 소득의 100%(또는 50%)를 장래에 발생할 비영리법인의 지출액으로 보아 미리 당겨서 세무상 경비로 처리하는 것이다. 예를 들어, 비영리법인이 이자·배당소득 같은 수익을 얻으면 그 금액만큼 고유목적사업 준비금(전입액)으로 경비 처리를 할 수 있다. 그러면 소득금액이 0원이 되어 비영리법인이 납부할 세금은 없다. 이는 비영리법인이 받는 이자·배당소득 전액이 세금 없이 비영리사업의 비용으로 온전히 쓰일 수 있게 세제 혜택을 주는 제도이다.

이 많은 결산조정 항목 가운데 감가상각비만 제대로 알아도 어딘가? 차량을 구입하든 인테리어를 하든 비품을 사든, 증빙만 갖춘다면 이 모든 것이 절세가 된다. 이 사실을 안다면, 가격할인을 해주겠다며 무자료 현금거래를 요구할 때 적어도 거기에 동조하지는 않게 될 것이다.

093

현금매출을 누락해도 될까?

매출 누락과 현금영수증 의무발행 업종

    사업자가 탈법적으로 세금을 줄이는 방법 가운데 가장 흔한 내용이 매출 누락과 가공경비이다. 그런데 이런 매출 누락과 가공경비가 적발되었을 때 개인사업자에게는 사업소득세, 부가가치세, 지방소득세가 추징되고, 법인사업자에게는 법인세, 부가가치세, 지방소득세와 아울러 매출 누락이나 가공경비로 빼돌린 돈의 귀속자에게 소득세가 추징된다. 그뿐만 아니라 신고불성실 가산세가 본세의 40%(부당과소신고가산세)만큼 가산되고, 조세범칙사건에 해당하는 경우에는 본세의 50%가 벌금으로 통고 처분되기 때문에 실제 사례에서 탈세의 대가는 실로 크다.

    예를 들어 개인사업자가 2018년 귀속 사업연도에 5억 원을 매출 누락했다고 하자. 이 사업자의 소득세율이 40%라고 가정할 때, 납부불성실에 따른 가산세를 제외하더라도 다음 표와 같이 매출 누락액의 75.6%인 3억 8천만 원 상당의 세금이 추징된다. 게다가 벌금액(사업소득세 본세의 50%)까지 통고 처분되면 총부담액이 매출 누락액에 육박하게 된다.

사업소득세 본세(매출액의 40%)	5억 원×40%	200,000,000
부당과소신고가산세(본세의 40%)	(5억 원×40%)×40%	80,000,000
지방소득세(사업소득세 등의 10%)	2억 8,000만 원×10%	28,000,000
부가가치세 본세(매출액의 10%)	5억 원×10%	50,000,000
부당과소신고가산세(본세의 40%)	(5억 원×10%)×40%	20,000,000
추징세액(납부불성실가산세 별도)	계	378,000,000

그런데 법인사업자가 이와 같이 매출 누락을 한 경우에는 세금 부담이 더 크다. 법인사업자의 법인세율이 20%라고 가정할 때 법인세, 부가가치세, 지방소득세 외에 대표자 상여에 따른 근로소득세가 있기 때문이다.

법인세 본세(매출액의 20%)	5억 원×20%	100,000,000
부당과소신고가산세(본세의 40%)	(5억 원×20%)×40%	40,000,000
근로소득세(매출액+부가가치세)×40%	5억 5,000만 원×40%	220,000,000
지방소득세(법인세, 소득세의 10%)	3억 6,000만 원×10%	36,000,000
부가가치세 본세(매출액의 10%)	5억 원×10%	50,000,000
부당과소신고가산세(본세의 40%)	(5억 원×10%)×40%	20,000,000
추징세액(납부불성실가산세 별도)	계	466,000,000

대표자 상여액을 계산할 때는 매출액과 부가가치세도 같이 빼돌렸다고 보아 5억 5천만 원에 대해 과세하는데, 대표자의 소득세율이 40%라고 가정할 때 납부불성실에 따른 가산세를 제외하더라도 매출 누락액의 93.2%인 4억 6,600만 원 상당액이 추징된다. 거기에 벌금액(법인세 본세의 50%)까지 통고 처분되면 총부담액은 매출 누락액을 넘어선다.

매출 누락뿐만 아니라 가공경비도 동일한 방식으로 세금 추징액이 발생한다. 매출 누락과 가공경비는 동전의 앞뒤 같기 때문이다. 만일 실재하지 않는 가공경비 5억 원을 회사경비로 넣었다가 적발되면 앞 사례에서 계산된 추징세액(납부불성실가산세 별도)을 부담해야 한다.

이런 사실을 안다면 이토록 위험한 매출 누락과 가공경비를 아무렇지도 않게 할 수 있을까? 세무대리인이 알고도 눈감아준다고 치자. 이것은 세금보증을 서주는 것이 아니라 적발되지 않기를 바라는 사행심을 나누는 것일 뿐이다. 과세관청에 발각되면 그 대가는 실로 엄청나다. 사업자는 매출 누락과 가공경비에 따른 세금을 추징당하고 요주의대상이 되며, 세무사는 세무사법 위반에 따른 과태료를 내야 하는 것은 물론, 세무사 등록이 취소될 수도 있다.

이런 매출 누락은 현금매출에서 발생하기가 쉽다. 세금계산서 매출이나 신용카드·현금영수증 매출은 국세청에서 확인할 수 있지만, 현금매출은 거래 상대방을 확인하기가 어려워 매출한 사업자가 신고를 누락해도 과세관청에서 이를 적발하기가 쉽지 않기 때문이다. 그래서 국세청에서는 그에 대한 차선책으로 소비자 상대 업종을 광범위하게 현금영수증 가맹업소로 지정하고, 그 가운데 현금영수증 의무발행 업종을 매년 추가로 고시하고 있다.

현금영수증 의무발행 업종은 소비자가 현금영수증 발급을 요구하지 않아도 거래금액이 10만 원 이상일 경우 거래일로부터 5일 이내에 국세청지정번호인 010-000-1234로 현금영수증을 의무적으로 발급해야 한다.

만약 현금영수증 의무발행 업종 사업자가 현금영수증을 발급하지 않은 사실이 과세관청에 적발되면 매출 누락에 따른 세금 추징은 물론, 거래금액의 20%가 가산세로 부과된다.

그런데 현금영수증 미발급 사실은 현금으로 결제한 사람이 알려주면 되는 것이기 때문에 과세관청에서는 현금영수증 미발급 사실을 신고한 사람에게 미발급 신고금액의 20%를 포상금으로 지급한다. 다만 '세稅파라치'가 생길 수 있다는 점을 감안해 포상금의 지급 한도는 거래 건당 50만 원, 연간 200만 원 한도로 하고 있다.

시행일	구분	업종
2010. 4. 1.	30개 업종 신규 지정	변호사, 공인회계사, 세무사, 변리사, 건축사, 법무사, 심판변론인, 경영지도사, 기술지도사, 감정평가사, 손해사정인, 통관업, 기술사, 측량사업, 종합병원, 일반병원, 치과병원, 한방병원, 일반의원, 기타의원, 치과의원, 한의원, 수의사, 일반교습학원, 예술학원, 골프장, 장례식장 및 장의관련 서비스업, 예식장, 부동산자문 및 중개업
2010. 7. 1.	업종 추가	공인노무사, 일반유흥주점, 무도유흥주점, 산후조리원
2014. 1. 1.	업종 추가	관광숙박시설운영업, 운전학원, 시계·귀금속소매업, 피부미용업, 다이어트센터·기타미용관련 서비스업, 실내건축·건축 마무리공사업(도배업만 영위하는 경우 제외), 인물사진·비디오촬영업, 맞선주선·결혼상담업, 의류임대업, 포장이사운송업
2015. 6. 2.	업종 추가	자동차종합수리업, 자동차전문수리업, 자동차부품·내장품 판매업, 전세버스운송업
2016. 7. 1.	업종 추가	가구소매업, 전기용품·조명장치소매업, 의료용기구소매업, 페인트·유리·기타건설자재소매업, 안경소매업
2017. 7. 1.	업종 추가	출장음식서비스업, 중고자동차소매·중개업, 예술품및골동품소매업, 운동및경기용품소매업, 스포츠교육기관, 기타교육지원서비스업
2019. 1. 1	업종 추가	손·발톱관리미용업등기타미용업, 악기소매업, 자전거및기타운송장비소매업, 골프연습장운영업
2020.1.1	업종 추가	컴퓨터학원·기술및직업훈련학원·속기학원 등 그 외 교육기관, 의약품및의료용품소매업, 가전제품소매업, 묘지분양및관리업, 특수여객자동차운송업(장의차량 운영 및 임대)
2021.1.1	업종 추가	기숙사 및 고시원운영업, 독서실운영업, 두발 미용업, 철물 및 난방용구 소매업, 신발소매업, 애완용 동물 및 관련용품 소매업, 의복 소매업, 컴퓨터 및 주변장치·소프트웨어 소매업, 통신기기 소매업, 전자상거래소매업

094

제때에 잡지 못한 매출,
나중에 잡아도 될까?

손익 귀속시기

매출을 언제 인식해야 하는지 정확히 모르는 사업자가 많다. 즉, 세금계산서나 계산서의 발급 시기를 정확히 알지 못하는 것이다. 그래서 평소에는 정확한 판단 없이 돈을 받으면 세금계산서나 계산서를 끊어주다가 과세관청으로부터 세무조사를 받고 나서야 잘못된 세무 처리임을 알고, 그에 따른 세금 추징을 받게 된다.

다음의 경우 매출은 언제 인식해야 할까?

Q1 물건을 넘겼는데 돈을 아직 받지 못한 경우에는 매출인가, 아닌가?

Q2 물건을 안 넘겼지만 돈부터 받은 경우 매출인가, 아닌가?

Q3 백화점에 위탁판매로 물건을 넘겼는데 팔리지 않아 돈을 못 받으면 매출인가, 아닌가?

일반적인 매출의 인식 시기는 재화의 인도引渡를 기준으로 한다. 대금 수수와는 관계가 없다. 대금 수수와 관련된 것은 1년 이상 후불 조건으로 물건을 넘겼을 때 외에는 없다. 인도 기준은 통상적으로 거래 상대방에게 물건을 넘긴 시점이다. 다만 위탁판매의 경우에는 위탁자(제조자)가 수탁자(백화점)에게 물건을 인도한 날이 아니라 수탁자가 소비자에게 물건을 인도한 날이 된다.

> A1 물건을 넘기고 돈을 아직 못 받았어도 매출이기 때문에 세금계산서 또는 계산서를 발급해야 한다.
>
> A2 물건을 안 넘겼는데 돈부터 받은 경우는 매출이 아니므로 물건을 넘길 때 세금계산서를 발급해야 한다. 다만 선수금 거래가 있는 것으로 세금계산서를 발급했다면 실제 대금 수수가 있었기 때문에 이를 거짓 세금계산서로 보지 않는다. 결론적으로 세금계산서는 인정하지만, 매출은 인도일에 인식해야 한다.
>
> A3 백화점에 위탁판매로 물건을 넘겼다면 백화점이 소비자에게 판매했을 때가 매출의 인식 시기이다. 따라서 백화점에서 아직 팔리지 않았다면 매출이 아니다. *

* 다만 2019년 세법을 개정해 거래 당사자 간 선택한 매매 형식(위탁 또는 일반)에 따라 세금계산서를 발급·수취했으며 거래 사실이 확인되고 부가가치세를 신고·납부한 경우에는 특별히 위탁매매인지 일반매매인지 구분할 필요 없이 모두 인정해준다.

그런데 만약 사업자가 제때 매출을 인식하지 못하면 어떻게 될까? 지금 매출로 잡아야 할 것(물건 인도)을 나중에 잡았다(대금 수수)고 가정해보자. 이때 물건 인도와 대금 수수가 같은 과세기간 안에 발생하면 크게 문제될 것이 없지만 과세기간을 벗어나면 문제가 된다. 매출 누락한 과세기간이 있고 매출과다인 과세기간이 발생하기 때문이다. 이 경우 매출 누락한 과세기간 귀속에 과소납부한 각종 세금을 수정신고·납부해야 하고, 매출과다인 과세기간 귀속에 과다 납부한 각종 세금은 경정청구로 환급받아야 한다. 이렇게 본세는 수정신고·납부하고 환급받으면 되니 손해가 없지만, 신고불성실가산세와 납부불성실가산세는 부담해야 한다.

이번에는 거래 상대방의 입장에서 생각해보자. 매출 인식 시기의 오류에서 가장 우려스러운 것은 세금계산서를 발급받은 매입자의 매입세액공제 여부이다. 매입세액공제를 받는 요건은 원칙적으로 제때에 교부받은 세금계산서여야 한다는 것 때문이다. 다만 큰 귀책 사유가 없는 매입자에게 매입세액공제를 허용하지 않는다면 불이익이 너무 크기 때문에 이에 대한 구제 방법을 마련하고 있다.

공급 시기 이후에 발급받은 세금계산서를 해당 공급 시기가 속하는 과세기간에 대한 확정신고 기한까지 발급받은 경우와 공급 시기 이후 세금계산서를 발급받았으나 실제 공급 시기가 속하는 과세기간의 확정신고기한 다음 날부터 6개월 이내에 발급받은 것으로서 수정신고·경정청구하거나 거래사실을 확인해 결정·경정하는 경우에는 부가가치세 매입세액공제를 허용하고 매입액의 0.5%의 가산세만 부과하게 된다.

예를 들어 상반기에 발급받아야 할 세금계산서를 6월 말까지 발급받지 못했어도 7월 25일까지 당초 공급 시기를 발행시기로 소급 발행하면 매입세액공제를 허용한다. 또 하반기에 발급받아야 할 세금계산서를 12월 말까지 발급받지 못했어도 다음 해 1월 25 일까지 당초 공급 시기를 발행시기로 소급 발행하면 매입세액공 제를 해준다.

세법 개정으로 2019년부터는 상반기에 발급받아야 할 세금계 산서를 확정신고기한인 7월 25일을 넘겨 6개월 이내인 다음 연도 1월 25일까지 발급받는다 하더라도 거래 당사자 간 수정신고·경 정청구하거나 과세관청이 거래 사실을 확인해 결정·경정한다면 이 또한 부가가치세 매입세액공제를 허용하고 매입액의 0.5%의 가산세만 부과한다.

이런 매출 인식 시기의 오류는 단지 물건을 거래할 때만 발생하 는 것이 아니다. 부동산 임대용역 같은 경우에도 임대료를 제때 못 받았다고 해서 임대료 매출이 없는 것은 아니다. 물건이 인도 기준 이라면 용역은 완료 기준이고, 임대용역은 약정 기준이다. 따라서 임대 료 수수와 관계없이 임대차 계약상 임대료를 받기로 한 날에 매출 이 발생한 것이고, 세금계산서도 약정에 따른 임대료 수입 시기에 따라 발급해야 한다.

세무사업을 하다 보면 매출을 현금주의로 인식하는 사업자들을 꽤 많이 만나는데, 매출의 인식 시기를 잘 따져 세금계산서를 발급 할 필요가 있다.

095

친인척과 거래를 하면 어떻게 될까?

과다 경비와 부당행위

사업이 커지고 이익의 규모가 늘어나면 세금을 줄일 방법을 찾아보게 되는 것이 인지상정이다. 그 가운데 한 가지 아이디어가 가족이나 친인척을 이용해 이익을 나누는 것이다. 이익을 나누면 세금이 줄어드는 속성을 이용하겠다는 것인데, 이것이 가능한 것은 소득세가 누진세율 구조이기 때문이다.

즉 똑같은 이익이라도 1억 원이 1인에게 귀속되면 종합소득세 적용 세율이 35%가 되는 반면, 각각 5천만 원씩 2인에게 귀속되면 24%, 각각 3.3천만 원씩 3인에게 귀속되면 15%가 된다. 이처럼 총부담세액은 이익을 나눌수록 작아진다.

이익을 나누는 방법 가운데 가장 손쉬운 방법은 가족이나 친인 척을 회사에 고용해 인건비를 주는 것이다. 그런데 실제로 근무하 지 않을 경우에는 가공경비로 보아 세무상 경비부인을 당하니 결 과적으로 큰 실효성이 없다. 그렇다면 실제로 근무를 시키되 절세 효과를 극대화하기 위해 경비를 다른 사람보다 많이 지급하면 어 떻게 될까? 이것도 좋은 방법은 아니다. 왜냐하면 세법과 판례는 정상적인 경비를 초과한 금액을 세무상 경비에서 부인하도록 규 정하고 있기 때문이다.

이익을 나누는 또 다른 방법은 가족이나 친인척에게 다른 회사 를 만들게 하고 상거래를 통해 이익을 나누는 것이다. 이때 정상적 거래로 이익을 나누는 것이 아니라면 부당한 행위나 계산에 따르 게 된다.

예를 들어, 아버지가 운영하는 제조회사가 이익이 많이 나서 아 들에게 유통회사를 만들게 하고, 아버지의 제조회사 제품을 헐값 에 아들의 유통회사에 파는 방식이다. 아버지의 제조회사 제품의 제조원가가 1천만 원이라고 하자. 도매가격은 2천만 원, 소매가격 은 3천만 원인 이 제품을 제조원가인 1천만 원에 아들의 유통회사 에 넘기면 어떻게 될까? 이 경우 아버지의 제조회사에는 이익이 없고, 아들의 유통회사는 제조원가가 1천만 원인 제품을 사들여 소매가격 3천만 원에 팔아 2천만 원의 매출이익을 얻게 된다. 제 삼자와 정상적으로 거래한다면 제조업자는 도매가격(2천만 원)과

제품원가(1천만 원)의 차액인 1천만 원의 이익을 얻고, 유통업자는 소매가격(3천만 원)과 도매가격(2천만 원)의 차액인 1천만 원의 이익을 가져가야 한다. 그런데 이 아버지와 아들 간의 거래에서는 제조업자인 아버지는 0원, 유통업자인 아들은 2천만 원의 이익을 남기는 거래를 한 것이다.

이런 거래가 불법은 아니지만 세법상으로는 아버지가 정상적인 이익 1천만 원을 얻은 것으로 보아 세금을 추징한다. 그 결과 정상적인 거래에서 얻는 총 이익 2천만 원에 대한 세금보다 더 많은, 총이익 3천만 원에 대한 세금이 추징된다. 왜냐하면 아버지는 이익이 없어도 1천만 원 이익이 있는 것으로 보아 세금을 추징당하고, 아들은 이미 2천만 원의 이익에 대한 세금을 냈기 때문이다. 이를 세무상 용어로 '부당행위계산 부인'이라고 한다.

부당행위계산 부인제도는 특수관계인 간의 부당한 행위·계산으로 조세 부담을 감소시키는 경우 조세 부담이 감소된 자에 대해 과세표준 및 세액을 시가에 따라 재계산해 세금을 추징하는 제도이다. 다만 사법상 효력이 변경되는 것은 아니고, 세액추징 및 가산세 부담만 지운다. 그런데 부당행위계산 부인은 부당한 행위 또는 계산으로 이익을 줄여 세금을 탈루한 자를 규율하는 것일 뿐 이익을 받아 세금이 늘어난 자를 구제하지는 않는다.

다만 부당행위계산 부인 규정을 특수관계인 간의 모든 거래에 적용하는 것은 아니다. 예를 들어, 회사 운영이 어려워져서 대표이사가 당분간 급여를 받지 않겠다고 한다면 어떻게 될까?

　부당행위계산 부인 규정을 엄격히 적용한다면 대표이사와 회사는 특수관계이며, 대표이사가 급여를 받지 않아 근로소득세를 부당히 감소시켰으니 대표이사에게 당초 급여가 지급된 것으로 간주해 근로소득세를 부과할 수도 있다. 하지만 현행 세법은 사회통념을 고려해 개인의 이자소득, 배당소득, 근로소득, 연금소득, 퇴직소득에 대해서는 부당행위계산 부인 규정을 적용하지 않는다. 따라서 급여를 받지 않고 일하겠다는 대표이사에게 근로소득세를 추징할 일은 없다.

096

과점주주의 간주취득세

과점주주의 판단

비상장법인의 주식 또는 지분(이하 주식 등)을 취득함으로써 과점주주
가 되었을 때는 그 과점주주가 해당 법인의 부동산 등을 취득한 것으로 본
다. 이른바 '과점주주의 간주취득'이라는 제도이다. 이 경우 과점주주에
대해 연대납세의무를 부여한다.

이 제도는 법인의 주식을 매수함으로써 법인 소유의 부동산 등
을 사실상 취득한 것에 대해서 취득세를 부과하는 제도이다.

개인 명의로 부동산을 산다면 취득세 납세의무가 바로 성립하
는 데 반해, 법인 명의의 부동산을 개인이 직접 매수하지 않고 법
인 자체를 주식인수 방식으로 매수함으로써 부동산의 사실상 소

유자가 되었다면 이에 대해 취득세를 과세하는 것이 실질에 부합한다는 논리이다.

그러다 보니 법인을 통한 간주취득제도는 법인 소유의 부동산 등에 대한 사실상 소유자가 되거나 된 자를 '과점주주'로 한정한다. 과점주주란 주주 또는 유한책임 사원 1명과 그의 특수관계인으로서 그들의 소유주식 등의 합계가 해당 법인의 발행주식 등 총수의 50%를 초과하면서 그에 관한 권리를 실질적으로 행사하는 자들을 말한다.

이러한 과점주주의 간주취득은 법인의 주식매수 시 법인 소유의 취득세 과세대상 물건을 과점주주 지분율만큼 취득한 것으로 보는데 이는 다음과 같이 세 가지 경우로 나눠 볼 수 있다.

첫째, 과점주주가 아니었던 자가 주식인수를 통해 과점주주가 되면 법인의 부동산 등을 사실상 과점주주 지위 전체로 지배한 것이 되기 때문에 법인의 과점주주가 아닌 주주 등이 다른 주주 등의 주식 등을 취득하거나 증자 등으로 최초로 과점주주가 된 경우에는 최초로 과점주주가 된 날 현재 해당 과점주주가 소유하고 있는 법인의 주식 등을 모두 취득한 것으로 보아 취득세를 부과한다. 다만 법인 설립 시에 발행하는 주식 등을 취득함으로써 과점주주가 된 경우에는 취득으로 보지 않는다.

둘째, 이미 과점주주가 된 주주 등이 해당 법인의 주식 등을 취득해 해당 법인의 주식 등의 총액에 대한 과점주주가 가진 주식 등의 비율이 증가된 경우에는 그 증가분을 취득으로 보아 취득세를 부과한다. 다만, 증가된 후의 주식 등의 비율이 해당 과점주주가 이전에 가지고 있던 주식 등의 최고 비율보다 증가하지 않은 경우에는 취득세를 부과하지 않는다.

셋째, 과점주주였으나 주식 등의 양도, 해당 법인의 증자 등으로 과점주주에 해당하지 않는 주주 등이 된 자가 해당 법인의 주식 등을 취득해 다시 과점주주가 된 경우에는, 다시 과점주주가 된 당시의 주식 등의 비율이 그 이전에 과점주주가 된 당시의 주식 등의 비율보다 증가한 경우에만 그 증가분만을 취득으로 보아 취득세를 부과한다.

아무튼 이처럼 법인의 주식 등을 취득함으로써 과점주주가 되었다면, 해당 법인의 부동산, 차량, 기계장비, 항공기, 선박, 입목, 광업권, 어업권, 골프회원권, 승마회원권, 콘도미니엄 회원권, 종합체육시설 이용 회원권 또는 요트회원권을 취득한 것으로 간주한다. 따라서 과점주주가 되었거나 과점주주 지분이 증가하면 그날부터 60일 이내에 취득세를 신고, 납부해야 한다. 그리고 그 취득세의 납세지는 취득세 과세대상 물건의 소재지가 되는 것이 원칙이므로 법인 소유 부동산 등의 소재지에 각각 취득세를 신고해야 한다.

그런데 최근, 이러한 과점주주 간주취득에 대해 이는 과점주주 간 주식 이동이므로 과점주주 지분의 증가는 없었다는 취지로 조세 불복한 사례가 있었다.

청구인은 청구인이 경영하는 법인의 임원이 보유하던 지분 24%를 인수했는데, 이때 이미 50% 지분을 가지고 있던 상태였다. 이에 대해 처분청은 청구인이 새롭게 과점주주가 된 것으로 보아 법인 소유의 부동산 등에 대해 74% 취득한 것으로 보고 청구인에게 취득세를 부과했다.

이에 청구인은 청구인과 청구인이 경영하는 법인의 임원 사이에는 이미 특수관계가 있어 과점주주였고, 과점주주 간 주식의 이동은 과점주주의 지분이 증가한 것이 아니기 때문에, 이 건에 대해 취득세 부과 처분은 위법하다고 다투었다.

그러나 조세심판원은 "청구인은 경영지배관계에 있는 법인의 사용인이 청구인과 특수관계인에 해당한다고 주장하나, 청구인과 특수관계에 있는 법인의 사용인이라 하더라도 관련 법령에서 이러한 관계에 대해서 별도로 특수관계인으로 규정하고 있지 않으므로 해당 임원을 청구인의 특수관계인으로 보기 어려운 점 등에 비추어 청구 주장을 받아들이기 어렵다"라는 취지로 기각처분한다(조심 2018지0242, 2018.04.18).

국세법과 지방세법의 일반적인 규정에 따르면 법인의 대주주와 임직원 사이에는 특수관계가 없다. 다만, 상속세및증여세법 시행령에서만 30% 이상 직접 지배하는 대주주와 그 법인의 임직원 간에는 특수관계가 있다는 특이한 조항을 두고 있는 것이다.

청구인은 이를 지방세법에 확대 적용해 불복 청구한 것으로 보이는데 세법 해석에 있어 유추확장 해석은 금지된다. 아무튼 이 사건은 특수관계인의 범위에 대해서도 시사하는 바가 크지만 과점주주 간주취득에 대한 제도 자체를 이해하는 데 꽤 많은 도움이 되는 사건이다.

만일 법인의 주식을 거래한다면 앞으로는 양도소득세나 증권거래세, 증여세만 검토할 것이 아니라 간주취득세라는 항목도 꼭 살펴보기를 바란다.

097

중소기업은 어떤 세금 혜택을 받을까?

중소기업 조세특례

세무사와 거래하는 업체는 대부분 중소기업이다. 그래서 세무사는 중소기업이라면 무조건 적용받을 수 있는 세제 혜택을 판단해서 적용해주어야 한다. 세법을 통틀어 중소기업이 적용받는 혜택은 수십 가지가 넘는다. 그런데 왜 중소기업에는 세금 혜택을 주어야 할까?

2014년 기준 통계청 전국 사업체 조사자료에 따르면, 대한민국에 소재하는 전체 사업체 수는 약 380만 개에 이른다. 그 가운데 중소기업이 차지하는 비중이 99.9%이고, 약 3.5천 개의 대기업이 0.1%의 비중을 차지한다. 그리고 전체 사업체에 종사하는 사람은 근로자를 포함해 약 2천만 명에 이른다. 그중 약 1.7천만 명이 중

종사자 규모별 사업체 수 및 종사자 수

(단위 : 개, 명, %, % p)

종사자 규모	사업체 수			종사자 수		
	2013년	2014년	증감률	2013년	2014년	증감률
합계	3,676,876	3,812,820	3.7%	19,173,474	19,899,786	3.8%
	(100.0%)	(100.0%)		(100.0%)	(100.0%)	
1~4인	3,005,251	3,099,823	3.1%	5,377,963	5,586,609	3.9%
	(81.7%)	(81.3%)	(−0.4%)	(28.0%)	(28.1%)	(0.1%)
5~99인	654,782	695,889	6.3%	9,024,476	9,468,090	4.9%
	(17.8%)	(18.3%)	(0.5%)	(47.1%)	(47.6%)	(0.5%)
100~299인	13,395	13,652	1.9%	2,091,143	2,129,727	1.8%
	(0.4%)	(0.4%)	(0.0%)	(10.9%)	(10.7%)	(−0.2%)
300인 이상	3,448	3,456	0.6%	2,679,892	2,715,360	1.3%
	(0.1%)	(0.1%)	(0.0%)	(14.0%)	(13.6%)	(−0.4%)

※ 괄호( ) 안은 구성비, 구성비 증감차임.

조직 형태별 사업체 수 및 종사자 수

(단위 : 개, 명, %, % p)

조직 형태별	사업체 수			종사자 수		
	2013년	2014년	증감률	2013년	2014년	증감률
합계	3,676,876	3,812,820	3.7%	19,173,474	19,899,786	3.8%
	(100.0%)	(100.0%)		(100.0%)	(100.0%)	
개인사업체	2,986,641	3,056,869	2.4%	7,437,962	7,658,156	3.0%
	(81.2%)	(80.2%)	(−1.0%)	(38.8%)	(38.5%)	(−0.3%)
회사법인	454,080	509,839	12.3%	8,337,507	8,722,898	4.6%
	(12.3%)	(13.4%)	(1.1%)	(43.5%)	(43.8%)	(0.3%)
회사 외의 법인	106,309	115,509	8.7%	2,874,328	2,968,531	3.3%
	(2.9%)	(3.0%)	(0.1%)	(15.0%)	(14.9%)	(−0.1%)
비법인단체	129,846	130,603	0.6%	523,677	550,201	5.1%
	(3.5%)	(3.4%)	(−0.1%)	(2.7%)	(2.8%)	(0.1%)

※ 괄호( ) 안은 구성비, 구성비 증감차임.

소기업에, 약 270만 명이 대기업에 종사하고 있다. 또한 대한민국에 소재하는 약 380만의 중소사업체 가운데 개인사업체가 300만 개, 법인사업체가 50만 개가 있다. 그 나머지는 조합 형태, 비영리 법인 등으로 구성된다.

그런데 실제 국내 중소기업의 평균수명은 12.3년이며, 신설 기업의 경우 창업해서 2년 뒤까지 생존하는 기업은 50%가 안 되고 5년 이내에 폐업하는 비율이 76.4%나 된다. 즉, 중소기업의 5년 이상 생존 확률은 불과 23.6%에 불과하다.*

중소기업에 왜 세금 혜택을 주어야 하느냐고 필자에게 묻는다면 이렇게 답하겠다. "분명한 팩트는 대한민국 사업자 가운데 99.9%가 중소기업이고, 이 중소기업에 종사하는 사람이 전체 2천만 명의 경제인구 가운데 86%에 해당하는 1.7천만 명이라는 점이다. 따라서 중소기업이 살아야 대한민국이 살 수 있는 것이다"라고.

세법이 정한 중소기업의 세금 혜택은 너무 방대해서 적용 항목을 아는 것만도 대단한 일이다. 이하 **절세하이테크**에서 살펴보기로 하자.

---

* (보도자료) '한국기업 비상구를 찾아라', (재)재기중소기업개발원 이종락 사회부장

중소기업의 대표적인 세금 혜택

1. 중소기업 특별세액 감면

중소기업자의 사업소득세 또는 법인세의 5~30%(업종별/규모별) 상당
액을 세액 감면(감면 한도 1억 원)

2. 창업 중소기업 등에 대한 세액 감면

수도권과밀억제권역 외의 지역에서 창업하거나 (지역 불문)벤처기업으
로 확인받은 중소기업의 경우 5년간 사업소득세 또는 법인세의 50% 감
면(상시근로자 증가율에 따라 최대 50% 추가 감면), 설립 시 등록면허세 면
제, 사업용 자산에 대한 취득세 75% 면제, 재산세 5년간 50% 감면

3. 연구 · 인력개발비 세액공제

중소기업은 연구 · 인력개발비 세액공제 적용 시 최저한세 적용 배제,
세액공제율 우대 적용(최소 25%)

4. 최저한세 우대 적용

중소법인의 최저한세*적용 시 7% 세율 적용, 중소기업 졸업 시 유예기
간 이후 3년간 8%, 그 후 2년간 9%

* 각종 세제 혜택을 받고 나서의 세액이 최저한세에 미달하면 그 미달분은 공제, 감면하지
  않고 세금을 납부하는 제도

5. 결손금 소급공제

중소기업자가 해당 사업년도에 결손금이 발생할 경우 직전 사업년도
에 과세한 사업소득세 또는 법인세에 대한 환급신청 가능

6. 접대비 한도 우대

접대비 한도 계산 시 기본금액이 일반 법인은 연간 1.2천만 원이지만 중소기업은 연간 3.6천만 원 적용

7. 중소기업 대손금 특례 규정

중소기업은 부도 발생일부터 6개월이 경과한 외상매출금(부도 발생일 이전 발생분)에 대해서도 대손금 처리가 가능하고, 중소기업 외상매출금으로서 회수기일로부터 2년이 경과한 외상매출금 및 미수금도 대손금 처리가 가능하다.

8. 법인세 납부기한 연장

중소기업 법인은 납부세액이 1천만 원을 초과하는 경우 그 세액의 1/2 이내를 2개월 내에 분납 가능(일반 기업은 1개월 내)

9. 원천징수 방법 특례

상시 고용인원이 20인 이하인 사업자(대부분 중소기업)는 관할세무서장의 승인을 받아 반기(6개월)별로 원천징수 신고 납부 가능

10. 가업상속공제

10년 이상 중소기업을 영위한 사업자가 후계자에게 가업을 상속하는 경우 가업상속재산 상당액의 상속공제(가업 영위 기간에 따라 200억 원, 300억 원, 500억 원을 한도로 함)

11. 가업상속에 대한 연부연납 특례

가업상속재산에 대해 상속세 납부세액이 발생하는 경우 연부연납 기간 연장*

* 가업상속재산 비율 50% 미만 : 총 10년(3년 거치 가능)
  가업상속재산 비율 50% 이상 : 총 20년(5년 거치 가능)

12. 중소기업 최대주주 주식의 주식 할증평가 제외

중소기업의 주식을 최대주주 주식의 할증평가* 제외

*일반 기업의 최대 주주의 보유 주식은 120%로 할증평가

13. 중소기업 사회보험료 세액공제

고용 증가 인원의 사회보험료 상당액의 50~100%를 사업소득세 또는 법인세에서 사회보험 신규 가입자에 대한 사회보험료 세액공제 적용

14. 근로소득증대 세제, 고용증대 세제 공제율 우대 적용

근로소득증대 세제, (청년)고용증대 세제 세액공제 적용 시 공제율 우대 적용

15. 마이스터고 등 졸업자와 경력단절 여성 고용 시 세액공제

중소기업이 마이스터고 등 졸업자를 고용한 뒤 그 근로자가 병역 이행 후 복직하거나, 1년 이상 근무하고 출산 등 사유로 퇴사한 여성을 동종 업종에서 고용하는 경우 2년간 인건비의 30% 세액공제

16. 고용 유지 중소기업에 대한 세액공제

일자리 나누기에 참여한 중소기업이 임금 삭감 방식으로 고용을 유지 하는 경우 연간 임금감소 총액의 10%와 시간당 임금 상승에 따른 임 금 보전액의 15%를 세액공제

17. 정규직 근로자 전환에 따른 세액공제

중소기업이 기간제 근로자, 단시간 근로자, 파견 근로자를 정규직 근로 자로 전환한 경우 인당 1천만 원을 사업소득세 또는 법인세에서 공제

18. 중소기업 취업자에 대한 소득세 감면

청년과 경력단절 여성 등이 중소기업에 취업하는 경우 취업일부터 3년 (청년은 5년)이 되는 날이 속하는 달까지 발생한 근로소득에 대해 소득 세 70%(청년은 90%) 세액 감면(근로자 혜택 사항)

19. 각종 투자세액 공제 시 우대

사업용 자산, R&D 설비투자 등 특정시설투자, 의약품 품질관리 개선 시설투자, 신성장기술사업화를 위한 시설투자, 영상콘텐츠 제작비용, 고용창출투자에 대한 우대 공제율 적용

20. 중소기업의 상생 결제 지급금액에 대한 세액공제

중소(중견)기업이 중소(중견)기업에 지급한 구매대금이 상생결제제도 에 부합하는 경우 구매대금의 0.2%(결제기간 15일 초과 시 0.1%) 상당 액을 사업소득세 또는 법인세에서 공제

21. 중소기업 지원 설비에 대한 손금산입

내국인이 사업에 직접 사용하던 자동화설비 등을 중소기업에 무상 기증 하거나 저가 양도함으로써 중소기업이 얻은 이익 상당액을 손금산입

22. 기술 이전 및 취득 지원

중소기업의 특허권, 실용신안권, 기술비법 등 이전(대여)에 따른 사업 소득세 또는 법인세의 50%(대여 시 25%) 감면. 중소기업이 특허권 등 을 취득한 경우 취득비용의 10% 세액공제

23. 성과공유 중소기업의 경영성과급에 대한 세액공제 등

성과공유 중소기업이 상시근로자에게 경영성과급을 지급하는 경우 경영성과급의 10% 상당액을 사업소득세 또는 법인세에서 공제. 다만, 상시근로자 수가 직전 과세년도의 상시근로자 수보다 감소한 경우는 불공제

24. 중소기업의 지방 이전 지원

중소기업이 수도권과밀억제권역 내의 본사와 공장을 함께 지방으로 이전할 경우 7년간 사업소득세 또는 법인세 면제, 이후 3년간 50% 감면

25. 중소기업의 공장 이전에 대한 과세특례

중소기업자가 수도권과밀억제권역 외 공장 이전을 위해 매각한 공장의 부동산 양도차익에 대한 양도소득세 및 법인세 2년 거치 분할 납부

26. 중소기업 간의 통합에 대한 양도소득세 이월과세

중소기업 간의 통합으로 발생하는 부동산 양도차익에 대해 요건 충족 시 양도소득세 이월과세

27. 창업자금에 대한 증여세 과세특례

18세 이상인 거주자가 중소기업을 창업하기 위해 부모에게 창업자금을 증여받는 경우 일정 금액까지 증여세 10% 특례세율 적용

28. 중소기업 핵심인력 성과보상기금 수령액에 대한 소득세 감면 등

중소·중견기업에 대해 내일채움공제 세제 지원(연구개발비 세액공제를 받으려면 본문 099, p.463 이하 참조)

098

가장 쉽게 벤처기업이 되는 방법은?

벤처 감면

서울, 인천, 경기도 내 14개 시 지역의 수도권과밀억제권역 안에서 하는 사업에 대해서는 각종 세제 혜택을 배제하거나 중과세하고 있다. 반면 수도권과밀억제권역 밖에서 하는 사업에 대해서는 각종 세제 혜택을 주고 있다. 대표적인 세제 혜택으로 수도권과밀억제권역 밖에서 제조업, 건설업, 음식점업, 출판업 등 감면 대상 업종을 창업한 중소기업자에게는 5년간 사업소득세 또는 법인세의 50%(상시 근로자 증가율에 따라 최대 50% 추가 감면) 감면해준다. 지역 간 균형 발전이라는 명분에서 그렇다.

그런데 수도권과밀억제권역 안에서도 창업 후 3년 내에 벤처기업으로 확인된 중소기업자에게는 이와 동일한 혜택을 준다. 따라서 사업자가 밀집한 수도권과밀억제권역 안에서 최소한 50%의 세금을 감면받으려면 벤처기업이 되는 것이 매우 중요하다.

벤처기업이 되려면 어떤 요건을 갖춰야 할까? 벤처기업이 되려면 중소기업자로서 벤처캐피탈의 투자를 받았거나, 기술보증기금의 보증 또는 중소기업진흥공단의 무담보 자금대출을 받으면서 그 보증액 또는 대출금이 8천만 원 이상이고, 그 금액이 기업 자산에서 차지하는 비율이 5% 이상이면 된다.*

사실 창업할 때부터 벤처캐피탈에서 투자를 받기는 쉽지 않다. 따라서 기술보증기금의 보증이나 중소기업진흥공단의 무담보 자금대출을 받아 벤처기업이 되는 것이 가장 쉽고 빠른 길이다. 서울, 인천, 경기도에 소재하는 사업자 중 기술을 다루는 분들은 기술보증기금을 방문해 보증 가능 금액을 확인해보고, 정책금융을 활용할 수 있는 사업자는 중소기업진흥공단을 방문해 정책자금 융자계획과 대상 여부를 확인해보라. 담보 없이 낮은 이율로 돈도 빌리고 벤처기업까지 될 수 있으니 그야말로 1석 2조이다.

그런데 기술보증기금의 보증이나 중소기업진흥공단의 무담보 자금대출을 받으려면 기술사업계획서, 세무회계자료 등을 기관에

---

* 이 경우 보증 가능 금액의 결정이나 대출 가능 금액의 결정을 포함하며, 창업 후 1년 미만인 기업은 금액 기준을 4천만 원으로 하면서 자산비율을 적용하지 않는다. 보증 또는 대출금액이 10억 원 이상인 기업에는 자산비율을 적용하지 않는다.

제출해야 한다. 사실 이것을 사업자가 직접 작성하는 것이 쉽지 않다. 그러다 보니 정책자금 컨설팅 회사라고 해서 그 업무를 대행해준다는 회사들이 있다. 하지만 국가의 정책자금을 받을 수 있게 도와주고 그 정책자금의 일부를 성공보수로 취하는 것은 불법이다. 다만, 정책자금을 받기 전에 자료를 검토하고 받는 컨설팅료는 사실 관계에 따라 합법일 수도 있다. 그러므로 정책자금 컨설팅 회사에서 제의를 받았다면 일단 기술보증기금과 중소기업진흥공단을 직접 방문해 상담해보는 것이 좋다.

아울러 벤처기업 등록이나 기술사업계획서 등에 재무와 세무사항을 기재해야 하는데, 이것은 반드시 세무사와 상의해서 진행해야 한다. 대부분의 세무사들은 일회성 컨설팅으로 수수료를 받기보다는 회계와 세무의 조력자로서 중소기업의 성장과 더불어 사업자와의 지속적인 관계를 바라는 입장이므로 큰 도움을 줄 것으로 생각한다.

099

연구 전담부서 또는 기업부설연구소의
세무상 혜택은?

연구비 공제

중소기업 세제 혜택 중 가장 파격적인 것이 연구 및 인력개발비 세액공제이다. 적어도 해당 연도에 발생한 연구·인력개발비의 25%를 무제한으로 사업소득세 또는 법인세에서 공제한다. 산출된 세금보다 세액공제액이 크다면 당연히 해당 연도에 낼 세금은 없고, 공제되지 못한 잔액은 다음 연도로 이월돼 계속적으로 세액공제 혜택을 받을 수 있다.

이러한 세액공제의 연구·인력개발비는 대부분 연구 전담부서나 기업부설연구소에 종사하는 직원의 인건비이다. 예를 들어 연구 전담부서 직원이 2명이고 각 직원의 연봉이 3천만 원이라고 할 때, 두 사람의 연봉 총액 6천만 원에 대한 연구·인력개발비 세액공제액을 계산하면 1,5천만 원(3천만 원×25%)이다. 실질적으로 국가가 1,5천만 원의 급여를 간접적으로 보조하는 셈이다.

이때 주의할 것은 '주주인 임원으로서 법인의 지분이 10%를 초과하는 자 및 그와 특수관계인에 대해서는 연구·인력개발비 세액공제 적용 대상자에서 제외한다'는 것이다. 즉, 중소기업의 지배주주인 대표이사가 연구 전담요원 자격을 갖춰 연구 전담부서 등을 설립한다고 해도 대표이사 인건비는 세제 혜택에서는 제외되는 것이다. 따라서 세제 혜택을 받으려면 연구인력의 직위와 지분 요건을 검토하는 것이 바람직하다.

어쨌든 사업자가 연구 또는 개발을 필요로 하는 업종을 창업한 경우에는 연구 전담부서나 기업부설연구소를 설립하자. 연구 전담부서 등의 설립 및 인정 절차는 한국산업기술진흥협회에서 주관한다. 연구 전담부서와 기업부설연구소는 연구인력의 숫자에 따라 결정되는 것일 뿐 세금 혜택은 똑같다. 연구 전담부서는 공대, 미대 출신 또는 그에 준하는 경력의 연구인력 1인 이상, 기업부설연구소는 공대, 미대 출신 또는 그에 준하는 경력 2~5인 이상(기업체 유형에 따라 다름)으로 구분된다.

한국산업기술진흥협회에 연구 전담부서 등으로 인정을 받으려면 연구 전담부서 등의 설립을 위한 인적 요건과 물적 요건을 갖추어야 한다. 인적 요건은 앞서 서술한 연구인력의 학력과 경력을 보는 것이고, 물적 요건은 연구할 독립된 공간이 있는지 여부를 확인하는 것이다. 자세한 내역은 한국산업기술진흥협회 홈페이지(https://www.koita.or.kr/)에서 확인하면 된다. 참고로 연구 전담부서 등의 설립 신고는 2011년 1월 3일부터 온라인으로만 할 수 있다. 설립 상담부터 서류 작성 및 인정까지 협회에서 일괄적으로 처리해주며, 연구 전담부서 등 인정에 따른 수수료나 별도 비용은 없다. 정책자금 컨설팅 같이 성공보수 조건으로 컨설팅 회사의 도움을 받을 필요는 없다는 이야기이다. 다만, 연구 전담부서 등의 인정을 받으면 한국산업기술진흥협회의 회원이 되고, 회원가입에 따른 월회비를 부담하면 된다.

한편, 회사 측에만 세무상 혜택이 있는 것이 아니다. 연구 전담부서와 기업부설연구소에 종사하는 직원은 월 20만 원 한도의 연구보조비를 근로소득에서 비과세한다.

100

종업원 고용을 늘리고 급여를 올리면 추가 세금 혜택이 있다?

고용창출 세제

종업원 고용을 늘리거나 급여를 올리면 회사의 인건비가 증가하고, 인건비 증가에 따른 사업소득세 또는 법인세가 절감되는 것은 당연하다. 그런데 고용을 창출하거나 근로소득을 증대시킨 것에 따른 추가적 세금 혜택도 있다. 종래 세법은 고용단계별로 9개의 고용 관련 조세특례제도를 운용했는데, 2017년 말 세법을 개정해 이른바 고용창출 세제를 더욱 확대하고 매년 강화하고 있다.

1. 신규고용 단계

신규고용 단계에서 적용되는 조세특례제도는 고용창출투자세액공제, 청년고용증대세제, 중소기업 고용증가 인원 사회보험료 세액공제, 중소기업에 취업한 청년·경력단절 여성·60세 이상·장애인에 대한 근로소득세 감면 제도이다. 그런데 2018년 이후부터는 고용창출투자세액공제와 청년고용증대세제를 통합해 투자가 없더라도 고용이 증가하는 경우 세제 지원하는 고용증대세제를 신설하고, 중소기업 특별세액 감면, 사회보험료 세액공제, 각종 투자세액공제 등과 중복 적용할 수 있도록 허용했다. 그리고 중소기업의 사회보험 신규가입을 지원하고자 사회보험 신규가입자에 대한 사회보험료 세액공제도 신설했다.

특히 2019년 세법 개정으로 추가 고용 시 고용증대세제를 청년 중심으로 다음과 같이 지원을 확대했으며 적용 기한도 2021년까지 연장했다. 게다가 대기업은 2년간 세액공제, 중소·중견기업은 3년간 세액공제해줌으로써 사실상 중소기업이 청년을 고용할 경우에 3년간 임금의 절반 가까이를 정부가 보조하는 셈이다.

(단위: 만 원)

| 세액공제액 | 중소기업 | | 중견기업 | 대기업 |
	수도권	지방		
상시근로자	700	770	450	-
청년 정규직	1,100	1,200	800	400

2. 재고용 단계

재고용 단계에서 적용되는 조세특례제도는 특성화고 졸업자 병역 이행 후 복직 시 (중소기업) 세액공제와 경력단절 여성 고용 (중소기업) 세액공제이다. 종래에 2년간 인건비 10% 상당액을 세액공제하고 2018년부터 30%로 확대 적용했고, 2019년부터는 중견기업(공제율 15%)에도 적용된다. 게다가 2019년부터는 6개월 이상 육아휴직 후 복귀 시 육아휴직 후 고용을 유지한 중소·중견기업 에 대해 인건비의 10%(중견기업은 5%)를 세액공제한다.

3. 고용유지 단계

고용유지 단계에서 적용되는 조세특례제도는 고용유지 중소기 업 등 과세특례이다. 일자리 나누기에 참여한 중소기업에 대해 연 간 임금 감소 총액의 10%와 시간당 임금 상승에 따른 임금보전액 의 15%를 세액공제한다.

4. 임금 증대 단계

임금 증대 단계에서 적용되는 조세특례제도는 근로소득증대 기 업에 대한 세액공제이다. 해당 기업의 상시근로자의 해당 과세년 도의 평균임금 증가율이 직전 3년간 평균임금 증가율의 평균보다 크고 상시근로자 수가 직전 과세년도의 상시근로자 수보다 줄어 들지 않았다면 해당 기업에 대해 직전 3년 평균 초과임금 증가분 에 대해 5%(중견기업은 10%, 중소기업은 20%)를 세액공제한다.

5. 정규직 전환 단계

정규직 전환 단계에서 적용되는 조세특례는 정규직 근로자로의 전환에 따른 세액공제이다. 중소기업에 대한 정규직 근로자로의 전환에 있어 종전 1인당 7백만 원 세액공제했던 것을 1천만 원(중 견기업 7백만 원)까지 상향 조정했고, 그 적용 기한은 2020년 말까지로 연장했다.

현재 국가가 가장 관심을 기울이는 정책은 일자리 창출 지원 정책이다. 비록 사업환경이 녹록지는 않겠지만 고용을 늘리는 많은 사업자가 이와 같은 고용창출 세제를 이해하고 더 많은 세제 혜택을 받기를 바란다.

세금
명언
해설

대표가 없다면 세금도 없다 No taxation without representation.

– 격언

국왕이 통치하던 전前근대사회에서 세금은 국왕의 필요와 판단에 따라 세목이 마련되고 징수되었으나, 프랑스혁명 이후 "국민의 동의가 없는 세금은 없다"라는 원칙이 수립되었다. 우리나라의 경우 "조세의 종목과 세율은 법률로 정한다"라고 헌법 제59조에 천명하고 있다.

*

세금은 문명사회의 대가를 지불하는 것이다.

– 올리버 홈스 Oliver Holmes

이론적으로 세금은 국가나 지방자치단체가 재정수입을 조달할 목적으로 납세의무가 있는 개인 또는 법인에 반대급부 없이 부과하는 채무이다. 공과금이나 수수료와는 달리 세금납부의 직접적인 반대급부는 없으나 세금은 문명사회의 대가를 지불하는 것이라는 명언이 있다.

*

이 세상에서 죽음과 세금을 제외하면 아무것도 분명한 것은 없다.

– 벤자민 프랭클린 Benjamin Franklin

긍정적 측면에서 해석하자면 모든 국민이 납세의무를 진다는 의미로 볼 수 있다. 우리나라의 경우 "모든 국민은 법률이 정하는 바에 따라 납세의 의무를 진다"라고 헌법 제38조에 천명하고 있다. 간접세 제도로 인해 남녀노소를 불문하고 사실상 모든 국민이 세금을 내고 있다.

세상에서 가장 이해하기 어려운 것은 소득세이다.

— 알베르트 아인슈타인 Albert Einstein

인류를 대표하는 천재 아인슈타인도 세금제도, 특히 소득세는 좀처럼 이해하기가 어려웠던 모양이다. 사실 세금은 계산법이 어려운 것이 아니라 사실 관계를 확정하고 그에 부합하는 세법 규정을 적용하는 과정이 어렵고 다툼이 많다.

*

국가보안법보다 더 무서운 법이 국세징수법이다.

— 홍기표

세금을 체납하면 비로소 작동하는 규정이 국세징수법이다. 체납하게 되면 본세 외에 가산금이 추가되고, 납세증명서 미발급으로 대출 등이 제한되며, 관허사업에 불이익을 받는다. 또한 신용불량 등재, 출국 금지, 인터넷에 체납자 명단 공개, 체납자 보유 재산의 압류, 공매 등 재산상·신분상으로 많은 불이익을 받게 된다.

*

징세 기술은 최소의 저항으로 최대의 거위털을 뽑는 데 있다.

— 장 밥티스트 콜베르 Jean-Baptiste Colbert

세금은 주로 소득, 소비, 재산에 과세하는데 소득과 재산에 과세하는 경우에는 직접적으로 세금 부담을 인지해 조세 저항이 크지만, 소비에 과세하는 경우에는 세금 부담을 인지하기가 어려워(물품가격에 포함) 조세 저항이 작다. 소비에 과세하는 간접세의 부담을 늘릴 때 이 말이 사용되기도 한다.

소득세를 낼 때 같은 액수의 소득에 대해 올바른 사람은
세금을 더 내고, 올바르지 못한 사람은 덜 내게 마련이다.

– 플라톤 Platon

시대를 불문하고, 탈세나 조세 회피를 꾀하는 국민이 있었던 것으로 보인다. 세금은 세법이 정한 바에 따라 합리적이고 합법적으로 납부하면 된다.

*

절세는 지혜, 세금을 많이 내는 것이 반드시 애국은 아니다.

– 격언

세법이 정한 바에 따라 합리적이고 합법적으로 세금을 납부하는 것을 절세라고 한다. 이는 매우 지혜로운 것이며, 무작정 세금을 많이 내는 것이 반드시 애국은 아니다.

*

가혹한 세금은 호랑이보다 무섭다

– 공자 孔子

세금에 관한 법이 지나치게 수단법 내지 기술법으로 전락하는 경우 조세법에는 더욱 냉혹성만 남게 될 것이다. 원래 조세법은 그런 것이 아니다. 공동체를 형성해 좀 더 잘 살기 위해 인류 문명이 만든 제도의 하나가 세금이다. '세금은 문명의 대가'라는 표현이 이를 의미한다. 기술법으로 전락한 조세법에서는, 종종 마치 사람이 세금을 내기 위해 사는 것으로 착각할 정도의 규정을 내포하기 일쑤이다(최명근 세법연구소 소장의 글 〈세금과 사람의 존엄성〉에서 인용).

무원칙한 통치자는 국민의 신체적 능력을 고려하지 않고
부역負役에 동원하며, 재력을 평가하지 않고 세금을 거두어 들인다.

－《회남자 淮南子》

세금이란 납세자의 담세 능력을 고려해야 하는 것이지, 국가재정 확보
만을 추구하면 안 된다는 의미이다.

＊

소득 있는 곳에 과세 있다.

－ 격언

세법을 해석하고 집행할 때 적용되는 주요 원칙 가운데 하나가 실질과
세원칙이다. 명목이나 외관상의 판단이 아니라 경제적 실질에 따라 소
득이 귀속된 곳을 찾아 세금을 부과하는 것을 말한다.

국민이 세법을 제대로 이해할 때
합법적이고 합리적인 절세가 가능합니다

필자는 서울시립대학교 세무학과에서 송쌍종 교수님, 최명근 교수님, 김완석 교수님께 세법을 사사師事 받았다. 은사님들의 학문적 깊이에 존경심을 가지고 조세전문가의 길로 한 걸음 나가고자 노력했으나 그 길이 그리 쉬운 일은 아닌 것 같다.

세무사가 되고 세법의 입법론과 해석론을 실제 사례에 적용하는 과정에서 예전에는 이해하지 못했던 많은 규정에 대해 어느 정도 윤곽을 잡은 뒤에야 조금씩 알게 되는 것을 보며, 세법은 책상에 앉아서 하는 학문은 아니라는 생각을 하곤 한다. 더욱더 많은 사례를 접하고 수많은 밤을 유쾌한 학문적 고민으로 지새는 날이 많아질수록 30여 년 이상 현직과 연구를 통해 쌓아온 교수님들의 학문적 성취에 다가갈 날이 빨라지리라는 생각을 해본다.

20대 후반인 2002년에 《세법정해》라는 이름으로 처음 세법책을 썼다. 방대한 양의 세법을 정리하는 수준의 책이었는데, 그로 인해 세법이 그리고 있는 큰 그림을 어렴풋이 알 수 있었다. 그리고 2004년 《세법학》이라는 이름으로 제법 짜임새 있는 세법책을 썼을 때 서문으로 밝힌 글을 다시 읽어본다.

하지만 그 당시에는 세법의 형식만을 이해했을 뿐 세법이 세상 사람들의 살림살이에 미치는 영향에 대해서는 큰 고민 없이 또 몇 년을 살았다. 그러다가 정부가 국민이 알기 쉬운 세법을 만들겠다면서 같은 내용의 세법을 수차례 개정하는 것을 보았다. 그런데도 세법은 매년 수차례 개정되는 난해한 법일 뿐이었고, 국민이 세법을 이해하는 것은 요원한 숙제가 되어버린 느낌이었다.

국민이 세법을 제대로 이해할 때 합법적이고 합리적인 절세에 기반을 둔 건전한 납세의식이 형성될 것이다. 그렇지 않다면 세금은 천재 과학자 아인슈타인도 이해할 수 없는 난해한 제도로 전락하고, 국민의 머릿속에는 합법과 불법을 묻지도 따지지도 않은 채 당장 세금을 적게 낼 수만 있다면 무슨 일이든 하겠다는 부정한 인식만 쌓여갈 것이다.

현실에서 쌓은 많은 경험을 통해 납세자들이 반드시 알아야 할 세금 이야기를 알게 되었으니 필자의 작은 힘으로나마 국민에게 세법을 제대로 알리는 일을 시작해보려 한다. 온 국민이 세법을 알고 세금을 줄이며, 성실하고 책임 있는 자세로 납세의무를 이행할 수 있도록 돕고 싶기 때문이다. 《알수록 덜 내는 절세 노하우 100문 100답》이 마무리되었다. 이제 한 꼭지씩 유튜브 동영상으로 제작해 누구나 쉽게 이해할 수 있도록 세금 이야기를 풀어보려 한다. 많이 애용해 주셨으면 좋겠다.

끝으로 교정을 도와준 공희돈, 서보영 세무사에게 인사말씀을 전하고, 일반 국민을 위해 어려운 내용을 쉽게 풀어쓰도록 도움 주신 도서출판 평단의 최석두 사장님을 비롯한 모든 임직원에게 진심으로 감사의 인사를 드린다. 많은 날을 가족과 함께 나누지 못했는데 늘 마음속에서 같이 지내는 사랑하는 아내와 세 딸 윤서, 윤정, 윤주에게 더 많은 사랑을 전하고 싶다.

세무사 장보원

알수록 덜 내는
절세 노하우
100문 100답

지은이 | 장보원
발행처 | 도서출판 평단
발행인 | 최석두

신고번호 | 제2015-000132호
신고연월일 | 1988년 07월 06일

초판 1쇄 발행 | 2017년 01월 09일
2020개정판 1쇄 발행 | 2020년 03월 20일

우편번호 | 10594
주소 | 경기도 고양시 덕양구 통일로 140(동산동 376) 삼송테크노밸리 A동 351호
전화번호 | (02)325-8144(代)
팩스번호 | (02)325-8143
이메일 | pyongdan@daum.net
블로그 | https://blog.naver.com/pyongdan

ISBN 978-89-7343-524-1 (13320)

이 도서의 국립중앙도서관 출판시 도서목록(CIP)은 서지정보유통지원시스템 홈페이지
(http://seoji.nl.go.kr)와 국가자료 공동목록시스템(http://www.nl.go.kr/kolisnet)에서이용
하실 수 있습니다. (CIP제어번호: CIP2020008001)